东莞“双万”新起点社会科学丛书

正义图绘

STUDY ON JUSTICE

张笑扬　著

社会科学文献出版社
SOCIAL SCIENCES ACADEMIC PRESS (CHINA)

序　言

笑扬是我带的第一个研究生。2012 年，他从广东省委党校马克思主义哲学专业研究生毕业后，就去了东莞市社会科学院，一直从事社会实际问题调查与研究工作。《正义图绘》就是他花了相当多的功夫与时间研究正义问题写成的著作。

什么是正义？就如笑扬在书中所说，“一千个人眼中有一千个哈姆雷特，一千个人眼中也可能有一千种正义”。对于不同的人来说正义的确意味不同，人们对正义的理解也各有差异。

我们都知道，柏拉图在《理想国》中描绘了正义的图景，那就是在既定的社会结构里，每个人都干他自己分内的事，而不干涉别人分内的事。问题在于，如果大家都只顾自己分内的事，又如何达到一种真正平等的理想境界呢？更为关键的问题则在于，这种“自己分内的事”是如何确定的？柏拉图说，整个社会分成了三个等级，每个等级有各自的职责。原来如此！让人安守本分、安于现状，这样的正义观当然会被后人不断批判和修正。虽然柏拉图不断地构建各种正义的场景，并在晚年转向法治，但他所谓走出“洞穴”的正义光明启示让人暗暗生疑。怀特海说，西方哲学两千多年来的历史都是在给柏拉图哲学做注脚，我充分怀疑这是对西方正义文明的一种极大的讽刺！

无论是后来的亚里士多德，还是洛克、卢梭、霍布斯、康德、黑格尔、马克思，再由伯林、施特劳斯、阿伦特到柯亨、罗尔斯、桑德尔、德沃金、霍耐特、弗雷泽、阿马蒂亚·森等关心社会正义的哲人、法学家、历史学家，他们都从自己的立场对正义做出不同框架编织，如自然主义的正义、法律正义、政治正义、经济正义、权利正义、公平正义、承认正义、分配正义、福利正义等，但从来没有谁真正提供了衡量正义的最终标尺。正义，这一亘古常新的课题，几千年来一直萦绕于人们的头脑和现实之中。

正义，就像一个多面的幽灵。它时刻纠缠于人类社会发展的每一阶段，它从来不会展现自己所谓的本质。

笑扬研究生期间的研究方向是政治哲学，在选择毕业论文题目时和我商量，我想了一下，既然是研究政治哲学的，那就研究一下前沿问题。于是，就给他介绍了当时在国际和国内都比较有影响力的美国女政治哲学家南茜·弗雷泽，建议研究她的正义思想。笑扬立刻就答应了，把当时已在国内出版的弗雷泽的四本著作全部买来，下载了大量相关论文，最后写出了他的硕士学位论文。现在摆在我们面前的这本著作《正义图绘》，某个程度上说就是他的硕士学位论文的扩大版。细读这本书，可以发现有几个明显的优点。

第一，关于正义的理论视域宽广，论述扎实。对从柏拉图、亚里士多德到马克思、霍耐特、弗雷泽，再到后现代的奈格里等人，都有到位的评述。

第二，关于正义的主题分类细致，论述合理。身份正义、分配正义、话语正义、分工正义、消费正义、生态正义等领域都有所涉及，其中不乏新观点，表现出作者对现代与后现代议题的关注。

第三，对正义追求进行了深入总结，指出了正义的未来走向，那就是培育正义的多维土壤等。

第四，尤其重要的是，能够结合党的二十大精神，尤其是结合中国式现代化，给出正义问题的中国答案，表现出强烈的现实性。

中国特色社会主义进入新时代，我国社会主要矛盾已经转化为人民日益增长的美好生活需要和不平衡不充分的发展之间的矛盾。在这种状况下，人民的美好生活需要日益广泛，人民不仅对物质文化生活提出了更高要求，而且在民主、法治、公平、正义、安全、环境等方面的需求日益增长。因此，不仅要在理论层面关注正义的多维面孔，更要在现实中关注正义的多维实践。这本著作体现了一种理论与实践的双向努力。

虽然从事实践工作，但笑扬的哲学思维一直非常敏锐，他勤奋好学，喜爱读书，善于抓住问题并迅速展开分析。这是他的优点，希望能够继续保持。

我们都认为，哲学家可以把握事物的本质，不被社会纷乱的现象所迷惑，正义的国家应该实行智慧的统治。虽然正义的概念形形色色，正义的观念迥异，但是立足于特定的社会条件，依靠哲学智慧，我们必然要尝试辨识和图绘正义的面孔，这一过程可能充满艰辛，却具有难能可贵的意义。

正义，属于勇敢者。是为序。

周 峰

广东省委党校哲学部、中国式现代化研究中心

2023 年 6 月

自　序

一千个人眼中有一千个哈姆雷特，一千个人眼中也可能有一千种正义。正义是什么？谁的正义？怎样衡量正义与否？在求学阶段，带着这些困惑，我开始了在卷帙浩繁的书海中寻求答案之旅。如果把探索比作探险，那么正义所在的森林必定庞大而驳杂，里面也有邪恶与阻隔，更不乏前人踩过的足迹。周峰教授叮嘱我，做学问不求提出什么新奇观点，但求有自己的洞见与思索；不求提出颠覆性原创论断，但求言之有物以飨读者。带着这些嘱托我开启探寻正义之旅。

确实，正义是一个古老的话题，又常论常新。市场经济的深化发展，给我们带来了现代性体验，一切坚固的东西都烟消云散了，正义的传统一元范式也面临着种种质疑，整体主义的正义观似乎面临着“消解”的窘境。在自由主义意识形态一次次宣告历史终结的今天，许多人不再把关注点放在物质层面的经济分配、再分配，力图寻求更大更多维度的正义突破。

随着人类社会的发展变迁，人类追求正义的步伐也在不断前进，尽管前面并非一马平川，可能荆棘丛生，但总体来看，人类在对正义的追寻中不断突破前见、不断创新进取、不断超越自我，不断在奋进中追求“真善美”，不断在憧憬、焦虑、思索、批判中试图澄明正义的价值真谛。

中国传统社会不缺乏正义思想。在社会道德滑落时，人们呼唤正义；在面临极度不平等时，人们也呼唤正义。正义是什么？正义是开封府的三口御赐铡刀？正义是强者利益的话语代表？正义是江湖侠客的劫富济贫？正如习近平总书记指出的，“在不同发展水平上，在不同历史时期，不同思想认识的人，不同阶层的人，对社会公平正义的认识和诉求也会不同”[①]。人类历史可谓一部正义话语与非正义话语斗争的波澜壮阔的史诗。古今中外，不同学科、不同领域、不同学者对正义的解读不同。同时，正义往往勾连着公平，甚至与自由、平等、民主、人权等理念如影随形，它在主观上反映了人们对利益分配、关系调节的基本价值取向，客观上又取决于一定社会物质生活条件。不同的主体在对正义的认知上往往飘忽不定、各说各话，正义变得更加难以把握。

马克思认为，“人的本质不是单个人所固有的抽象物，是一切社会关系的总和”[②]。人类诞生前自然界的弱肉强食的生命活动，都是动物直接肉体需求支配下的生产，而现实的、有生命的个体才能成为正义的主体。这意味着，人类通过建立社会契约和规则来超越弱肉强食的动物本性，创造更高层次的生产方式和社会组织形式。人具有动物性，其本身就是自然的（肉体），而人同时具有社会性。在“实体、自我意识、批判”等词语统治下的正义往往成为无稽之谈。在马克思的语境下，对资本主义虚伪正义的批判绝非将之扔进垃圾箱那么简

① 《习近平谈治国理政》第1卷，外文出版社，2018，第96页。

② 《马克思恩格斯选集》第1卷，人民出版社，2012，第139页。

单，它只是一个手段，真正的目的在于“揭露”，用思想的闪电彻底击中那些朴素的人民园地，帮人们从那些荒诞假说的旋涡中挣脱出来。实践的唯物主义者不是对所有神圣且高妙的正义观念一味嘲笑，而是既能够对其进行批判，又能以现实为根基对人类社会现象展开分析。这要求人们通过实践，深入研究社会现象，探究社会现实和生活本质，分析批判社会存在的不公正、不合理问题。这些批判不是否定正义或者拒斥理想，而是指出问题并推动社会向着更加公正、合理、理想的方向前进。

实现公平正义是人类社会追求的重要目标，更是实现自身全面自由发展的必然选项。中国共产党以马克思主义为指导，创新性运用马克思正义思想，为实现民族独立、人民幸福、人类解放的正义事业而不懈努力，值得铭记并载入伟大史册。在追求正义、践履正义、传播正义的百年奋进历程中，中国共产党以“救国”“兴国”“富国”“强国”为主线，走出具有中国特色的革命道路和中国式现代化道路，将之连通成为一条实现中华民族伟大复兴的正义之路。中国共产党的百年奋斗为国家富强和民族振兴作出了重要贡献，同时也为维护全球安全和世界和平作出了不可磨灭的贡献。

毛泽东同志指出：“我们的事业是正义的。正义的事业是任何敌人也攻不破的。”① 中国共产党的事业之所以是正义的事业，就在于这一事业的根本目标是为人民谋幸福、为民族谋复兴。从根本上说，中国共产党事业的正义性是由党的指导思想、理想信念、阶级基础和政治基因决定的。中国共产党领导人民追求正义的伟大历程，是一幅波澜壮阔、气势恢宏的历史画卷，它展现了中国共产党人砥砺奋进、踔

① 《毛泽东文集》第6卷，人民出版社，1999，第350页。

厉奋发的精神，其蕴含的精神已经在中国共产党人的基因中植根，并将深远影响一代代中国共产党人的思想、行为和价值观。在新征程上，中国共产党将领导广大人民继续勇往直前，无惧风吹浪打，坚定历史自信，阔步走向未来，为实现人民幸福、民族复兴伟大目标而不懈奋斗。

张笑扬

前　言

“正义”是政治哲学、伦理学和法学等研究的基本范畴和重要主题。正义观往往与平等观、道德观、价值观、历史观如影随形；正义既是一种主观价值判断，又是一种永恒权利诉求。正义观既受到一定历史阶段经济发展水平的影响，也受到传统文化、风俗习惯、道德教化等诸多因素影响。在不同制度层面，正义主体的完整性也有所区别。

柏拉图认为之前的社会呈现这样一个场景：在漆黑昏暗的洞穴中，人们被绑着手脚，背向洞口，看不到光明和真实。柏拉图呼唤人们“走出黑暗的洞穴”，不做“被束缚的囚徒”，勇敢走向正义、理性的真实世界。自此，政治哲学家们都试图追寻、注解柏拉图“理想国”的永恒正义蓝图，不断探寻正义的实质。

正义究竟是什么？以何种标准评判正义与否？人们或从绝对理念出发，开启人类对于一种永恒与超验的“正义王国”的追问；或从当时社会秩序的合法性出发，关注城邦、国家、民族的历史状况，诉诸正义的现实路径；或把正义视域放大到全人类乃至整个世界（包括自然界），赋予正义一种普遍主义的价值。

西方启蒙运动带来了自然科学、哲学、伦理学、政治学等多个知识领域的勃兴，以卢梭、霍布斯、洛克、孟德斯鸠等为代表的西方思想家围绕自由和平等两大政治价值，进行了理论上的阐释和学理研究。但是，虽然这些学者在平等理念的建构、解读、阐释方面作出了巨大贡献，但是其提供的平等实现路径却难以奏效。在马克思恩格斯主要生活的19世纪后半叶，工业文明迅猛发展，带来了巨大的经济社会变革，社会阶层结构发生了翻天覆地的变化。在这一背景下，工人阶级的生存状况日益恶化，社会对立和冲突不断加剧。马克思对资本主义生产方式进行了全面客观分析，一方面指出资本主义生产方式是生产力发展的历史结果，具有一定的正义性和合理性；另一方面揭露了资本家剥削、盗窃、榨取工人创造的剩余价值，把工人变成机器，[①]使工人丧失了人的全面自由本质，因此资本主义生产带有非正义的属性。

在马克思恩格斯之后，经济成果物质层面的分配正义成为哲学家关注的热点话题。以罗尔斯为代表的思想家将正义视为现代哲学的主题，力图建构一种正义的社会制度。在这一历史阶段，思想家追求的平等可以概括为“权利平等”和“机会平等”，他们将社会正义简化为分配正义，即社会利益或成果在社会成员间的平等分配，这种正义观对社会最底层、处于最劣势地位的人群给予极大的关注。而随着后冷战时期大量政治文化上不平等（非经济性不平等）的出现，加上跨文化接触和多元价值的不断涌现，现代社会中文化因素越来越成为社会冲突和变迁的重要影响因素。霍耐特敏锐地观察到，一战后随着福特主义时代出现的“为分配而斗争”的单维正义诉求已经不再能解释

① 《马克思恩格斯选集》第1卷，人民出版社，2012，第372页。

当代社会的发展，他发扬了黑格尔“为承认而斗争”思想。在霍耐特眼中，社会冲突不仅仅是去争取爱、法权和团结等的条件，其把“承认”概念限定在当前由文化的少数族群形成的高度存疑的诉求之上，通过爱、平等和功绩三项承认原则来确定政治伦理规范和社会道德的方位，共同决定“为承认而进行的斗争”。

20 世纪末期，由于东欧剧变、苏联解体，世界格局发生了巨大改变，这对以（再）分配的经济尺度为标准的正义观念造成巨大冲击，原有的正义框架和批判理论受到极大冲击，变得不再适用了。同时，一方面，由于资本主义国家广泛地实施了公共福利措施和社会保障制度，明显地改善了工人的物质生活状况，经济维度的正义诉求逐步被关于性的、种族的、宗教的以及各种身份和文化的诉求所替代或覆盖，这使承认政治受到关注，刺激了后现代主义文化的多元诉求冲动；另一方面，由于全球化的日益深入发展扩大了国家领土和社会功效之间的缝隙，以主权国家为正义单位的概念在一些学者的研究视域中逐步模糊，跨国正义诉求异军突起、此起彼伏，不同民族、不同文明、不同风俗、不同信仰下的正义诉求怎样整合、畅通，成为摆在政治哲学家面前的重大难题。

在现实社会斗争中，“身份政治”体现特定群体特别是非主流群体（包括弱势群体）的多元诉求，他们希望自己追求的生活方式和价值信念能够被认可，并以一种“成就”的效果向别人显示（炫耀）。在后现代主义思潮的冲击下，传统的价值观念正在被解构和重塑。面对形形色色的虚拟符号，人们的心灵躁动不安，渴望找到自己的归属和身份认同。显然，当今世界的大多数社会冲突都是由承认诉求引起的，围绕多元文化主义的战争、关于性和性关系的斗争、为国家主权和民族利益展开的战争等无不提醒我们，一个政治文化新群体正在崛起。身份政治的光景复兴有效地颠覆了战后的分配主义范式，全球化经济的、政治的和文化的多重维度进程，尤其是跨文化的相互交往和作用，加剧着为争取承认而展开的斗争的扩展。全球范围内广泛的媒体流动和移民潮促使着所有既定文化形式破裂化和混乱化，出现了一个奇特的现象：为承认而展开的不懈斗争并没有很好地推进在日益多元的文化背景下的各色人群跨越差异走向相互尊重，相反，它在一定程度上甚至强化了个人的孤僻和分离主义，导致了沙文主义和不宽容行为，甚至家长制和独裁主义。南茜·弗雷泽（Nancy Fraser）重拾马克斯·韦伯的物化概念，称上述问题为“物化”问题。[①]

进入21世纪，世界形势云谲波诡，全球化裹挟着信息化在全球激荡，不同文明、不同信仰、不同种族之间的冲突此起彼伏。全球化加速了再分配到承认的转折，但是，对承认的过分追捧，助长了价值观念的恶性膨胀，造成部分个体或群体的孤立和疏离。

身份在社会中扮演着重要的角色，它不仅是人们对自我认同的基础，同时也与社会地位、阶层结构等相关联。因此，许多人会追求“更高”的身份地位，但有些人则会选择妥协式服从或者追捧现有的身份制度和阶层结构。然而，这种妥协式服从往往会造成心理上的压抑和压迫。当个体对自己的身份不满意时，他们可能会感到沮丧、无助、无望甚至产生自我怀疑等负面情绪。这些情绪可能会影响个体的心理健康和个人发展。在一些情况下，这种妥协式服从还可能带来实际的经济和社会压力。例如，如果一个人被社会地位低下的身份所束缚，那么他可能会遭受歧视、限制和剥削等不公正待遇。这种限制可

① 〔美〕南茜·弗雷泽、〔德〕阿克赛尔·霍耐特：《再分配，还是承认？——一个政治哲学对话》，周穗明译，上海人民出版社，2009，第73页。

能会威胁到个体的安全和生存需求。相比之下，多数人渴望对身份的改造、修正是建立在对理想身份的向往和道德诉求之上的。这些人认为，身份不仅仅是社会地位的象征，更是个体对自己人生目标和价值观的表达。因此，他们可能会通过教育、自我提升等方式来获得自己的理想身份，并追求更高的社会地位和成就。

当代新自由主义资本主义在全球的侵略性扩张不仅在根本上加剧着经济不平等，也使身份冲突和斗争日趋激烈，身份政治不再是再分配斗争的附庸，身份正义也不能被再分配正义所简化了，而是越来越凸显其价值所在，甚至在许多方面侵蚀、切割、边缘化甚至取代再分配斗争。

以往的正义理论都心照不宣地在常规话语模式下描述正义问题，而新的正义问题不同于那种可以用同一尺度衡量的简单二元论范例（无论是再分配还是承认）。以中东地区为例，不同经济群体、不同利益阶层、不同种族在欧美国家的搅局下，呼唤着非常规时期的正义。

美国学者南茜·弗雷泽认为在（反常规时期）这种情况下，必须有一个多元的正义理论建构模式以包容所有类型的非正义，必须从政治、经济、文化等多维度去重构正义。[①] 弗雷泽提出，我们需要一种综合了多元社会本体论和规范一元论的方法，即把正义看作一个包含再分配、承认和代表权等多维度的概念，同时还需要一个能覆盖多维度的单一的规范性原则，它能为那种在正义“实质”问题上持对立理解的诉求提供一个衡量尺度。她提出以“参与平等”这个支撑性的规

---

① 〔美〕南茜·弗雷泽：《正义的尺度——全球化世界中政治空间的再认识》，欧阳英译，上海人民出版社，2009，第 69 页。

范原则来衡量再分配、承认和代表权这三个维度上的正义诉求，并根据实践的推进不断揭示更多的正义维度。[①]

这种一元多体的正义观整合了西方正义思想的有效资源，用一个新的框架来理解全球化视域下的正义思想观念，引发了我们对当前跨国正义的深入讨论和广泛关注。但是，弗雷泽关于参与平等的抽象假设并没有摆脱预定范式的窠臼，最终陷入了一种政治决定论的循环论证的旋涡。现代民主制度具有巨大的历史局限性，仅靠改良模式并不能根本解决全球正义问题和实现人类解放。它可能只能实现某个阶级或阶层的解放，无法实现所有人的全面自由发展和真正的社会公平正义。要想达到这些目标，需要进行制度变革和彻底的社会革命。虽然西方现代化创造了璀璨夺目的工业文明，推动了科技的进步和经济的发展，但是，其根本逻辑无情地剥夺了大量无产者走向现代化的权利，意味着它实际上是建立在剥削基础上的现代化。

马克思摒弃了对永恒正义的盲目崇拜，其对资本主义分配正义的批判是现实而深刻的，“现代资本家，也像奴隶主或剥削徭役劳动的封建主一样，是靠占有他人无酬劳动发财致富的，而所有这些剥削形式彼此不同的地方只在于占有这种无酬劳动的方式有所不同罢了。这样一来，有产阶级胡说现代社会制度盛行公道、正义、权利平等、义务平等和利益普遍和谐这一类虚伪的空话，就失去了最后的立足之地，而现代资产阶级社会就像以前的各种社会一样真相大白：它也是人数不多并且仍在不断缩减的少数人剥削绝大多数人的庞大机构”[②]。恩格斯认为，在资产阶级理性社会中，“富有和贫穷的对立并没有化

① 〔美〕南茜·弗雷泽：《正义的尺度——全球化世界中政治空间的再认识》，欧阳英译，上海人民出版社，2009，第69页。

② 《马克思恩格斯选集》第3卷，人民出版社，2012，第726页。

为普遍的幸福"[①]，永恒正义只不过是资产阶级理想化王国的虚幻存在，所谓"平等"和"人权"只不过是资产阶级的特权，资产阶级法律下的正义是虚伪的、虚假的。一句话，资产阶级的法律和道德规范是建立在私有制基础上的法律和道德规范，强调保护私有财产、维护私有利益。

根据马克思恩格斯的观点，要实现真正的社会正义，实现人的自由与解放，就必须进行无产阶级革命，建立共产主义社会，实现制度正义。在资本主义社会中，资产阶级法律所规定的正义，是保障资本家的权益而忽视或损害工人阶级和其他被剥削群体利益的正义。而在共产主义社会中，由于不存在私有制和阶级分化，人们之间不再存在阶级斗争和经济利益上的矛盾，社会将不再需要资产阶级法律所规定的正义来保护某些特定阶级或个人的利益。相反，社会将以全民共同利益为出发点，通过自我管理和相互协作的方式，保障每一个人的权利和利益，并且尽可能地实现公平和正义。因此，在共产主义社会中，由于实现了生产正义，按照"各尽所能，按需分配"原则进行分配，不再需要资产阶级法律和道德来维持社会秩序和调节人与人的关系，并构建了全新的、更加公正的法律和道德规范。这种法律和道德规范，以全人类共同利益为出发点，强调社会的整体利益和每个个体的自由和尊严，并且充分尊重每个人的个体权利和利益。

恩格斯指出："根据唯物史观，历史过程中的决定性因素归根到底是现实生活的生产和再生产。无论马克思或我都从来没有肯定过比这更多的东西。如果有人在这里加以歪曲，说经济因素是唯一决定性

---

① 《马克思恩格斯选集》第3卷，人民出版社，2012，第643页。

的因素，那么他就是把这个命题变成毫无内容的、抽象的、荒诞无稽的空话。经济状况是基础，但是对历史斗争的进程发生影响并且在许多情况下主要是决定着这一斗争的形式的，还有上层建筑的各种因素。”[①] 历史的决定因素是现实生活的生产和再生产，马克思恩格斯把生产力视为决定因素。但如果说经济因素是唯一决定性因素，那则是对马克思恩格斯学说的歪曲和对其概念的滥用。虽然经济状况是基础，但在许多情况下上层建筑对历史的形成也有重要影响，对正义的考察也应坚持这样的观点。

19 世纪末 20 世纪初，中国遭受着列强的侵略和帝国主义的压榨，加上封建主义和官僚资本主义的剥削压迫，实际上处于半殖民地半封建的状态。中华民族遭受了极大的劫难，中国人民呼唤正义、渴望解放。彼时中国有识之士疾呼民族独立、民主自由和社会进步，各种政治力量轮番登场，致力于通过改良或革命手段，探索国家现代化道路，但是均未找到实现民族复兴的正确道路。1921 年 7 月中国共产党成立，昭示中国革命从此有了崭新而可靠的领导力量。作为用马克思主义理论武装起来的政党，中国共产党自成立以来就坚持着“为中国人民谋幸福、为中华民族谋复兴”的初心使命，旗帜鲜明地反对剥削压迫、追求公平正义。作为新民主主义革命的重要领导力量，中国共产党团结带领人民，通过艰苦卓绝的斗争，为推动民族独立、人民解放和社会进步作出了极大牺牲和重大贡献。中国共产党领导了一系列革命战争和斗争，取得了重要胜利，为新民主主义革命胜利打下了坚实基础。1949 年 10 月 1 日，中华人民共和国宣告成立，这宣告中国历史进入新纪元。

① 《马克思恩格斯选集》第 4 卷，人民出版社，2012，第 604 页。

公平正义是中国共产党一贯的政治主张，“是中国特色社会主义的内在要求”[①]，是中国式现代化的题中应有之义。党的二十大报告指出：“在新中国成立特别是改革开放以来长期探索和实践基础上，经过十八大以来在理论和实践上的创新突破，我们党成功推进和拓展了中国式现代化。”[②] 公平正义是中国式现代化的重要价值遵循和目标之一，贯穿中国式现代化的整个过程。“我们党团结带领人民追求民族复兴的历史，也是一部不断探索现代化道路的历史。”[③] 中国共产党以马克思主义为指导，根据实际的变化和时代的发展灵活运用马克思正义思想，推进理论成果创新，使得中国式现代化的理论和实践彰显出丰富的正义意蕴。中国革命之路、中国式现代化之路昭示中国共产党事业的正义性，彰显中国共产党的使命担当，马克思主义在历史检验中愈益放射出真理的光芒。

马克思主义强调公平正义，这与中国式现代化的核心要义相契合。在中国特色社会主义新时代，我国社会主要矛盾发生深刻变化，人民日益增长的不仅有物质文化的需要，还有生态环境、公平正义、民主法治等多层面的需要。“我国现代化是人口规模巨大的现代化，是全体人民共同富裕的现代化，是物质文明和精神文明相协调的现代化，是人与自然和谐共生的现代化，是走和平发展道路的现代化。”[④]

---

① 胡锦涛：《坚定不移沿着中国特色社会主义道路前进　为全面建成小康社会而奋斗——在中国共产党第十八次全国代表大会上的报告》，人民出版社，2012，第 14 页。

② 习近平：《高举中国特色社会主义伟大旗帜　为全面建设社会主义现代化国家而团结奋斗——在中国共产党第二十次全国代表大会上的报告》，人民出版社，2022，第 22 页。

③ 《习近平新时代中国特色社会主义思想学习纲要》，学习出版社、人民出版社，2023，第 52 页。

④ 《习近平谈治国理政》第 4 卷，外文出版社，2022，第 164 页。

实践证明，中国式现代化是走得通、行得稳，是强国建设、民族复兴的唯一正确道路，是贯彻、践行、发展马克思主义的正确道路。在推进中国式现代化的新征程上，马克思正义思想作为马克思主义理论的重要内容，仍然具有重要的理论指引作用。

在中国共产党领导下，我国始终将人民的根本利益作为一切工作的出发点和落脚点，推动城乡、区域之间协调发展，让人民群众在现代化的进程中共享现代化发展成果。在推进共同富裕的路径设计上，鼓励一部分有条件的地区先发展起来，允许一部分人先富起来，先富带动后富，这种构想总体考虑全局和全体人民的利益，而不是局部和少数人的利益。中国的脱贫攻坚战成功地使近 1 亿人摆脱绝对贫困，创造了彪炳史册的人间奇迹。在推进中国式现代化的道路上，政府通过宏观调控，建立完善社会保障制度，通过增加财政支出、转移支付、降低税负等一系列措施，确保全体人民共享改革发展成果。中国式现代化是物质文明、政治文明、精神文明、社会文明、生态文明共同推进的现代化，其重心在于增进人民的福祉和利益，所有政策都是以人民为中心。中国式现代化充分尊重人民的主体地位，并让人民参与到现代化进程中，成为现代化的参与者、推动者和践行者。

中国式现代化道路并不是单纯地模仿西方，而是在吸收借鉴基础上进行独立思考和创新而形成的具有中国特色的现代化道路。中国式现代化既具有各国现代化共性，也具有显著的中国特色，不仅仅关注经济增长，还关注社会、文化、政治等多个方面的协调进步；不片面追求物质增长，而是以全体人民共同富裕、人的全面发展为追求。中国式现代化是人口规模巨大的现代化、全体人民共同富裕的现代化。中国现阶段实行以公有制为主体的所有制，坚持按劳分配为主体、多种分配方式并存的分配制度，追求全体人民的共同富裕。西方现代化是靠资本主义生产方式来驱动的。在实践中，一些西方国家过分强调自由和个人利益，在有效激发社会活力的同时，导致了差异化、非均衡发展，侧重于追求物质财富积累，片面地注重经济增长，追求资本利润最大化，不仅导致社会的贫富分化，还给全球发展安全带来了许多不稳定因素。中国式现代化是走全体人民共同富裕之路的现代化，这也是区别于西方现代化的一个显著特征。

在资本主义现代化过程中，尤其是工业化早期，资本家为了追求利益最大化，往往采用无节制的开采和利用自然资源的方式，没有控制废弃物的排放，严重破坏了环境，留下了难以解决的生态后遗症。在这种情况下，自然不再是人类与之互动的对象，而成为被人类奴役与剥削的对象，人类与自然的关系出现撕裂、对抗、异化。此外，一些西方发达国家推行生态帝国主义，将国内工业废弃物转移到国外，将环境污染、生态破坏引向欠发达国家。

正义的现代化必须包括生态环境的保护，注重人与自然和谐共生。中国式现代化秉持“绿水青山就是金山银山”的理念，坚持绿色低碳发展，推进高质量发展和高水平保护相结合，建设美丽中国。在推进中国式现代化的进程中，特别是进入中国特色社会主义新时代，我国更加注重生态环境保护，使更多人共享优美生态福祉，这体现了中国式现代化是追求生态正义的现代化的特点。在新的征程上，中国将继续推动可持续发展，完善生态文明制度体系，实现经济、社会和生态之间的平衡，实现人与自然和谐共生。

中国作为一个发展中国家，并且是全球最大的发展中国家，致力于发展经济、改善人民生活。这与大多数国家和人民渴望和平、发展的追求是一致的。中国在推进现代化进程中坚持和平、发展的理念，强调合作、共赢，倡导构建公正合理的国际秩序，尊重其他国家和民族的独立和自主权。而以美国为代表的一些西方国家在推进现代化发展时，被“军工复合体”等利益集团绑架，往往使用武力或者其他方式实现其利益和政治目标，其现代化是“以邻为壑”的现代化。坚持和平与发展的中国式现代化与以侵略、剥削和扩张为手段的西方现代化大相径庭，代表了人类爱好和平、渴望发展的意愿，也是开创人类文明新形态的必由之路。中国式现代化不是追求独善其身的现代化，它倡导共同构建人类命运共同体，强调人类在全球范围内交流合作，共同创造人类社会更加美好的未来，使人类拥有和平安宁的幸福家园。

作为现代化进程中最为基础和核心的价值导向之一，公平正义体现了与西方现代化有所不同的中国式现代化的特点和内涵。中国式现代化道路不是侵略扩张、掠夺奴役其他民族之路，而是自力更生、平等交往的和平发展之路，是反对霸权、反对强权、追求共同发展之路，是反对单边主义、坚持多边主义的合作发展之路，是构建人类文明新形态的正义之路。

中国积极弘扬“和平、发展、公平、正义、民主、自由的全人类共同价值”①，倡导人类社会共同应对各种全球性挑战，共同努力推动构建人类命运共同体。中国牵头倡议构建人类命运共同体，这既是中国式现代化的本质要求，也进一步扩展了中国式现代化的内涵，这在当前世界面临各种威胁和挑战的背景下具有重要的现实意义。目前，人类所面临的主要挑战，如气候变化、贫富分化、粮食安全、公共卫生等，都与全球化问题密切相关，需要全人类共同应对，中

① 《习近平谈治国理政》第4卷，外文出版社，2022，第12页。

国式现代化创造的人类文明新形态为此提供了新思路，擘画了新图景。

本书侧重于在哲学价值观层面论析“正义”，坚持以马克思主义为指导，借鉴西方正义观的有益理论（多维正义想象），分析中国场域下的正义问题。基于此，我认为正义问题不能仅仅从经济公平分配的传统宏大视角去分析，也要从身份正义、分配正义、话语正义、分工正义、消费正义、生态正义等更宽广的视角进行考察。我们对于经济的、文化的或政治的（领域的）社会正义诉求必须根植于中国社会制度（包括经济制度）的整体考察之中，借鉴前人的正义批判理论，抽取其中丰富的合理因素应用到中国场域之中，总结中国共产党领导人民追求正义的奋进历程，传播新时代中国特色社会主义正义话语。马克思正义思想与中国式现代化发展的内在契合性，决定了它仍是指导中国式现代化发展的重要思想理论。新时代新征程，我们应进一步弘扬马克思正义思想，阐释发掘其当代价值，使之更加贴近时代并推动时代发展。

本书的第一章，简要梳理了古今中外哲学家、政治家等对正义探索的历史，勾勒正义观变迁的线条轮廓。第二章则重点分析了霍耐特、弗雷泽的正义观的演进和异同，引出正义维度的讨论和探索。第三章从多个视角梳理了马克思正义思想。第四章探讨承认政治这一热门话题，以及当代身份正义的建构问题。第五章从虚拟化的货币符号入手，论评分配正义，考察全球化背景下的再分配。第六章把视角转向话语正义，探讨了新自由主义的正义观和全球民族话语正义。第七章论述了新时代背景下特别是智能化时代分工的变奏及其带来的分工正义诉求，指出有序分工既是理想社会的前置条件，又是人的全面发展的必经之路。第八章分析当代消费主义镜像下的正义问题与话语规训。第九章在社会正义与生态正义的反思中叩问人的自然的本真存在，探寻人与自然的和解路径。第十章在现代化视域下指出了未来正义图景的建构方向。

由于时间仓促、水平有限，本书还存在许多不足之处，请读者批评指正。

目录
Contents

第一章　正义理念的探赜 …… 1

一　理想之国想象 …… 1

二　乌托之邦图绘 …… 6

三　林中之路探秘 …… 10

第二章　正义尺度的争辩 …… 16

一　正义维度之辩 …… 16

二　正义主体之思 …… 27

三　正义空间之论 …… 31

第三章　马克思的正义思想 …… 40

一　法哲学视域下的正义 …… 40

二　拜物教批判视域下的正义 …… 51

三　唯物史观视域下的正义 …… 64

第四章　身份正义与承认政治 …… 84

一　身份差异化与利益 …… 84

二　传统身份系统解构…………………………………………………… 86
三　承认与分配的双重视角……………………………………………… 88
四　身份认同与承认政治建构…………………………………………… 97

第五章　分配正义与符号异化 …………………………………………… 101
一　作为符号的货币 ……………………………………………………… 102
二　货币与政治权力的二重化 …………………………………………… 106
三　社会正义与公平的分配 ……………………………………………… 108

第六章　话语正义与意识形态的纠缠 …………………………………… 118
一　新自由主义的话语体系 ……………………………………………… 119
二　普遍主义的正义观 …………………………………………………… 123
三　意识形态话语纠缠 …………………………………………………… 129
四　全球化下的正义话语 ………………………………………………… 134

第七章　分工正义与全面发展 …………………………………………… 139
一　分工的时代嬗变 ……………………………………………………… 140
二　智能化时代的劳动分工 ……………………………………………… 146
三　分工正义的当代诉求 ………………………………………………… 150

第八章　消费正义与话语规训 …………………………………………… 156
一　交换价值与消费异化 ………………………………………………… 157
二　意识形态控制下的消费 ……………………………………………… 161
三　财富与贫困的对立 …………………………………………………… 164

第九章 生态正义与价值诉求 …… 173
一 主体解放与生态困境 …… 174
二 自然报复与生态沦陷 …… 179
三 生态权利与生态运动 …… 181
四 生态正义与生态价值观 …… 185

第十章 吊诡的脸谱与正义的图绘 …… 202
一 构建特色正义话语 …… 203
二 编制多维正义之网 …… 210
三 培育正义文化土壤 …… 219

结 语 …… 226

参考文献 …… 240

后 记 …… 248

第一章　正义理念的探赜

溯古追今，哲学家对于正义的追求与探寻如一条长河蜿蜒不息，绵延流淌。他们有的好比密涅瓦的猫头鹰，要等到黄昏时刻才会起飞，执着地给我们带来批判与反思；有的恰似晨曦中呐喊的高卢雄鸡，为我们歌唱一曲希望与光明的乐章；有的愿做在雷电交加中飞翔的海鸥，用想象的翅膀翱翔在乌托邦之城，为我们带来勇气和期盼。

本章简要梳理人类正义理念史的发展脉络和主线，特别是结合当时重要的思想家、思想流派以及主要代表人物，发掘他们的正义理论的时代意义、坐标定位和历史关联。我们对当代正义问题的思考和诊断，一个重要方面就是总结吸纳历代思想家、政治哲学家的观点来源、分析方法以及价值取向，在历史坐标中更好地把握历史走向。

一　理想之国想象

古希腊是一个充满想象的地方，这里的诗歌、戏剧、神话传说、史诗都包含着对正义的颂扬。赫西俄德以及希腊贵族的代言人忒奥格尼斯等诗人，感喟世风日下、理想式微、金钱占据尊荣地位，他们用诗歌呼唤正义的德行。作为古希腊时期最重要的思想家之一，柏拉图从理念论出发，为人类社会描绘了一幅永恒正义的“理想国”蓝图。其理论的开创性价值意义不在于构建了“什么样”的正义理论，而在于他第一次用叩问正义问题的特殊方式开启了人类对于一种永恒与超验的“正义王国”的探索之路。

《理想国》对正义问题的探索无疑是具有开创性的。柏拉图首先由精神世界面对的（死亡）恐惧和困惑出发，引入对正义问题的思索。柏拉图在不同的语境和背景下分析指出有话实说、有债便还，以善报友、以恶报敌不能算为正义，给予每个人合适的东西不算正义，正义不是强者的利益，“没有一门科学或技艺是只顾寻找强者的利益而不顾它所支配的弱者的利益的”[①]。在剖析了传统的正义观后，他力图建构一种能够超越个人利益关系——客观的、普遍的正义标准，于是他主张将个人的正义实践纳入更为广泛的“正义”理念之中，他心中想象的“正义”不仅仅意味着城邦中个人具体的行为，更是让人们把握善的理念，让事物的本性达到一种“善”的状态。正义是对某种善的价值肯定，正义与否的根本标准即是否符合人民利益。在正义的内涵中体现了一种至善的价值和人们对美好境界的向往。[②]

在《理想国》中，柏拉图从正义的本质和起源出发，展现了一个理想的正义城邦的形象。在一个没有订立契约的城邦，不正义的人往往获利，而正义的人可能受到伤害。当人们意识到这些的时候，通过制定法律、订立契约来约束人们的言行。在法律的强迫下，人们走上

① 〔古希腊〕柏拉图：《理想国》，张竹明译，译林出版社，2009，第 22 页。

② 赵海洋：《马克思正义思想研究》，人民出版社，2016，第 55 页。

了守法践约的道路。他提出每个人应根据自身禀赋、身体状况和受教育程度，在国家内承担一种适合其天性的职务这一原则，当国家中统治者具有知识而智慧，护卫者具有信念而勇敢，生产者、护卫者和统治者由于节制保持统治的一致性和协调，并且他们各守其职而互不干扰时，城邦就是正义的。同城邦国家相对应，公民个体的灵魂里也对应存在着节制、勇敢、宽宏大量以及各种美德。理智是智慧的，统摄整个心灵，激情和欲望由它领导。如果一个人自身的各种品质各起各的作用，那他也就是正义的，即灵魂各个部分各司其职，发挥各自的作用，互不干扰。柏拉图力图在宏观层面和主体层面分别建构一种和谐蓝图来实现全体公民彼此协调和谐，使他们积极把自我利益分享给集体，把自我价值奉献给集体，因此他提出“我们建立这个国家的目标并不是为了某一个阶级的单独突出的幸福，而是为了全体公民的最大幸福”①。

正义不是铸造一个少数人的幸福国度，不是建造一个少数人享有的世外桃源，而应是保证全体人民的幸福。因此，我们需要建立公平、公正、无偏的社会秩序，确保每个人都有平等的机会和权利去追求自己的幸福。只有这样，我们才能真正实现正义。我们考察某一阶级或阶层时不能割裂开来单独注意他们的最大幸福，而应把这个幸福原则放置于国家整体来考虑。在柏拉图看来，每个公民尽力尽责做好自己的事情，就是尽职尽责（这里的职和责也带宿命论性质），这样整个国家将会非常和谐地发展，各个阶级将得到自然赋予他们的那一份幸福。柏拉图正义观的前提是对城邦内阶层阶级的既定划分，主张通过教育或后天的锻炼使每个人胜任一种最适合“天性”的职务，并将这

① 〔古希腊〕柏拉图：《理想国》，张竹明译，译林出版社，2009，第121页。

种正义理念（国家正义、个人正义）灌输到每个人的心灵深处。柏拉图在《理想国》中提出了一些政治结论，但是他所提倡的规范性原则却无法真正落实到现实中，他的思想忽略了多元的社会现实发展要求。因此，我们不能将其空洞的程序主义内容作为避难所。

卡尔·波普尔用国家的比喻来阐述正义的概念。他认为国家就像是一个大钟，其中的每个齿轮都有自己的尺寸、形状、力量和位置，但最重要的是它们必须固守自己的位置，与其他齿轮协调配合，共同保障整个系统的稳定和正常运转。这种固守岗位的美德是每个齿轮都应该具备的。波普尔通过齿轮的比喻来阐述国家中各个成员的责任和作用，并指出了不同种类齿轮所体现的品德差异。他认为齿轮的特性与作用决定了它们所需要的品德。不同种类的齿轮因其差异性而具有不同类型的品德，如大而强壮的齿轮因其在机器中具有更重要的作用所以是道德的；坚固的和光滑的齿轮也因其独特的特性而具有道德。但所有齿轮共同具有的是固守岗位的美德，即忠诚、纪律、职责感。这种美德是它们被恰当地安装到一起后实现融洽协调的重要因素，同时这种共同具有的美德被柏拉图称为正义。而在国家中，每个人都需要具有这种固守岗位的美德，以实现整个国家的和谐发展。

《理想国》打开了人们对正义之城的想象和憧憬。柏拉图似乎也意识到仅仅诉诸（至善）正义是不够的，晚年他在《法律篇》中提出一系列法制思想，该思想被亚里士多德继承和发扬。“人在达到完美境界时，是最优秀的动物，然而一旦脱离了法律和正义，他就是最恶劣的动物。”① 提出“吾爱吾师，吾更爱真理”的亚里士多德对柏拉图

① 〔古希腊〕亚里士多德：《政治学》，颜一、秦典华译，中国人民大学出版社，2000，第 65 页。

的批评主要是他将正义与一般伦理混为一谈。柏拉图认为，人类的幸福是通过追求完美的道德目标来实现的，而这些道德目标包括智慧、勇敢、节制和正义。[①] 然而，亚里士多德把合法意义上的正义称为普遍的正义，而把均等意义上的正义称为特殊的正义。[②] 如果说普遍的正义是政治的正义，那么特殊的正义便更多地具有经济、法律和道德的意义。亚里士多德把特殊正义区分为分配正义和矫正正义。矫正正义是纠正不公正行为的重要手段。当一个人偏离了正确的道路并违反了法律时，矫正正义可以通过制定法律规则和实施惩罚来改变这种情况。

亚里士多德的政治思想对后世影响深远，尤其是对西方政治哲学的发展有着重要的作用。他所倡导的陶片放逐等措施，旨在避免政治腐败和权力滥用，保障民主政体的稳定。而他对中产阶级的重视，也反映了他对社会和谐与稳定的追求。此外，他所提倡的共和政体，强调公民的参与和自治，充分体现了人民主权的思想。另外，亚里士多德将正义理解为分配的差异，其中分配的正义必须遵循比例匀称的原则。他认为政治权利应该根据人们对于城邦的贡献来进行分配，而不是平均分配。在亚里士多德看来，不同的人对于城邦的发展和稳定所作的贡献是不同的，因此他们应该享有不同的政治权利。例如，那些在城邦中担任领导角色、为公共事务作出重要贡献的人应该拥有更高的政治地位和更大的话语权。他推崇等级分明的社会，认为这种等级制度可以促进社会的稳定和发展，并激励人们为城邦作出更大的贡献。

然而，亚里士多德也认识到不同人之间的差异可能受到物质条件

---

① 〔古希腊〕柏拉图：《理想国》，张竹明译，译林出版社，2009，第 131 页。

② 沈晓阳：《论亚里士多德对正义类型的分析》，《华南理工大学学报》（社会科学版）2007 年第 3 期。

和天赋能力的影响，因此他并不支持绝对的平等。他主张政治权利的分配应该基于个人贡献的大小，但同时也要考虑到个人的实际情况和需要，以保障每个人的基本权利和福利。因此，在亚里士多德看来，正义的实现需要同时考虑到个人的差异和社会的整体利益。政治权利的分配必须以人们对于城邦的贡献为依据，但也要避免过度的不平等和社会冲突。

在亚里士多德之后，正义成为哲学家、神学家和政治家的日常话题，许多哲学学派和宗教教义对正义展开丰富阐述。文艺复兴运动开启了现代资本主义新纪元，人文主义的勃兴，掀起了人的全面自由发展的理论浪潮。时至近代，资产阶级启蒙思想家对封建神权和旧文化展开激烈批判，倡导平等、自由、民主观念。

二　乌托之邦图绘

人类早期对正义的思索往往与公平有关。从古希腊开始，正义意味着公正，即在各方之间公平地分配资源，不偏不倚。“正义意味着公平。自古希腊以来，正义就被描述为蒙着眼睛的女人手捧一个天平。她不受个人利益的影响，忽视争议双方的名声或财富，在各方之间公平地分配资源。”[①] 英国学者托马斯·莫尔（Thomas More）痛恶“圈地运动”的残酷剥削与压榨，对资产阶级进行了尖锐批判，在《乌托邦》这部空想社会主义著作中，他竭力批判社会不平等，呼唤废除私

① 〔美〕菲利普·克莱顿、贾斯廷·海因泽克：《有机马克思主义：生态灾难与资本主义的替代选择》，孟献丽、于桂凤、张丽霞译，人民出版社，2015，第129页。

有制这一社会不正义的制度根源。《乌托邦》与康帕内拉的《太阳城》类似，为人们描绘了一幅理想、世外桃源式的城邦生活图景，在其中财产公有、人人平等、生活美好、没有压迫。虽然乌托邦的极致境界远不可及，但是乌托邦昭示着光明与美好。从柏拉图的理想国到莫尔的乌托邦，虽然是遐想式的思绪，却也不乏实践的成果和有益的启示。

霍布斯认为在自然状态下，根本不存在任何善恶、是非、正义与不义等观念和准则，因为这些观念和准则都依赖于人们的共同意志，而在自然状态下，人们都有无限的自然权利，可以为了自己的生存和利益而做任何事情，会出现很多冲突和互相伤害的情况。“这种人人相互为战的战争状态，还会产生一种结果，那便是不可能有任何事情是不公道的。是和非以及公正与不公正的观念在这儿都不能存在。没有共同权力的地方就没有法律，而没有法律的地方就无所谓不公正。”[①] 他的这一观点被称为“自然状态论”或“无政府状态论”。在这种自然状态下，人们所追求的只是个人的利益，没有任何道德准则和规范。“正义的性质在于遵守有效的信约，而信约的有效性则要在足以强制人们守约的社会权力建立以后才会开始，所有权也就是在这个时候开始。”[②] 因此，霍布斯认为人们需要通过建立政府来维持社会的秩序和稳定，政府应该有足够的权力来惩罚那些不遵守规则的人，并保护普通民众的利益。他的观点对政治哲学和社会学的发展产生了深远的影响。

只有建立在契约基础上的社会才涉及正义与否，正义则意味着“必须履行已订的契约”，这成为理性自由个体的共识。在社会契约与

---

① 〔英〕霍布斯：《利维坦》，黎思复、黎廷弼译，商务印书馆，1986，第 96 页。

② 〔英〕霍布斯：《利维坦》，黎思复、黎廷弼译，商务印书馆，1986，第 109 页。

相关法律的意志统治下，违约则是不正义的。“人是生而自由的，但却无往不在枷锁之中。自以为是其他一切的主人的人，反而比其他一切更是奴隶。”[①] 卢梭主张放弃天然自由，订立社会契约，从而保证人类能够获得平等的契约自由，他眼中的完美社会是人民的“公共意志”得到充分体现的社会。

休谟在《人性论》中认为“正义只是源于人的自私和有限的慷慨，以及自然为人类需要所提供的不充足供应”[②]，正义是由人类的自私和贪婪所引起的，因为每个人都想要自己的利益得到保护，而它却可以保障整个社会的稳定与公平。因为资源有限，每个人都需要遵守某种道德规范才能有效地利用有限的资源。因此休谟把正义视为一种人为之德而不是一种自然之德，因为正义并不是源于人性的内在感情或理性，而是源于社会契约和习惯。

启蒙学者在自然法的基础上研究正义问题，从理论上构建出资产阶级的民主共和国，众多进步思想家为了冲破和清除封建制度的束缚与阻碍，纷纷提出了自由、平等、人权和正义等政治哲学诉求。他们提出封建制度与神权思想控制并严重压抑了人的天然本性和理性追求，必须推翻国家，代之以永恒正义的（资产阶级）共和国，人们的各种权利才能得到保障，人才能获得自由全面发展的舞台。但是，正如恩格斯所说，“同启蒙学者的华美诺言比起来，由‘理性的胜利’建立起来的社会制度和政治制度竟是一幅令人极度失望的讽刺画”[③]。

圣西门、傅立叶、欧文等空想社会主义者和启蒙思想家一样都主张建立理性和永恒正义的王国，他们提倡公共利益至上、消除阶级差

---

① 〔法〕卢梭：《社会契约论》，何兆武译，商务印书馆，2003，第4页。

② 〔英〕休谟：《人性论》，关文运译，商务印书馆，1980，第537页。

③ 《马克思恩格斯选集》第3卷，人民出版社，2012，第644页。

别等观念，这些观念对于当时的社会发展具有很大的启示作用。在这种理想状态的“王国”中，社会的各个方面都是合理的和符合道德规范的。恩格斯认为：“按照这些启蒙学者的原则建立起来的资产阶级世界也是不合理性的和非正义的，所以也应该像封建制度和一切更早的社会制度一样被抛到垃圾堆里去。真正的理性和正义至今还没有统治世界，这只是因为它们没有被人们正确地认识。”[①]

作为空想社会主义者的代表，欧文对社会主义进行了细致的规划，尤其是“对各种技术上的细节，包括平面图、正面图和鸟瞰图在内，都作了非常内行的规划，以致他的社会改革的方法一旦被采纳，则各种细节的安排甚至从专家的眼光看来也很少有什么可以挑剔的”[②]。他不顾官场的排挤、社会地位的丧失，推动共产主义实验，这样的精神实属难能可贵。人类与动物的区别不仅在于高超的想象，更在于实践的行动，但高超的想象是实践的升华，是更高实践的先导。乌托邦作为海市蜃楼般的存在，它代表着人们对未来的美好向往和追求，如托马斯·莫尔创造的乌托邦、罗伯特·欧文（Robert Owen）提出的新和谐公社等，这些乌托邦理想都试图通过改变社会制度和生产关系，实现社会公平和幸福。乌托邦作为一种美好的理想，因缺乏现实土壤难以实现。然而，乌托邦既是一种美好的憧憬，也是一种具有启示性的思想，引领着人们改造现实生产关系、变革现存社会制度。

在黑格尔看来，“头脑中的思想不是现实的事物和过程的或多或少抽象的反映，相反，在他看来，事物及其发展只是在世界出现以前已经以某种方式存在着的‘观念’的现实化的反映”[③]。马克思认为，

① 《马克思恩格斯选集》第 3 卷，人民出版社，2012，第 778 页。

② 《马克思恩格斯选集》第 3 卷，人民出版社，2012，第 787 页。

③ 《马克思恩格斯选集》第 3 卷，人民出版社，2012，第 794 页。

“一切社会变迁和政治变革的终极原因，不应当到人们的头脑中，到人们对永恒的真理和正义的日益增进的认识中去寻找，而应当到生产方式和交换方式的变更中去寻找；不应当到有关时代的哲学中去寻找，而应当到有关时代的经济中去寻找。对现存社会制度的不合理性和不公平、对‘理性化为无稽，幸福变成苦痛’的日益觉醒的认识，只是一种征兆，表示在生产方法和交换形式中已经不知不觉地发生了变化，适合于早先的经济条件的社会制度已经不再同这些变化相适应了”①。因此，要想实现社会变革和政治变革，必须深入了解经济状况和生产方式的变化，从而引导制度和政策的调整，以使其适应时代的发展需求。这样才能真正解决社会问题和矛盾，推动社会进步和长远发展。

在西方政治运动中，乌托邦充当了理想主义的化身，乌托邦既是一种理想，也是对现实的觉醒，它以一种美好的想象嵌入许多政治家、哲学家的灵魂，为现实的社会治理注入灵感、提供思绪。

三　林中之路探秘

探索正义就如同搜寻林中路，站在路口远望，看到的是茂密的丛林，一条幽寂的小路，走不到尽头的无奈。或许正义就像诗和远方，在森林的远端。

在 19 世纪上半叶约翰·穆勒所生活的时代阶级矛盾尖锐化，无产阶级的境遇凄惨，他指出基于功利之上的正义乃是一切道德的主

① 《马克思恩格斯选集》第 3 卷，人民出版社，2012，第 654~655 页。

要部分，而且绝对是最神圣、最具约束力的部分：在一切思辨时代，以是否阻碍人们接受“功利”或“幸福”为检验行为对错的标准这一观点的最大障碍之一，始终来自正义的观念。“正义”一词能够迅速地、确定无疑地唤起一种强烈的情感和表面上清晰的知觉，这种情感和知觉在大多数思想家看来，反映了事物的一种内在性质，表明了正义作为在属类上不同于任何“利益”的某种绝对之物，在大自然中必定有一席之地，正义虽然（如同公认的那样）从长远来看事实上从来没有脱离“利益”，但在观念上却是与“利益”对立的。

穆勒在《功利主义》中对正义进行了大篇幅的论述，掀起了正义的话题讨论热潮。而1971年罗尔斯的《正义论》问世，在西方国家引起了对正义更广泛的重视。罗尔斯对主导西方社会的功利主义正义观和直觉主义正义观展开批判，他尤其反对功利主义的正义观。边沁、亚当·斯密和穆勒等人所传播的功利主义的基本观点是谋取最大多数人的最大幸福，这种思想观念历来在西方社会占据统治地位，并奠定了西方政治制度、社会制度和经济制度的重要基础。但是，这种体制的确立并没有很好地解决社会结构存在的深层次矛盾和正义问题，罗尔斯提出想要改良西方社会体制，关键在于改变在思想上占主导地位的功利主义的正义观，使自由和机会、收入和财富、自尊的基础等平等地分配，倘若这种分配是不平等的，那么它必须能够有利于增进个人尤其是弱势群体的利益。

罗尔斯重新扛起契约论旗帜，基于“原初状态”与“无知之幕”等条件的设定，他推导出了关于正义的两个原则：第一个原则是平等的自由原则，第二个原则包括机会平等原则与差别原则。首先，机会平等原则要求职位和官职向社会所有公民开放，每个公民都能够平等地参与社会政治生活，不允许存在特权阶级；其次，他从社会各阶层中挑选出“最少受惠者”这一特殊群体，以其利益分配状况作为评价一个社会是否正义的标准。罗尔斯的正义理念是一种“作为公平的理论”，这种理念是从社会契约论中阐发的。它确认了在权利自由方面广义的自由主义和在财富收入方面准许用不平等改善最不利者的处境。可以看出，罗尔斯的正义建构逻辑，反映了资本主义制度背景下特殊群体特别是弱势群体对社会资源占有、分配方式等现实的不满和对社会公平正义的强烈吁求，延续了政治哲学家力图借助正义理论来解决社会现实问题的致思理路。

《正义论》问世之后，许多政治哲学家围绕着正义问题展开了多维度、深层次的再探讨。诺齐克认为，罗尔斯只是通过差别原则来关注了最不利者的利益问题，而没有考虑整个社会的发展问题。[①] 诺齐克提出了持有正义理论，他认为正义不在于公平，而在于个人权利的保障。“个人拥有权利。有些事情是任何他人或团体都不能对他们做的，做了就要侵犯到他们的权利。”[②] 社会的财产占有表现为个体的持有，这些个体的持有总和构成社会的总财富分布状况。如果每个人持有的财产是正义的，那么社会财产的总体分布状况也就是正义的。当最初持有的正义、转让的正义和矫正的正义这几个阶段都保证符合正义原则，这个社会就是正义的。同时，他还指出个人拥有绝对的权利，任何国家、团体和个人在没有经过权利的所有者的自由同意前提下，是无权占有别人财产的，也无权把一切物品集中起来加以分配，这意味着国家（集体）权力不能凌驾于个人权利之上，在国家的权力与个

---

① 〔美〕罗伯特·诺齐克：《无政府、国家与乌托邦》，何怀宏等译，中国社会科学出版社，1991，第 196 页。

② 〔美〕罗伯特·诺齐克：《无政府、国家与乌托邦》，何怀宏等译，中国社会科学出版社，1991，第 1 页。

人的权利之间，个人的权利处于更加优先、更为根本的位置。总之，诺齐克的持有正义论从个体权利出发，希望通过“无数的个人正义”叠加从而获得社会的整体正义，这种致思趋向与柏拉图以来首先关注社会整体正义的思路有所不同，他强调了个人正义及权利相对于集体的优先权。诺齐克的持有正义理论通过限制国家在分配中的作用而保障个体权利，因此“带有强烈的社会达尔文主义色彩”。

迈克尔·沃尔泽（Michael Walzer）批评约翰·罗尔斯（John Rawls）的正义理论只是一种抽象的逻辑上的空洞设想，在具体的社会实践中难以发挥作用。沃尔泽指出罗尔斯的理论存在一些问题，其中一个重要问题是缺乏具体的社会实践指引。也就是说罗尔斯的理论过于依赖抽象概念，思考偏离实践较远，并没有提供如何将这些理念付诸实践的具体建议。罗纳德·德沃金将正义与平等看作同义词，而不仅仅是一种形式化规则。[①] 他提出资源平等论，通过政策目标调整使经济结构分配给每个公民尽可能“平等的份额”的资源，也就是达到支配资源方面的平等。但是每个人拥有不同的人格、人格资源和非人格资源，会导致人们资源占有不平等。人格资源和非人格资源因素与资源平等的具体责任原则不相符，所以必须通过保险方式来调整，从而保障人们在资源方面保持平等均衡，形成社会分配正义。

无疑，罗尔斯的正义论对社会产生了长远和广泛的影响。然而，他关于正义环境与原则概念的社会设定呈现出先验论的气息。虽然他试图通过两个原则对资本主义社会制度进行改良以实现社会正义，但从另一方面来看，这也使得他的思想变得过于理想化。尽管如此，这

---

① 〔美〕罗纳德·德沃金：《至上的美德：平等的理论与实践》，冯克利译，江苏人民出版社，2003，第 102 页。

种想象无疑是有益的。

认识到《正义论》的缺陷后，罗尔斯对正义原则进行了修订。他把两个正义原则重新表述为："（1）每一个人对于一种平等的基本自由之完全适当体制（scheme）都拥有相同的不可剥夺的权利，而这种体制与适于所有人的同样自由体制是相容的；以及（2）社会和经济的不平等应该满足两个条件：第一，它们所从属的公职和职位应该在公平的机会平等条件下对所有人开放；第二，它们应该有利于社会之最不利成员的最大利益（差别原则）。"① 罗尔斯建构起三种基本理念，一是起组织作用的核心理念即社会作为一个世代相继的公平的社会合作体系，二是从事合作的人们/公民是作为自由平等的人，三是秩序良好的社会即由公共的正义观念加以有效规范的社会。② 受到社会合作理念的影响，人们会利用承认的规则和程序来指导和规范他们的行为；在调节社会合作产生的利益分配时，正义的原则就发挥重要作用。

罗尔斯认为"秩序良好的政治社会"传达出以下三点。"第一，而且这是公共的正义观念之理念所隐含着的，它是这样一个社会，在这种社会中，每一个人都接受，并且知道所有其他的人也都接受，相同的政治正义观念（以及相同的政治正义原则）。而且，这种知识是得到相互承认的：如果人民接受这些原则属于一件公共协议，那么他们应该知道每一件他们要知道的事情。第二，这是由公共的正义观念加以有效规范之理念所隐含着的，公众认为，或者有充分的理由相信，社会的基本结构——即它的主要政治制度和社会制度以及它们结合成

① 〔美〕罗尔斯：《作为公平的正义》，姚大志译，中国社会科学出版社，2011，第 56 页。

② 〔美〕罗尔斯：《作为公平的正义》，姚大志译，中国社会科学出版社，2011，第 12 页。

为一种合作体系的方式——能满足这些正义原则。第三，而且这也是有效规范的理念所隐含着的，公民具有一种通常情况下起作用的正义感，也就是说这种正义感能够使他们理解和应用为公众所承认的正义原则，而且对大多数人来说，这种正义感还能够使他们根据自己的社会位置及其义务和职责而采取相应的行动。"①

这种秩序良好的社会在罗尔斯眼中也是很理想化的，在理性（思维）多元化的时代，想构建一个被广泛接受和认同的秩序良好的社会显得难以"合乎理性"。应该说，罗尔斯是从政治哲学的视角出发，将社会正义作为其建构正义的主题，他同时从局部正义和全球正义两个方面进行探讨。总体来看，罗尔斯所论述的作为公平的正义，具有政治正义的鲜明特征，体现了政治哲学家对社会公共政治文化、社会基本结构的关注。而以罗尔斯和诺齐克为代表的西方政治哲学家对"正义优先抑或权利优先"的论证，引起人们对"普遍正义""特殊正义""形式正义""实质正义""生产正义""分配正义"等话题的持续思考。

可以看出，哲学家、政治家对正义概念的定义各有不同，对正义内涵的理解甚至大相径庭，但这都不妨碍人类历代对正义的追求。

① 〔美〕罗尔斯：《作为公平的正义》，姚大志译，中国社会科学出版社，2011，第16页。

第二章　正义尺度的争辩

在20世纪末期，“为承认而斗争”成为西方政治冲突的主要形式，承认政治引起了更多群体的注意。在这个时期，人们似乎更注重自己所属的群体或阶层，而不是争取阶级利益。同时，文化层面的压制和斗争也愈发引人注目，甚至掩盖了经济再分配的重要性，但从全球范围来看，经济不平等、社会不公正依然是人类社会普遍存在的问题。

一　正义维度之辩

20世纪八九十年代，世界局势出现了巨大转变，东欧剧变、苏联解体，全球社会主义运动陷入低潮，加上种族冲突、反霸权主义、女权主义、同性恋运动等斗争此起彼伏，“为承认而斗争”成为备受关注的正义议题。承认政治的崛起，与跨国界、跨文化接触的现实运动密切相关。“承认”妇女的家务劳动、同性恋婚姻等政治诉求愈发强烈，加之迅猛发展的全球化加速着跨文化接触和传播，使得当代冲突的诸多解决方案破碎化，价值视野多元化，加之身份和差异政治甚嚣尘上，被遗忘的黑格尔的“为承认而斗争”的旧形象似乎有了新市场。

许多政治哲学家试图解构原有的正义框架，进而谋划自己的正义规范。霍耐特则重拾黑格尔的“为承认而斗争”思想，并将其阐发为一整套深奥的承认理论，承认理论日渐成为主流的正义理论。承认原来指主体在交往活动中彼此理解、相互尊重，霍耐特将黑格尔的承认理论与社会现实结合，通过对承认思想的放大，并紧密结合实际加以创新发展，他摒弃了过分依赖分配框架的唯经济主义的正义主张，把不公正根植于表达、诉说、解释、沟通的社会文化模式之中，通过直观多元的利益诉求下的主体间性，致力于满足不同性别、不同民族、不同种族的身份诉求。

霍耐特敏锐地观察到一战之后伴随着福特主义时代出现的“为分配而斗争”的单维正义诉求已不能很好地解释全球正义斗争的最新状况，特别是后冷战时代大量非经济性不平等出现，加上文化冲突和身份政治涌现，他转变思路，“不仅通过回到黑格尔，将主体间性理论放置在新的人类学的基础上，而且通过吸收米德、福柯、马克思、索雷尔、萨特、泰勒等人的有关思想，建构了一套以社会承认与蔑视为核心的社会发展理论”①。霍耐特师承哈贝马斯，其理论的形成受到哈贝马斯的影响，但他又突破前见，“站在哈贝马斯的肩膀上，通过在社会哲学意义上对黑格尔承认理论的引入，一方面弱化了哈氏交往行为说中作为预设前提的参与对等思想，另一方面也将现代社会的主要矛盾看成是文化—伦理层面的冲突”②。

---

① 贺翠香：《承认与蔑视——霍耐特的社会批判理论评析》，《现代哲学》2007 年第 3 期。

② 王才勇：《承认还是再分配？——从霍耐特到弗雷泽》，《马克思主义与现实》2009 年第 4 期。

20世纪90年代，承认理论在西方可谓炙手可热，被视为法兰克福学派第三代批判理论的学术标签。霍耐特的承认理论主张，在人际交往中，每个人都应该被视为平等的个体，并且应该得到他人的认可和接纳。这种思想对于建设和谐社会、促进人类合作具有积极的意义。然而，随着时间的推移，霍耐特的承认理论也逐渐暴露出了其抽象性和脱离历史性的缺点。与马克思的“承认”哲学相比，霍耐特的理论显得过于片面和简单化。马克思的“承认”哲学强调了人与人、人与自然和人与社会的三重关系，而霍耐特的理论则只涉及了人际关系方面的问题。人的本质是社会关系的总和，正是马克思的“承认”哲学的基石。在马克思的理论中，人的存在是与人、自然和社会三者相互关联的，而人与这三者的关系是不可分割的。“承认”是指人们互相承认彼此的权利和尊严，以建立起一个公正、平等和自由的社会秩序，这种承认需要在个体之间、个体与自然之间以及个体与社会之间进行。只有当这些关系得到平衡和协调时，人类社会才能真正实现进步和发展。相比之下，霍耐特对承认概念是这样理解的，人与人之间的关系是建立在相互承认的基础上的，只有人们能够互相承认彼此的身份和价值，才能真正建立起一个公正、平等和团结的社会。因此，霍耐特的理论主要针对个体如何在社会中寻找自我认同和归属感的问题。

除此之外，霍耐特的理论关注的是个别的“伦理斗争”，忽略了整个社会发展的历史背景和阶级矛盾的存在，这使得他的理论无法完全贴合具有复杂性和多样性的现实社会。在实践中，一些人通过利用权力和资本等资源剥夺其他人的权益，在实现个人追求的同时却忽视了社会公正和道德尊严。因此，霍耐特的承认理论需要在历史和现实的基础之上重新加以审视和解释。要想建立起一个社会和谐、平等的环境，需要深刻理解每个人和群体的权利和需要，并在此基础上制定合适的法律法规和伦理规范，从而通过人们的自觉行动来推动社会共同发展与进步。

霍耐特认为，“为承认而斗争”的思潮为社会斗争作出了划时代的新规定，在马克思的阶级斗争学说中，引导青年黑格尔的道德理论观念与功利主义思潮被综合到一起，这是一种充满张力又高度矛盾的综合。[①] 在霍耐特看来，正义理论向“承认理论”的转向，是基于好生活概念下实现社会公正的时代路线。当下的再分配应归类为承认的“再分配”，分配理论便成为一种主张通过物品等资源的分配使得所有社会成员的平等自由权利得以实现的规范性社会学说。正义问题不单单是一个纯粹的物质生产分配的经济问题，它还是一个政治问题，一个涉及自由与公民权利的社会问题。也就是说正义问题内在诉求着一种承认秩序，通过这种有序秩序为社会成员提供充满爱和尊重的生活。当一个人的身份或者存在被他人否定或者错误识别时，他可能会感到被困在一种虚假或扭曲的现实中，可能会感到自己不被接受、不被理解、不被尊重，甚至可能感到自己的存在变得毫无价值，这将导致其内心的痛苦和自我贬低。霍耐特通过对不承认或错误承认的矫正（社会斗争），来批判作为侮辱和蔑视的不公正。

南茜·弗雷泽认同霍耐特的承认理论在本质上涵盖了正义问题，但批评其在发展社会哲学的规范性内涵时陷入了“承认一元论”的窘境。在后冷战时代，大量关于人种的、种族的、性别的少数群体的差异性诉求吸引着西方政治哲学家的眼球。一方面，文化冲突、政治不

---

① 〔德〕阿克塞尔·霍耐特：《为承认而斗争》，胡继华译，上海人民出版社，2005，第151页。

平等随着跨文化接触和价值多元思潮的涌现，日渐成为备受关注的核心话题，“为分配而斗争”的单维正义诉求似乎已经不再能解释当今社会的最新状况。另一方面，虽然冷战结束了，但全球经济的不平等并没有消失，在福特主义时代居于核心的再分配问题并没有失去研究的意义。在弗雷泽看来，霍耐特视野中的文化因素和身份政治的凸显固然能够揭示“承认”在解决现代社会冲突中的重要作用，但是不能简单地将再分配和承认两者视为对立的。通过剖析我们可以看到，在后冷战时代西方出现了经济性和非经济性不平等并存的社会现象，而遭受各种不公正的集体，大多同时遭受着再分配和承认等多重不公正，承认政治并不能完全取代再分配政治。

> 经济不正义和文化不正义并不是占据两个绝对分离的领域，而是经常相互重叠，辩证地彼此相互强化，具有偏见的文化规范不平等地歧视了某些人，并制度化于国家和经济体制之中；同时，经济劣势阻碍了人们平等地参与文化建构、各个领域和日常生活的活动。结果，常常出现文化和经济从属地位的恶性循环。[①]

尽管文化不正义和经济不正义存在差别，对应的两种矫正甚至有冲突，但两者在某些方面有交叉重叠。某种（特殊）群体的承认诉求会更多地关注群体的价值，无形中带有扩大这种群体差异的倾向，相应矫正的目的就是动摇和瓦解支撑群体身份差异的基础；而再分配也通常要求消除这种强调群体特殊性的差异，无形中带有缩小这种群体差异的倾向，对经济不公正的矫正要通过重构社会关系、生产关系，

① 〔美〕凯文·奥尔森：《伤害+侮辱——争论中的再分配、承认和代表权》，高静宇译，上海人民出版社，2009，第17页。

改变现有的分工和消费分配逻辑来实现。通过对分配正义和承认正义的考察与分析，弗雷泽强调对承认正义的诉求绝不可遮蔽对再分配正义的反思和批判。即便在当下，再分配问题依然是一个不可漠视且至关重要的问题，当代发达国家普遍的社会福利措施、超额累进税和实现充分就业的目标，确保所有人都享有就业机会，同时并没有把弱势群体歧视或贬低为需要特别施舍的受惠者。基于这样的时代诊断（Zeitdiagnose），弗雷泽创造性地将再分配与承认这两个概念并列，以阐明社会冲突的核心。

霍耐特的“承认理论”继承了法兰克福学派社会批判理论和人道主义关怀的优良传统，并将后现代主义文化的最新思潮寓于其中，揭示了资本主义现代化的悖论。弗雷泽对这种认为“承认”是统摄性的，把经济分配看作派生物的“貌似合理”的承认“规范一元论”提出了质疑，她指出承认政治面临很大的问题。

首先，身份政治通过把错误承认视为一种对自由身份的文化伤害，从其制度结构中抽象出不正义，并模糊了与经济不平等相互交错的关系。因此，身份政治并没有与再分配斗争相结合，而是十分轻易地替代了后者。其次，通过寻求巩固真正自我表达的群体文化，这种政治扼要地表达了身份，迫使个体成员适应环境，否定了他们生活的复杂性、他们身份认同的多样性，以及他们不同从属关系之间的牵引力。因此，身份政治并没有促进不同差异之间的相互作用，而是使群体身份具体化，并忽视了共同的人性，助长了分离主义和具有压迫性的社群主义。①

---

① 〔美〕凯文·奥尔森：《伤害+侮辱——争论中的再分配、承认和代表权》，高静宇译，上海人民出版社，2009，第 17 页。

在全球化背景下——身份排斥、弱势群体边缘化，以及各种道德的利益的诉求仅仅靠福利国家无法满足，仅靠单维的“承认”无法从根本上满足不同人群的异质性需求——承认一元论的正义理论面临失语的窘境，因为受争议的不仅是相冲突的诉求，还有相冲突的社会本体论，这就导致用来评估诉求的标准也是冲突的。再分配抑或承认？——弗雷泽就正义范式与霍耐特展开了激烈论战。弗雷泽认为任何社会只有一个承认秩序是值得怀疑的，事实上一个社会包含着许多制度类型的整合形式，相互关系是由在其中的无数个人策略的无意识结果的作用相互交错所调控，不能简单地或孤立地将整合的一个模式总体化。[①] 而在“后福特主义的资本主义中，新社会运动常常是反对‘错误承认’的身份不平等和‘错误代表权’的政治不公平的斗争”[②]。通过对社会最新状况的诊断和批判性反思，弗雷泽认为必须在再分配和承认政治之间作出非此即彼的抉择这一说法是有待商榷的，我们面对正义想象的转向，更好地“将文化正义理论和分配正义理论结合起来”[③]。

弗雷泽正是在与霍耐特的政治对话与理论论战中重新思索分配正义和承认正义的价值视野差异，她重拾哈贝马斯思想中被霍耐特放弃的平等主义思想，并将其“反常规正义理论”的规范性力量定位在预设的“平等参与”原则之上，并由此规范出发来构建其正义理论框架。但与哈贝马斯强调平等参与不同，弗雷泽强调的是实质的平等，

① 〔美〕南茜·弗雷泽、〔德〕阿克赛尔·霍耐特：《再分配，还是承认？——一个政治哲学对话》，周穗明译，上海人民出版社，2009，第 163 页。

② 〔美〕南茜·弗雷泽：《正义的尺度——全球化世界中政治空间的再认识》，欧阳英译，上海人民出版社，2009，第 3 页。

③ 〔美〕南茜·弗雷泽：《正义的中断——对“后社会主义”状况的批判性反思》，于海青译，上海人民出版社，2009，第 6 页。

不仅仅要求程序正义，而且注重结果正义和评判尺度的正义，因此，从某种意义上讲，她是一位结果主义者。同时，作为一位女性主义者，弗雷泽又往往站在女性的视角要求政治代表、政治公共决策者的性别平等，强调当下正义不再满足于经济上的分配，以及身份、文化、宗教等认同，而是更多地在元正义层面强调政治代表权的合法性。

弗雷泽的正义理论本身也在不断发展、不断完善，她在与不同观点的论战过程中不断修正自己原有的正义理论框架。弗雷泽认为 20 世纪 90 年代以来的全球一体化发展和冷战的结束，加上时代背景的转换，使所有固有的正义范式倾向于消解，导致正义规范的“去稳定化”。常规的三大正义家族（前文提到的再分配、承认和政治代表权）可能会发生动摇，不再以常规的形式出现，而以反常规的紊乱形式出现，常规的正义理论已经不能解释和满足新形势下的多元正义诉求。全球化竞争导致的利益断层使跨国界、跨文化利益诉求不断涌向前台，一个单维的正义尺度已无法图绘当今正义的边界，加上国际公共舆论的发展和国际组织的交错建构，使得当今世界的正义诉求呈现网状的图景。在当下这种反常规时期，面对诸多对正义“实质”的不同理解，理论建构不能以往常的方式展开对正义不同面向的反省。

在国际政治空间快速变化、社会冲突加剧的背景下，我们面临的挑战是如何在全球范围内描绘当代社会的正义问题，以往的理论家都心照不宣地在常规话语模式下描述正义问题，而新的正义问题不像那种可以用同一尺度衡量的简单二元论范例。弗雷泽不满于霍耐特单维的承认一元论，她从社会正义角度出发，经由承认—再分配的二元正义观走向了纳入政治代表权的“三元”（三个维度）正义论。

在论战中，霍耐特在对弗雷泽作出的回应中并不否认现代正义的这三个维度，但是他认为承认是“基础性的、统摄性的”，分配则是“派生的”。也就是说，人与人之间的承认关系更具有规范意义。弗雷泽则针锋相对地指出，承认、再分配和政治代表权这三者之间是不可以相互化约的。在现实生活中，三者经常相互纠缠、相互贯通，不可彼此取代。分配不公问题并不单纯是由错误承认导致的，也有可能是由经济或政治因素导致的，即便承认本身也可能由分配不公引起。至此，弗雷泽提出了她的“一元三维”正义理论：“规范的一元论”，即把“参与平等”视为一元论的规范概念基础，“再分配”、“承认”和“政治代表权”构成三个维度。这种理论框架及其演绎路径，反映了弗雷泽对当下“反常规正义”的理论背景的准确把握和全面阐述。

在弗雷泽看来，需要一种综合了多元社会本体论和规范一元论的方法，即把正义看作涵盖再分配、承认和政治代表权等多维度的概念，同时还需要一个能覆盖多维度的单一的规范性原则，它能为那种在正义“实质”问题上的争论提供一个衡量尺度。她提出以参与平等这个覆盖性的规范性原则来衡量再分配、承认和政治代表权这三个维度上的诉求，分配不公或分配不当、错误承认或身份不公正、错误代表制或政治不公正等这三种不公正都亵渎了参与平等原则。①

由于传统的正义诉求被置于有边界的政治共同体之内，这意味着正义的实现往往与主权国家联系在一起，而受正义义务限定的主体则是主权国家的公民。在弗雷泽等西方学者看来，东欧剧变、苏联解体，全球社会主义运动陷入低潮，新自由主义蓬勃兴起与霸权主义相对衰落，加上国际人权组织和女性组织对世界贸易组织等进行批判，这使跨国界的不正义问题被置于讨论范围之内。

---

① 〔美〕南茜·弗雷泽：《正义的尺度——全球化世界中政治空间的再认识》，欧阳英译，上海人民出版社，2009，第68~69页。

弗雷泽的正义理论往往被视作“规范的一元论”加“存在的多元论”（ontological pluralism），即是在“参与平等”（participatory parity）这一规范概念基础上建立的元哲学层面的一元论，让全部（暂时是三个）维度的要求都服从于“参与平等”这一支配性规范原则，在社会存在层面上由“再分配”（redistribution）、“承认”（recognition）和“政治代表权”（political representation）三个维度构成三（多）元论。弗雷泽认为，参与平等概念有助于表达民主正义反思性特点，[①] 这个原则有助于参与相关活动的社会成员以平等的身份参与到社会生活之中；同时，参与平等也是一个过程性概念，依据“参与平等”这一规范，我们可以评估规范的民主的合法性：仅当公正公平地参与（以平等身份参与）协商的所有人的所有意见被尊重时，这种规范的民主才是合法的。这样既能通过有效路径选择揭示那些推定性歪曲民主决策的背景条件，也能揭示产生实质性不平等的非民主程序。

当不发达国家的穷人的诉求只局限在其狭小的地域空间时，当争取承认的斗争发生在一个物质财富分配极不公平的世界之中时，过度的政治理想可能沦为一种虚假的意识，承认政治有可能消解再分配政治。弗雷泽认为当下文化创新与经济变革的诉求混在一起，但是身份政治诉求越来越占据主导地位。一方面是传统意义上的剥削、经济边缘化与机会剥夺所反映的平等主义分配表达，另一方面是文化统治下的压制，包括侮辱诽谤与歧视，这些不承认或者错误承认造成了心理上的伤害与仇恨，当上述的文化诉求与矫正经济不正义的诉求冲突时，可能会出现一个矛盾，那就是文化承认往往强化着群体差异，而

① 〔美〕南茜·弗雷泽、〔德〕阿克赛尔·霍耐特：《再分配，还是承认？——一个政治哲学对话》，周穗明译，上海人民出版社，2009，第 35 页。

经济平等则试图消除这种差异。由于纯粹的集体只是理论上的存在，弗雷泽以阶级、性别与种族这几个双重集体为例指出，它们既包括了政治经济方面，又包含着文化评价的要素，并且相互构成了一个循环。这两方面相互交错，辩证地彼此强化。

当面对再分配—承认的难题时，弗雷泽对肯定的方案和改造的方案进行了全面探讨，通过比较可以发现，肯定的矫正方案通常倾向于强化群体差异，而改造的方案则倾向于模糊群体差异；肯定的再分配矫正对错误承认产生反作用，而改造的再分配矫正有助于矫正某些形式的错误承认。然而，所有不正义的轴线相互交叉，其交叉方式影响着每一个人的利益与身份认同。当今的社会正义既要求再分配又要求承认，弗雷泽以三个理由论证了社会主义与解构结合的方案优于其他方案。再分配与承认的现实矛盾不仅仅存在于关于性别、种族的二阶集体中，也存在于相互交织的各种集体之中。因此，阶级、种族和性别的相互交叉，进一步强化了改造的方案的必要性，从而使得社会主义和解构的结合更加具有吸引力。她力图从诸多方面整合“新社会主义运动”，并致力于找回新马克思主义对资本主义批判中的有价值的立场，并把这些立场整合进后马克思主义批判理论中最具洞察力的观点之中。

总之，在这一规范理论中，“弗雷泽运用这一方法论性质的理论框架，从四个主题系统地分析了导致其‘反常规正义’出现的‘反常规性（abnormality）’背景、反常规正义时代的正义实质（what）、正义主体（who）和实现正义的途径（how）”[①]，并通过三个维度及三个层面的说明，使得当前西方社会的典型的不公正得以清晰地呈现出

① 周穗明：《重塑正义理论》，《社会科学报》2009年4月16日。

来，并通过错误框架与元政治错误代表制概念化，揭示了被权威理论所忽略和被遮蔽的其他不公正问题，能够深刻地把握全球化进程中正义核心问题中的框架性问题。弗雷泽把正义观暂定为以经济、文化和政治为中心的三维尺度，这只是对正义思想的一个时代解读，而其正义理论应该仍旧是开放的，而且在今后对更多的社会冲突考察中能够揭示更多的维度。

二　正义主体之思

在全球化背景下，各国经济政治密切联系、利益普遍交织，就整个世界而言出现了新的阶层冲突和群体分化。“在当今西方和整个世界，人们提出了现代历史上最广泛的平等要求，出现了最多样的新形式的社会抗议运动：有色人种、女性、少数族群、生态主义者、同性恋者、农民，等等，各种散落在边缘的社会力量的能量在激烈地尽情释放，各种形式的新社会运动此伏彼起，几乎所有人都在要求平等的承认。”① 而弗雷泽的正义论正是在审视了当前全球阶级矛盾、文化冲突与政治斗争等多元的、断裂的、交错的时代背景基础上提出的。随着时代的变迁，人们对于正义的普遍共识也可能改变，在全球化背景下不同人群的正义诉求不同，所有的政治决策者都必须在利益之间作出权衡与考量。正义尺度的混乱或纠缠，社会公平公正与道德伦理的缺失或断层，会导致引爆社会冲突的危险，危及政治安全。弗雷泽提

① 〔美〕凯文·奥尔森：《伤害+侮辱——争论中的再分配、承认和代表权》，高静宇译，上海人民出版社，2009，译者前言第5页。

出“反常规正义”，就是要在新的历史条件和时代背景下重塑全球正义理论，从而更好地跟进和体现当代全球公民运动与新兴多元的正义诉求。

弗雷泽善于根据反规范时期时代背景转换和形式变化，从不正义的多重根源处着手，不断挖掘前沿的正义问题，从不同制度背景和维度视角考察各种弱势群体（包括女性、黑人与劳工）所遭受的种种不正义待遇。这种反思建构性路径不仅通过性别的透镜，而且还注重阶级、种族和文化等社会类别思路，致力于颠覆所有的权力压迫关系和空间结构，其在方法论上体现了对后现代主义政治哲学的反思与超越。作为一位女性主义者，弗雷泽指出在当代女性普遍遭受社会经济、文化不正义，如女性家务劳动的价值不被承认，提出要消除以男性中心主义为传统的不合理的劳动分工，以及解决相关的女性被剥削、边缘化问题等。弗雷泽认为强调参与平等的正义理论，比福斯特的以“合理性证明的权利”为核心的正义理论能更好地揭露权力的不平等，她批评福斯特错误地把权力完全等同于正义的政治维度，并指出“经济、文化和政治等三个维度中每一个维度都标识了一种基本的、不可还原的社会权力维度，而参与平等理论避免了还原性的‘政治决定论’的缺陷”①。

在过去，正义的主体即正义的“谁”一直未受到质疑，人们对于把正义局限于主权国家的领土范围内，即把正义被运用的单位视为与主权国家相关的政治共同体已经司空见惯了。而在全球化背景下，把正义局限于主权国家领土范围内这一传统正受到民主主义者、女性主

① 〔美〕南茜·弗雷泽：《正义的尺度——全球化世界中政治空间的再认识》，欧阳英译，上海人民出版社，2009，第10页。

义者、多元文化论者、自由主义者等的剧烈批判与攻击。通过对时代新特点、新问题的反思可以看出，所谓“反规范正义”是一种特殊的范式，因为先前的范式已无法满足现有正义的诉求。弗雷泽指出，跨国企业、国际移民、全球流动，以及生产、贸易、销售、投资的全球化，自由贸易区的广泛建立，使得“国家”作为一个政治概念正在模糊化。多元文化价值、全球治理加上全球霸权、代表制要求打破现代领土国家以往的框架，民族国家正在被全球公民意识所消解。从传统视角来看，公共舆论的规范化合法化往往与至高的权力相关，当且仅当国家公共舆论获得充分的政治力量，从而使国家官员行为归于公民控制之下，有效性才能获得。①

国家间体制的不兼容并不意味着正义的绝缘性，自由、民主的价值在全球飘荡，你中有我、我中有你，正义的理念已深入全球大多数公民内心深处。同时，全球化与反全球化的交锋在不断上演，如果说罗尔斯树立了政治哲学的正义大旗，那么“从罗尔斯本人的立场出发，他否定平等的分配正义在全球或国际层面拥有任何的适用性。通过描绘国内和国际领域明确的威斯特伐利亚差别，罗尔斯使得国内领域成为分配正义的唯一的、排他的地盘，同时，他以没有平等的经济诉求提供任何基础的方式构想了国际正义”②。罗尔斯将第三世界人民的跨越国界的分配正义诉求忽视了，匹配以“援助”来显示秩序井然的国家的正义之举。正如从全球空间视域出发，弗雷泽认为任何正义诉求都不可能回避预设某种代表权概念，政治代

① 〔美〕南茜·弗雷泽：《正义的尺度——全球化世界中政治空间的再认识》，欧阳英译，上海人民出版社，2009，第179页。

② 〔美〕南茜·弗雷泽：《正义的尺度——全球化世界中政治空间的再认识》，欧阳英译，上海人民出版社，2009，第38页。

表权是一种元正义。正是在识别了错误代表权和错误建构之后，弗雷泽提出“建构性政治”思想，那些忍受不公正的人们，他们在领土的边界之内徘徊，即使试图重绘现存领土国家的边界，他们也没有真正对正义的范围提出质疑，“除非他们（实践者）携起手来为元政治而斗争，否则在全球化世界中为正义而斗争是不可能取得成功的”①。

基于对正义主体的思考，马克思提出了“联合体”思想。在马克思设想的自由人联合体中，个人和共同体之间的社会关系不再由经济、政治等机构调解，劳动成为实现最彻底的自由和相互承认的形式，促进了价值与意义上的融合。马克思设想的这种联合体可以消除个体与共同体之间的矛盾以及阶级对立，并且在联合的过程中让个体得到全面发展，使社会变得更加公正、平等和自由。他强调人类社会的共同性与联系，认为个体之间存在相互依存和互助的关系。“在那里，每个人的自由发展是一切人的自由发展的条件。”② 马克思反对资本主义社会中盛行的利益最大化和竞争原则，主张通过联合来实现对生产资料的共同占有，使人的个性得到实现，自由权利得到彰显。在自由人联合体中，每个人都有自由选择的权利，同时也需要接受个人行为对整个共同体产生的影响。这种联合体不仅可以消除个体与共同体之间的矛盾，而且可以促进人的全面发展，代表着社会发展的方向。但应该看到，世界社会主义发展进程具有长期性、曲折性、复杂性，要实现马克思所预想的“未来共同体”中个体全面自由发展，还要经历很长的历史过程。

---

① 〔美〕南茜·弗雷泽：《正义的尺度——全球化世界中政治空间的再认识》，欧阳英译，上海人民出版社，2009，第27页。

② 马克思、恩格斯：《共产党宣言》，人民出版社，2018，第51页。

三　正义空间之论

威斯特伐利亚体系把主权国家确立为基本行为主体，即“一个主权国家必须具备对本国政治、经济和领土的自主管辖权，否则就不成其为主权国家。主权是统一的、最根本的权力，国家中的一切权力都从属于主权权力”[①]。国家间人员、技术和信息的交互与流动，不同价值观念的分野与碰撞，传统思想的束缚与释放，全新身份的塑造和被承认等，导致多样化的身份诉求冲出“地平线”，占据着正义理论的价值视野。所以，当我们简单地评估正义诉求的对与错之时，在扩充道德内涵之时，关怀、理解和尊重已经占据了理论高地，承认诉求使得分配诉求陷入黯然失色的境地。用承认的身份诉求去裁剪丰富多彩的社会公正虽貌似满足了自由主义者的“虚假意识”，却走入了狭隘、偏执的理论死角。

当今社会网状的统治政府覆盖着全球，它超越了原有的独一无二的主权国家形式，新的、跨国界的政治形式被越来越多的跨国运动所操纵，政府间的和非政府间的公共活动界限变得模糊，因此许多学者认为正义的边界从唯一的领土概念进入了“后威斯特伐利亚观念”。

诚然，承认理论的崛起是毋庸置疑的，霍耐特对社会冲突和变迁的观察是细致的，文化因素确实冲出“地平线”，走到前沿。但是，“分配不公正并未消失。相反，经济不平等正在增长，因为新自由主义力量推动企业全球化并削弱了以前在各国能够进行某些再分配的治

① 吴惕安、俞可平主编《当代西方国家理论评析》，陕西人民出版社，1994，第 14 页。

理结构"[①]。显然，承认理论不能单独承担起批判理论的全部重担，不能单独弥补当代社会正义的规范亏空，必须扩充承认正义的概念内涵，超越承认的简约化曲解。在道德层面，弗雷泽把正义定位于同时囊括承认和再分配观点的二元论框架；在社会理论层面，她指出了当代社会存在着各种各样的身份差异，包括性别、种族、阶级等，以及这些身份差异之间相互作用，并对人们的生活产生深刻的影响。弗雷泽寻求一种能够容纳当代社会阶级与身份的差异，并考虑它们之间的因果关系，同时兼顾特定现代身份从属形式的社会变革；在政治理论层面，她提出一个非改革主义的改革战略作为思考制度变化的方法。

在把承认问题确定为一个正义问题后，弗雷泽强调不能简单地把正义理论标准化，简单地认为分配正义包含着对错误承认的矫正，并非所有的错误承认现象和伤害、歧视都是分配不公正的产物；所有的经济不平等都无法简化为文化秩序的副产物，也就是说分配和承认构成了两个清晰的、自成一体的正义概念。分配正义的标准理论不能充分地涵盖承认问题，因为并非所有的错误承认和法律歧视都是分配不公的副产品；相反，现存承认理论也不能充分涵盖分配的诸多问题。

弗雷泽认为正义理论家应该持有这样一种观念，即拒绝将再分配和承认解释为相互排斥的替代选择。[②] 将元正义理论简化或将某一维度简化到另一维度，抑或简单地进行覆盖，都是不值得考虑的，她反对将资本主义社会简化到它的承认秩序。当一种纯粹的文化维度甚嚣尘上，解构着马克思主义的唯物主义方案，经济平等和再分配的客观

① 〔美〕南茜·弗雷泽、〔德〕阿克赛尔·霍耐特：《再分配，还是承认？——一个政治哲学对话》，周穗明译，上海人民出版社，2009，第2页。

② 〔美〕南茜·弗雷泽、〔德〕阿克赛尔·霍耐特：《再分配，还是承认？——一个政治哲学对话》，周穗明译，上海人民出版社，2009，第20页。

的普遍模式被严重破坏时，文化政治以一种麻痹性的方式获得了认同，并超越了现实经济问题，造成新社会运动把政治激进主义还原为纯粹的文化身份评价和肯定。“当代社会的批判理论必须能够包括对身份从属地位与阶级从属地位、错误承认与分配不公的关系的说明。最重要的是，批判理论必须为一个时代有助于解放的变化澄清前景，恰恰在正义需要这两者的结合时，为承认而进行的斗争日益脱离为平等主义的再分配而进行的斗争。”① 也就是说，既要反对将正义简化成原初身份的伦理学，又要使批判理论同时适应两种情况（承认与再分配），从而全面、正确地应对全球化的挑战。现有的各种民间范式对历史的延伸、激进化和变革方面持开放态度。

罗尔斯的正义理论适用于良好秩序的社会，它并不适用于我们所处的社会，这是弗雷泽给出的判断。弗雷泽承认，事实上资本主义社会制度没有被很好地规范，因此需要发展具有解放目的、跨学科的社会理论来推动其进一步发展。换言之，需要借助更广泛和敏锐的规范标准来评价各种社会现象。罗尔斯的正义理论是针对良好秩序社会而提出的，而西方现实社会的制度存在许多问题，需要更广泛和敏锐的规范标准来评价和解决社会问题。因此，社会理论需要发展出具有解放目的的跨学科理论，以便更好地理解和应对当前社会面临的各种挑战。

全球化背景下的跨文化传播加速了身份政治的崛起，强化了对各种身份符号的焦躁，促进了压抑情绪的释放，这必然意味着对传统道德观和文化价值理念的冲击甚至彻底颠覆。资本主义社会存在着各种意识形态话语的斗争和各种政治经济因素的冲突，包括跨国运动、劳

---

① 〔美〕南茜·弗雷泽、〔德〕阿克赛尔·霍耐特：《再分配，还是承认？——一个政治哲学对话》，周穗明译，上海人民出版社，2009，第 47 页。

资关系、技术成本、国际汇率等，都不能靠“承认一元论”来进行简单的解答和价值评估，全球商品生产、金融和贸易体系的结构已超出承认一元论的概念框架，“它们只能凭借一个包含全球化资本主义的系统动力学和身份动力学的二维结构而获得”①。全球化促进了文化的交汇、交融、交锋，加速着资本流动以及影响符号、人员的跨国界流动，增强了人们对差异的了解并使人们默认了差异，并鼓励着它的政治化。然而，所有社会都是被某些文化变化所矫正，相互关系在其中由无数个人策略的无意识结果的作用所调控。

弗雷泽对分配不正义和承认不正义进行了规范性区分，而不是简单地将承认问题视为“纯粹文化问题”，她把两者概念化为同等重要的、严重的和真实的伤害。被错误承认并不仅是在他人意识态度中或思想信仰中受到了歧视、被看低或贬低，而是被剥夺了社会相互作用中的正式伙伴地位，以及被阻止作为平等一员参与社会生活，这并不是由经济分配不公平造成的，而是由把某人规定为不太值得尊重和尊敬的制度化阐释和评价模式造成的。许多文化上的错误承认实际上确实导致了制度化的地位从属关系，许多非文化的地位从属关系可能在后来发展出轻视和贬低的意象，错误地使不合理的社会安排合法化。但是，旨在解决当代斗争和满足人民愿望的社会正义理论似乎不能避免论证个人身份形成与使其成为可能的承认的主体间条件之间的内在联系。否则，该理论将会把所有地位的从属关系都过度地诊断为不合理的错误承认，却不能把非制度化的基于身份的伤害诊断为错误承认。②

① 〔美〕南茜·弗雷泽、〔德〕阿克赛尔·霍耐特：《再分配，还是承认？——一个政治哲学对话》，周穗明译，上海人民出版社，2009，第164页。

② 〔美〕凯文·奥尔森：《伤害+侮辱——争论中的再分配、承认和代表权》，高静宇译，上海人民出版社，2009，第156页。

弗雷泽提出她的规范化核心概念——参与平等，其客观条件是物质资源的分配必须确保参与者的独立性和“发言权”，这样可以排除各种层次和形式的不平等；其主观条件是要求制度化的文化价值模式对所有参与者表达同样的尊重，并确保参与者得到社会尊重的平等机会。而参与平等为批判理论提供一个重要的参照点，它聚合了内在性和超越性要求。在这一框架结构内，通过将“再分配”和“承认”解读为两个不能通约的正义维度，并把这两个维度在参与平等的概念覆盖下整合到一个独立的规范框架的范围之内。弗雷泽主张批判理论应该是多中心的、多样化的：

> 正义的各种民间范式不是固定的规范性的静态容器。非但没有不可避免地陷入既有的范式，在现代条件下，它们在历史的延伸、激进化和变革方面呈现开放。①

根据哈特和奈格里的帝国理论，现代帝国形态更多地呈现全球性控制和统治形态。核心国家正采用经济模式、政治制度、价值观等软输出对其他国家进行控制，其干预和操纵方式更加隐蔽和灵活。由于帝国可能正在取代以国家为中心的威斯特伐利亚秩序，这可能导致一种新的结构秩序出现，这种新秩序可能会让人们自发地屈服于社会控制的错误需求。然而，当身份差异被过分推崇时，可能会加剧现实中的不平等或道德上的分化。这些可能会导致人们对平等自主的道德价值的尊重被自由主义的有效性所代替，并增加人们在分配冲突方面依赖主体间认可的概率。反思了对正义的错误构建后，

① 〔美〕南茜·弗雷泽、〔德〕阿克赛尔·霍耐特：《再分配，还是承认？——一个政治哲学对话》，周穗明译，上海人民出版社，2009，第160页。

整合变得刻不容缓。整合意味着颠覆或超越原有范式，通过超越来承认再分配的二元鸿沟，并将它们整合到一个框架内，这将有助于减少身份和道德上的分化，从而促进更平等和正义的社会秩序的形成。

新自由主义强调资本主义经济中自由市场的重要性，认为市场机制可以优化资源分配和提高经济效率，强调资本主义经济的扩张能力和市场竞争的重要性。在这样的经济体系下，资本家可以通过自由市场机制获得更多的投资和利润，进一步推动资本主义经济的扩张和发展。“资本一旦合并了形成财富的两个原始要素——劳动力和土地，它便获得了一种扩张的能力。”① 全球化裹杂意识形态斗争，导致传统国家领域内经济分配的正义话语结构弱化或失灵，虽然在后冷战时代针对新自由主义的斗争有蔓延和扩大倾向，但仍呈现出去中心化、碎片式的斗争方式。正是基于对世界历史的经济、政治和文化等领域紧张状态的“时代诊断”（Zeitdiagnose），弗雷泽尖锐地指出全球性宏大叙事的华丽转变背后的“正义话语”的再规范问题亟待解决，移民问题、恐怖主义、全球变暖等问题亟待解决。各种散落的边缘化的社会力量的正义诉求能否得到（文化、身份政治）承认的有效辩护？谁有权力在辩护时匡正这些诉求？对于这些问题，弗雷泽认为理论界尚缺乏共识。这种“断裂的诉求”存在三个主要的反常规性节点：第一个反常规性节点反映了在“什么”是正义（关于正义的实质）这个问题上缺乏共识；第二个反常规性节点反映了在“谁”的正义（正义的范围及适用的框架）这一问题上缺乏共识；第三个反常规性节点反映了在“如何”获得正义这个问题（正义获取程序）

① 《马克思恩格斯文集》第5卷，人民出版社，2009，第697页。

上缺乏共识。[①] 这三个节点也反映了当代全球视域下解决正义问题的困境，怎样整合新的特点下的正义（实质、路径、主体）等，也成为一个亟待解决的问题。

弗雷泽认为“规范—民主—科学”的路径会导致“关于谁的现有的争论，仅仅只能依据对我们社会与历史环境有着良好的理解才能得到满意的解决”。“通往‘怎样’问题的所有可接受，都必须将有关正义的环境、主要的因果关系力量以及所有人受影响原则等等的加以辩护的解释整合到一起——同时还要将它们之间的关系理论化。”[②] 由于通往“怎样”的“规范—民主—科学”路径在实证上误解了所有人受影响原则这一核心概念，其路径不能承认建构性决策的表达行为的维度。[③] 我们必须重新思考全球化世界里“我们‘怎样’决定‘谁’的问题”。对于其重要概念如“正义的环境”“结构性决策”“所有人受影响原则”，不能像倒洗澡水时把婴儿倒掉一样，而是通过开放性对话展开批判性反思，根据社会知识的后实证主义理解重构这些概念。我们不能仅通过诉诸正义的框架来解决与正义相关的争议，而应该思考哪些事物应包括在这些框架中，以及如何明确描述适当的框架。同时，我们还应将这些框架视为全球化世界中社会正义更广泛政治争论中不可或缺的一部分来对待。

但是，弗雷泽也承认“批判—民主”路径制度化会面临着诸多挑战：必须面对“无止境还原的幽灵”和其他概念上的挑战，以及如何

---

① 〔美〕南茜·弗雷泽：《正义的尺度——全球化世界中政治空间的再认识》，欧阳英译，上海人民出版社，2009，第62、63页。

② 〔美〕南茜·弗雷泽：《正义的尺度——全球化世界中政治空间的再认识》，欧阳英译，上海人民出版社，2009，第43页。

③ 〔美〕南茜·弗雷泽：《正义的尺度——全球化世界中政治空间的再认识》，欧阳英译，上海人民出版社，2009，第45页。

区分政治和道德。总之，通过“批判—民主”路径的发展，我们可以克服平等主义的第二个教条，增强政治与民主的联系，最为重要的是该路径为我们获得正义的“谁”的具有辩护力的答案提供了一种可能。针对三个反常规性节点和平等主义的两个教条，弗雷泽主张突破预设领土的假设，力求在更宽广的尺度上重新图绘正义的边界。

建构反规范时代的正义建构理论，必须厘清反规范的正义的肯定和否定两个方面。肯定的方面如分配性的“什么”的去中心化补偿了错误承认和错误代表制的明显的、批判的、非经济的伤害，并且扩展了探讨不公正的可能性，当然否定方面扩展了的论争弱化了确证和矫正不公正的效果。弗雷泽坚信正义允许所有人作为平等的人参与社会生活，而非正义导致了一些社会参与者被阻止与其他人平等地参与社会的相互交往，在绘制国家边界线之时，它错误地剥夺了某些人全面参与已被授权的正义争论的机会。而对于这种正义的构想，霍耐特提出质疑，“因为南茜·弗雷泽没有观察到内部的错综复杂之处，所以她的参与式平等具有很强的主观性。我们还没弄清楚为什么平等地参与公共生活就只是以消除经济不平等和文化羞辱为前提，而不是以获得和个体成就或社会化过程中形成的自我力量有关的自尊为目标”①。

作为一位社会批判理论家，弗雷泽有关社会正义的规范框架的架构遵循并发扬了批判理论的优良传统，并把备受争议的正义问题置于政治哲学的视域之中，对当下突出问题给以敏锐性的关切，以及对传统正义观的不足及对现代多元化的民主社会公共领域中的互竞主张之混乱做出了深刻的批判性反思。弗雷泽的正义观以参与平等（parity of

① 〔美〕阿克塞尔·霍耐特：《承认与正义——多元正义理论纲要》，胡大平、陈良斌译，《学海》2009年第3期。

participation）这个单一的覆盖性的规范性原则来衡量三个维度上的诉求。根据这个原则，正义要求那种允许所有人都作为平等的人参与社会生活的社会条件存在，在这种正义架构中，每一种制度化障碍都回应了一种正义（非正义）的维度，克服非正义意味着抛弃那种阻碍一些人作为社会交往的完全参与者的制度。而对这种制度化障碍的抛弃不能靠单纯的尖锐的制度批判，尤其是在后金融危机时代面对诸多正义诉求时，如果对正义的考察仅仅局限在威斯特伐利亚的传统视野之内，正义理论只能走向教条化。因此弗雷泽主张只有超越民族国家的场域局限，把完善现有制度框架同植入有效的正义尺度相结合，把现状反思与社会主义运动相结合，才能彻底改变固有正义框架的僵化结构和设置逻辑，从而真正建构全球化视域下的元政治正义基础。

对于发展中国家来说，要顺应全球化这一历史大势，而不是退守封闭孤立的状态，同时要防范西方国家的正义话语陷阱，有效地解决国内正义问题。安东尼·吉登斯指出，在现代性的极度推动下，现代性与历史传统加速断裂，导致“社会关系从彼此互动的地域性关联中，从通过对不确定的时间的无限穿越而被重构的关联中‘脱离出来’”[①]，也就是说主体从社会关系有限的场景中“剥离出来”，能够跨越时间空间阻隔去建构新的社会关系。在全球化和多元文化冲击下，传统正义观和文化价值观面临着“脱域”的风险，而新的价值理念犹未塑造或者未能很好地被传播、表达、贯彻与认同，导致政治价值观、经济价值观、伦理价值观和社会价值观也面临“脱域”的风险。发展中国家需要防范这些脱域风险。

① 〔英〕安东尼·吉登斯：《现代性的后果》，田禾译，译林出版社，2000，第18页。

第三章　马克思的正义思想

马克思的正义思想是马克思主义理论的重要组成部分。在马克思看来，社会的正义并非存在于道德、法律或其他抽象的概念中，而是与阶级解放紧密相关。共产主义作为资本主义的超越形态，可以消除阶级剥削和诸多不公正的现象，实现人类的解放和自由发展。“正义在革命的马克思主义信念中占据着一种核心的地位。”① 马克思的正义思想对于推进人类社会的发展和进步，推动社会公正和平等具有重要的地位和作用。它的历史价值在于提供了一种理论框架和实践指引，为我们探索如何实现正义和公正提供了重要的指导和参考。

一　法哲学视域下的正义

马克思法哲学是一个思想科学、方法严谨、内容丰富的整体系统。

---

① 〔英〕柯亨：《马克思与诺齐克之间》，载吕增奎编《马克思与诺齐克之间》，江苏人民出版社，2007，第 44 页。

在马克思和恩格斯之前，西方近代的法哲学家如霍布斯认为人们通过契约放弃了自己的自然权利，把它转让给一个最高的权威——国家，政治的目的在于维护社会的秩序和和平；洛克强调社会契约论，认为政府的合法性必须建立在人民的授权和同意之上；孟德斯鸠主张三权分立，认为应该建立国家权力制衡机制；卢梭则提倡民主理念，主张建立起一种基于公民道德的政治制度；康德认为国家法律应该成为统治者的“束缚”，成为人人遵守的普遍法律；黑格尔则从历史进程的角度考察国家制度。他们通常将国家制度作为法哲学研究的对象，深入探讨国家权力的本质、国家功能的合理性、国家与个人之间的关系等重要问题，在法哲学研究领域都有重要的贡献。在西方社会传统中，联系个体与国家的纽带即是法律和权利，正义往往被视为社会行为的最高标准（原则）。这种传统对马克思的致思趋向产生了深远的影响。

在《〈黑格尔法哲学批判〉导言》中，马克思的法哲学亦是以国家制度为研究对象，这与传统法哲学的路径是一致的。但是，马克思对国家制度进行更深入研究和更深刻批判，把对宗教的批判还原为对苦难尘世的批判，这与包括黑格尔法哲学在内的传统法哲学有着根本不同，二者的基本立场、主体向度和理论旨趣等均有根本性区别。在马克思的视域中，传统国家制度特别是资本主义国家制度被视为“时代错乱”[①] 或者“真正主角已经死去的那种世界制度的丑角”[②]，这种制度忽视了大多数人民群众的利益，只顾维护少数人的利益，必须给予猛烈批判和辩证否定。马克思主义认为，无产阶级的使命就是建立

① 《马克思恩格斯选集》第1卷，人民出版社，2012，第3页。

② 《马克思恩格斯选集》第1卷，人民出版社，2012，第6页。

理想的未来国家制度，使之成为实现“普遍的人的解放”的手段，并且确保个人自由的发展和社会的公平正义。

（一）理论生成维度

马克思在担任《莱茵报》主编期间，关注底层群众的疾苦和社会现实，林木盗窃、地产析分、农民困顿生活和贸易状况等，促使着马克思发表了一系列政论文章，就物质利益展开思考和辩论。马克思从客观存在的角度出发，逐渐意识到法律是由社会基础决定的第二性产物。他吸收了费尔巴哈的理论，在对黑格尔观点进行辩证分析的基础上，揭示了黑格尔观点的缺陷和不足之处。“马克思从黑格尔的法哲学出发，得出这样一种见解：要获得理解人类历史发展过程的锁钥，不应当到被黑格尔描绘成‘大厦之顶’的国家中去寻找，而应当到黑格尔所那样蔑视的‘市民社会’中去寻找。”[①] 国家是在市民社会基础上建立的，而市民社会是国家的前提，显然马克思的这一观点更加科学、更具实践性。马克思深入分析了国家、市民社会和法之间的联系，并强调市民社会对法的决定性作用。马克思在对黑格尔法哲学批判的基础上，展开政治经济学的思考。“法的关系正像国家的形式一样，既不能从它们本身来理解，也不能从所谓人类精神的一般发展来理解，相反，它们根源于物质的生活关系。”[②] 可见，在面对现实的难题和既往法哲学解释现实失灵时，马克思意识到，必须从物质生活关系中寻找答案。

在资本主义社会，当私人利益同法的原则发生矛盾时，利益总是

---

① 《马克思恩格斯全集》第 16 卷，人民出版社，1964，第 409 页。

② 《马克思恩格斯选集》第 2 卷，人民出版社，2012，第 2 页。

占据上风，“私人利益希望并且正在把国家贬为私人利益的手段”[①]。在《关于林木盗窃法的辩论》中，马克思站在无产阶级立场上为穷人辩护：“这种把林木所有者的奴仆变为国家权威的逻辑，使国家权威变成林木所有者的奴仆。整个国家制度，各种行政机构的作用都应该脱离常规，以便使一切都沦为林木所有者的工具，使林木所有者的利益成为左右整个机构的灵魂。一切国家机关都应成为林木所有者的耳、目、手、足，为林木所有者的利益探听、窥视、估价、守护、逮捕和奔波。”[②] 在《评普鲁士最近的书报检查令》中，马克思指出，普鲁士书报检查立法的真正目的是维护其反动的势力及代表的利益，并非要建构致力于公民平等的法律，因此一旦将反动统治者的要求升格为法律之后，广大人民群众的言论自由反而更难以实现了。“法律、道德、宗教”在“无产者看来全都是资产阶级偏见，隐藏在这些偏见后面的全都是资产阶级利益。”[③] 这也就意味着资产阶级的法律，终究是维护其自身统治、保护私有财产和资本家利益的法律。“金融贵族颁布法律，指挥国家行政，支配全部有组织的社会权力机关，而且借助于这些现实状况和报刊来操纵舆论。”[④] 金融贵族能够通过制定有利于自己利益的法律来掌控社会的组织和运行，并且通过控制媒体信息、言论、宣传来影响市民的意识形态和观点。

马克思在研究法律时，一度将对法律的系统考察搁置一旁，而将注意力转向物质关系，探究社会生产形式以及资本主义商品生产的历史特点。他曾简明扼要地指出，法律和政治等是耸立在经济基础（生

---

① 《马克思恩格斯全集》第 1 卷，人民出版社，1995，第 261 页。

② 《马克思恩格斯全集》第 1 卷，人民出版社，1995，第 267 页。

③ 《马克思恩格斯文集》第 2 卷，人民出版社，2009，第 42 页。

④ 《马克思恩格斯文集》第 2 卷，人民出版社，2009，第 82 页。

产关系的总和）之上的上层建筑，指出这是唯物主义分析的基本方法。透过现象看本质，马克思深刻地总结道，“人们在自己生活的社会生产中发生一定的、必然的、不以他们的意志为转移的关系，即同他们的物质生产力的一定发展阶段相适合的生产关系。这些生产关系的总和构成社会的经济结构，即有法律的和政治的上层建筑竖立其上并有一定的社会意识形式与之相适应的现实基础”①。马克思在历史唯物主义的基石之上，揭示了资产阶级国家和法律的本质。“资产阶级撕下了从前遮盖着对劳动的剥削这一奴隶制最后表现形式的神秘面纱：在这个可归结为资本家和雇佣工人的简单对立的社会里，政府、宗教、家庭、法律、过去和现在的各种设施最终表现为压迫工具，资产阶级用它们来维护自己的统治，并镇压无产者。”② 可以说，马克思从经济关系及其发展过程来解释政治和历史的发展。

恩格斯在《国民经济学批判大纲》中也对资本主义私有制有类似批判，他认为财富的集中是私有制固有的规律，随着时间的推移，中间阶层将逐渐减少，最终导致世界分裂为百万富翁和穷光蛋、大土地占有者和贫困的短工。③ 无论任何法律、土地占有的分割或资本的分裂都不会解决问题，除非在此之前彻底改变社会关系、实现利益和谐统一、消灭私有制，否则这种结果必然出现。④ “这种法的关系或意志关系的内容是由这种经济关系本身决定的。”⑤ 经济关系（包括生产方式、所有制关系、分配关系等）是社会存在的基础，而其他的社会的

---

① 《马克思恩格斯文集》第 2 卷，人民出版社，2009，第 591 页。

② 《马克思恩格斯文集》第 3 卷，人民出版社，2009，第 362 页。

③ 《马克思恩格斯选集》第 1 卷，人民出版社，2012，第 45 页。

④ 《马克思恩格斯选集》第 1 卷，人民出版社，2012，第 45 页。

⑤ 《马克思恩格斯文集》第 5 卷，人民出版社，2009，第 103 页。

法律制度和政治意志则是建立在这个经济基础之上的，它们的内容和形式受到经济关系的制约和决定。换言之，法律和政治权力的运作都是为了维护和服务于特定经济利益关系的存在和发展。无论是法律的内容、制定的过程还是执行的方式，都不可避免地受到特定阶级的经济利益和统治地位的深刻影响。

马克思的法哲学思想不仅仅是对法律的研究，还旨在达到一种理论思考或抽象的境界，因此与“思维的纯粹形式”[①] 有关联。马克思超越了对法律问题形式的理解，他的研究不局限于对单纯的法律现象的分析，而是深入探索法律背后的深层结构和逻辑，揭示社会中存在的矛盾、冲突和阶级斗争等现象。

可以说，马克思在法律研究领域有着深刻的洞见，他揭示了法律与阶级斗争、国家政权、社会物质生活以及不同社会形态和国家形态之间的内在联系，揭示了法律的作用与价值等。人们的思想、观念和意识最初是直接与他们的物质活动、交往和语言密切相关的，它们是人们物质行为的产物。一个民族表现在政治、法律、道德、宗教和形而上学等方面的精神生产也是这样的。[②] 在马克思的笔触下，法律的本质就显现出来。法律“是事物的法理本质的普遍和真正的表达者。因此，事物的法理本质不能按法律行事，而法律倒必须按事物的法理本质行事”[③]。马克思通过对法律现象和实践进行深入研究，揭示了法律作为一种社会现象的本质和特征，阐述了法律制定、法律本质特征和运行规律，并对民主、法治、人权、正义、自由、和平等范畴进行

① 〔德〕施塔姆勒：《正义法的理论》，夏彦才译，商务印书馆，2016，英译本序言第 7 页。

② 《马克思恩格斯选集》第 1 卷，人民出版社，2012，第 151~152 页。

③ 《马克思恩格斯全集》第 1 卷，人民出版社，1995，第 244 页。

了分析，同时提出了一系列反映人类社会法治文明的新观点。这为马克思主义法学理论体系的构建奠定了基础，促进了科学的法学世界观、方法论和价值论的形成。

（二）法治主体高度

马克思是从阶级性出发把握法律的主体性和法治主体高度。“当特权者不满足于制定法而诉诸自己的习惯法时，他们所要求的并不是法的人类内容，而是法的动物形式，这种形式现在已丧失其现实性，变成了纯粹的动物假面具。”① 法律具有阶级性，是统治阶级为了巩固自己的统治地位而设立的。这种阶级性表现在法律的内容、适用和执行上，因此法律是一种政治工具，被用于维护统治阶级的利益和维护既定的社会秩序。当特权者不满足于现有的法律规定，而追求自己的特殊权力和习惯时，他们并不是追求真正的法治和公正，而是追求对法律形式的占有和控制。特权者试图将法律纯粹转化为一种工具，用来维护自己的利益、权力和地位。特权者将法律完全扭曲为自己的工具时，视之为玩弄的辞藻时，法律只能成为一个虚假的外衣。马克思所说的“动物形式”和“动物假面具”指的是法律被特权者滥用和扭曲的状态。动物形式显示了法律被世俗利益所支配，失去了灵魂和道德的核心；而动物假面具则强调了法律被特权者用来掩盖其滥权行为。这种扭曲破坏了法律的公正性和正义性，进一步加剧了社会的不平等和不公正。

法律和意识形态密切相关。法律在塑造人们的思想观念和思维方式方面发挥着重要作用，影响着人们对正义、合理、公平等概念的认

---

① 《马克思恩格斯全集》第1卷，人民出版社，1995，第249页。

识，也影响了人们对社会现实的看法。因此，法律不仅仅是一种社会规范，更是一种意识形态的表现。

马克思在《资本论》中不仅揭示了资本剥削的本质，还揭露了资产阶级利用法律武器进行原始积累的手段，以及用血和火的文字编写自己的发展历史。“在资产阶级社会的上层，不健康的和不道德的欲望以毫无节制的、时时都和资产阶级法律本身相抵触的形式表现出来，在这种形式下，投机得来的财富自然要寻求满足，于是享乐变成放荡，金钱、污秽和鲜血汇为一流。”[①] 上层阶级人士常常为了满足私人的享乐和贪婪，而不顾法律的规范和道德的限制。他们的欲望没有节制，与资产阶级法律的原则相冲突。马克思还揭露了资产阶级利己主义者如何利用法律、牺牲他人利益谋取自身私利，并把别人当作自己的工具，因此，资产阶级法律不可能实现特殊利益向普遍利益的生成。马克思谈到上层阶级追求的投机财富，这些财富常常是通过不正当的手段获得的，并服务于上层阶级的奢侈享乐。对于上层阶级来说，追求享乐不再受道德和法律的约束，他们过度沉溺于奢侈和放纵的生活方式。金钱、腐败和暴力混合在一起，形成丑陋和腐朽的现象，剥削和压迫的痕迹也随之而来。

资产阶级倾向于用两种尺度来评价人，他们具有两种世界观和两副眼镜，一副把一切都变成黑色，另一副把一切都变成彩色。当需要牺牲别人来充当自己的工具时，当需要粉饰自己的不正当的手段时，他们就戴上彩色眼镜，这样一来，他们的工具和手段就呈现出一种非凡的灵光；他们就用温柔而轻信的人所具有的那种渺茫、甜蜜的幻想

---

① 《马克思恩格斯文集》第 2 卷，人民出版社，2009，第 82~83 页。

来哄骗自己和别人。[①]

在法律现象的世界中，人的意志自由为法律调整提供了可能性。人的意志、动机、目的、倾向、情感、态度等背后隐藏着更深层次的东西，即支配社会主体意志自由和法律调整目的的客观必然性。法律不仅能够反映和塑造社会意识形态和价值观念，同时也受到它们的影响和制约。因此，法律的存在和制定不仅取决于个体的意志选择，还与社会中的客观条件和权力关系紧密相关。马克思分析了在路易—菲力浦时代掌握统治权的资产阶级中，金融贵族攫取议会宝座，在议会中任意制定法律，分配各种公职。[②] 法律成为强者利益的反映，“在通常情况下，按照强者的权利，大资本和大土地占有吞并小资本和小土地占有，就是说，产生了财产的集中。在商业危机和农业危机时期，这种集中就进行得更快”[③]。在资本主义社会中，强者通过掌握更多的经济和资源优势，对弱势者的财产进行吞并并实现财富积累。这种集中趋势在经济危机时期尤为明显，因为危机削弱了小资本家和小土地所有者的抵抗能力。财产集中是资本主义制度固有的结果，它导致阶级差距的扩大和社会不平等的加剧，这进一步加剧阶级之间的冲突和斗争。

要真正获得“真理”，必须进行根本性的法哲学批判转变。马克思法哲学的这种转变包括从对“天国”“宗教”“神学”的批判转为对现实（尘世、制度、法律）的批判。只有深入批判（资本主义）现实社会及其法律制度的局限性和缺陷，才能够找到真正的解决之道，

---

① 《马克思恩格斯全集》第 1 卷，人民出版社，1995，第 263 页。

② 《马克思恩格斯文集》第 2 卷，人民出版社，2009，第 80 页。

③ 《马克思恩格斯文集》第 1 卷，人民出版社，2009，第 83 页。

建立公平正义的社会。从“对天国的批判变成对尘世的批判”[①]，意味着人们不能从传统宗教思想里寻求答案，而是应该聚焦于现实中存在的困境和问题。“对宗教的批判变成对法的批判”[②] 意味着我们不能依赖宗教或道德规范，而是需要建立完善的法律体系去维护公平、正义和秩序。最后，“对神学的批判变成对政治的批判”[③] 则强调了政治领袖和政治制度对社会的影响力，以及政治改革对社会进步的必要性。然而，实现这些根本性转变并不容易。关键在于，无产阶级和广大人民群众的“根本”需要被充分理解和认识。只有真正了解人民的需要和利益，才能有效地说服他们支持变革，并使思想迅速在人民中传播并深入人心。

马克思法哲学正是在“革命化”过程中“实际地反对并改变现存的事物”[④]，这种根本性的批判转变不仅是对旧有思维方式和制度规则的彻底否定，更是通过“反对”和“改变”这些旧有传统，“推翻使人成为被侮辱、被奴役、被遗弃和被蔑视的东西的一切关系”[⑤]，来实现根本性的决裂。在理论分析和实践斗争中，马克思真切体悟到，只有全世界无产阶级联合起来共同努力，才能推翻剥削制度，消除剥削社会关系，建立没有奴役、没有压迫的新型社会形态。

（三）价值旨趣向度

马克思法哲学的价值意蕴凸显了通过综合考虑物质生活关系和市

---

① 《马克思恩格斯文集》第 1 卷，人民出版社，2009，第 4 页。

② 《马克思恩格斯文集》第 1 卷，人民出版社，2009，第 4 页。

③ 《马克思恩格斯文集》第 1 卷，人民出版社，2009，第 4 页。

④ 《马克思恩格斯文集》第 1 卷，人民出版社，2009，第 527 页。

⑤ 《马克思恩格斯文集》第 1 卷，人民出版社，2009，第 11 页。

民社会与国家关系来理解法律的本质和特征的重要性。马克思通过批判"神意法""自然法""正义法""自由法""理性法"等唯心主义法哲学的谬论，把法哲学建构在历史唯物主义的基石之上，拨开了法哲学史上多年的浓重迷雾，"实现了法哲学史上带有决定性意义的革命性变革"①。

相对于传统法哲学，马克思法哲学强调了法律与社会经济基础之间的密切关系，并突出了法律在确立和实施国家制度过程中客观确定人民意志的重要地位。这一观点体现了唯物史观的核心思想，强调了法律的阶级属性和实践作用。只有通过这种全面的分析和理解，才能彻底颠覆传统法哲学的观念，推动社会的进步和发展。马克思法哲学不仅促进了人们对法律本质的深刻认识，而且为构建一个更加公正、平等和自由的社会提供了重要的思想启示。马克思通过批判唯心主义法哲学的谬论，揭示了法律的社会性、历史性和阶级性，强调了法律应当符合社会现实和实际需要，以服务于广大人民的利益。

马克思法哲学是唯物主义法哲学，它克服了把法律解释为人类精神或国家意志产物的片面性，将经济关系视为法律的本质，并科学地阐明了法律的本质，并实现了从法哲学批判到政治经济学批判的转向。仅从法律本身出发无法理解法的本质和关系，同时，从以往的唯心主义法哲学中所关注的人类精神的一般发展出发也不能全面解析法律，这促成了马克思对于法律意志观的否定。因此，马克思法哲学中提出了从"物质生活关系"出发来把握法的关系的核心观点。同时，法律对物质生活关系会产生反作用，并且法律与政治、道德、宗教、哲学等其他上层建筑之间也相互作用。

---

① 公丕祥：《马克思法哲学思想述论》，河南人民出版社，1992，第50页。

在1884年出版的《家庭、私有制和国家的起源》中，恩格斯运用唯物史观和一系列实证研究，对家庭、私有制和国家的起源与演变进行了深入分析。恩格斯的研究揭示了资本主义国家制度确立的所谓理论前提具有欺骗性，阐述了资本主义国家制度的实质，进一步佐证了马克思理论分析的正确性。

继马克思恩格斯之后，列宁把马克思主义国家和法的原理与俄国革命和建设实践相结合，着力探索社会主义国家如何推进法制建设，以全新的经验和理论丰富和发展了马克思法哲学思想。实现无产阶级和广大人民群众的解放，既是马克思法哲学的核心，又是马克思主义的核心。恩格斯、列宁、斯大林等深化了马克思法哲学的理论，进一步丰富和发展了其价值意蕴。此外，中国共产党人团结带领全国各族人民确立了社会主义制度，建立中国特色社会主义法治体系，丰富和发展了马克思法哲学思想。

二　拜物教批判视域下的正义

资本主义经济形势错综复杂，想要对之进行鞭辟入里的分析，“既不能用显微镜，也不能用化学试剂。二者都必须用抽象力来代替”①。马克思强调，要深入理解资本主义经济形式，需要运用抽象的思维方式，而不能单纯地通过实证的方法或者定量的试验来进行分析。在一系列著作中，马克思运用抽象到具体的方法，对商品拜物教、货币拜物教和资本拜物教的表现形态、运行机理和产生根源进行了细

① 《马克思恩格斯全集》第44卷，人民出版社，2001，第8页。

致剖析，抽丝剥茧进行逻辑分析，并深刻揭示隐藏在“物”背后的真实的社会关系本质，对拜物教进行“祛魅”。

（一）阐释商品交换的抽象性，剖析商品崇拜的根源

在商品生产、交换、分配、消费领域内，商品生产者把商品看作物的自然属性，商品的这种所谓自然属性具有一种超自然的神秘性，生产者的社会劳动关系被物与物的交换关系所掩盖，人与人之间的关系被物与物的关系所取代，由此产生了商品拜物教。在《资本论》中，马克思对商品的社会关系进行抽象分析。他首先对商品进行了两个方面的抽象解析：去除一切具体性和去除使用价值。这样，商品就成为一种纯粹的抽象物，只具有交换价值，而与商品作为使用价值的实物相分离。这种抽象力的运用，使得马克思能够洞察到商品作为交换价值的本质，并发现了其中所包含的商品生产的内在矛盾。

马克思在他的论著中刻画了商品经济中的一种特殊社会关系，即商品的生产和交换。在这种社会关系下，人们的社会关系被异化为物的关系，“它把社会关系作为物的内在规定归之于物，从而使物神秘化”[①]。这种抽象力的运用，使得马克思能够深入挖掘商品经济中隐藏的社会问题，例如商品的虚假性、商品生产的异化、剥削等。马克思把资本主义这种社会形态称为以物的依赖性为基础的社会，“从这种颠倒的关系出发……必然产生出相应的颠倒的观念，即歪曲的意识”[②]，也必然形成一个“颠倒的世界”。

商品是由人类创造出来的，不是自然存在的东西，商品具有交换

---

① 《马克思恩格斯全集》第 31 卷，人民出版社，1998，第 85 页。

② 《马克思恩格斯全集》第 46 卷，人民出版社，2003，第 53 页。

价值和使用价值，但这并不意味着它是神圣的、永恒的存在物。相反，商品是具有历史性的，它们的价值和意义是随着人们的需求和社会的发展而不断变化的。马克思强调了人们对商品的需求不是天然的、本能的，而是受到社会和文化的影响。资本主义社会强调个人利益和消费，导致了人们对商品的需求变得越来越虚荣和盲目，忽略了其实际的意义和价值。

马克思指出了资本主义制度是商品拜物教的根源。资本主义制度通过将生产和消费分离开来，使商品的价值和意义变得更加模糊和虚无，从而让人们陷入了商品拜物教的陷阱。同时，资本主义制度还通过竞争和利润的驱动力，让人们不断追求更多的商品，使人们的需求不断扩大，陷入无止境的欲望循环中。“工人必须不断地用自己的活劳动买回自己本身的产品的一部分。这样，商品占有者的单纯关系的假象就消失了。”[①] 马克思指出在资本主义社会中，资本和劳动处于对立状态，这种对立导致工人处于资本支配下，他们的活劳动被转化为被保存的客观化劳动手段。资本作为购买劳动力的一方，而工人则是出售劳动力的一方，这种关系是长久存在的，并且它是这种生产方式中的一种中介形式，与其他更直接奴役劳动和占有劳动的生产条件的形式在形式上稍有区别。“这种形式作为单纯的货币关系，掩盖了现实的交易和通过买卖这种中介而不断更新的长久的依赖性。”[②]

马克思对商品拜物教的批判是深入分析和逻辑思考的结果，他揭示了商品的虚幻性本质，商品崇拜表象背后的实质，以及人们的消费需求如何受到社会和文化的影响。马克思也强调了商品拜物教正是从

① 《马克思恩格斯文集》第 8 卷，人民出版社，2009，第 545 页。

② 《马克思恩格斯文集》第 8 卷，人民出版社，2009，第 546 页。

资本主义制度中产生的意识形态，来源于生产商品的劳动所特有的社会性质，只有超越颠倒的商品世界，祛除商品拜物教的鬼魅、神秘性质，人们才能真正消除商品拜物教。这些观点丰富了我们对商品拜物教的认识，有助于我们更好地理解当代消费文化和经济体系的本质。

（二）阐释货币本质的虚幻性，揭露货币拜物教的真身

马克思对货币拜物教的批判是基于唯物史观进行的，这一批判揭示了货币现象的本质以及其对社会关系所产生的影响。同时，他对货币供求逻辑的分析也为我们深入理解资本主义经济运行机制提供了重要的思想启示。尤其是在《政治经济学批判（1857—1858 年手稿）》中，马克思深刻剖析了货币产生的根源及其本质，“同各种商品本身相脱离并且自身作为一种商品又同这些商品并存的交换价值，就是货币”[①]，而“当一般等价形式同一种特殊商品的自然形式结合在一起，即结晶为货币形式的时候，这种假象就完全形成了”[②]。

货币因其具有购买一切和占有一切对象的特性而成为最显著的对象，其万能特性体现了货币本质。因此，货币被视为万能之物，并关联着生产、消费、流通、交换。货币似乎成为一切纽带的纽带，成为地地道道的黏合剂，它也可以把人的本质力量变成对立物。作为拜物教的货币，具有真正的创造力，能创造需求、创造激情，甚至成为正义的化身。“正是商品世界的这个完成的形式——货币形式，用物的形式掩盖了私人劳动的社会性质以及私人劳动者的社会关系，而不是把它们揭示出来。”[③] 在资产阶级社会中，每个人想要融入社会，都必

① 《马克思恩格斯文集》第 8 卷，人民出版社，2009，第 42 页。

② 《马克思恩格斯文集》第 5 卷，人民出版社，2009，第 112 页。

③ 马克思：《资本论》第 1 卷，人民出版社，2004，第 93 页。

须拥有货币这一通行证。这表明货币已经成为个体融入社会的重要途径。因此，工人们必须获得货币才能维持自身生计。换言之，只有拥有货币，个人才能进入交换环节，从而生存下去。

马克思批判“货币拜物教”现象不仅扭曲了人们的认识，也在一定程度上破坏了商品经济的正常运转。货币之所以具有价值，是因为它体现了一定数量的抽象劳动。抽象劳动是指不同种类的劳动都经过了抽象化，以时间的形式进行比较。因此，货币作为一种价值符号，是抽象劳动的一种表现形式。但是，在市场经济中，人们往往只关注货币自身的价值，而忽略了背后的劳动过程和价值创造过程。因此，马克思提出，在生息资本方面，这个具备自我繁殖能力的物种，其货币化表现已达到完美的境界，在这种形式下已无法观察到其起源迹象，“社会关系最终成为物（货币、商品）同它自身的关系”[①]，人与人的社会关系虚化为“物与物”的交换关系。等价物是实现交换的基础，然而，人们在进行货币间交换时往往只看重货币本身而忽略了等价物的存在，这种现象强化了货币崇拜的倾向。

资本主义经济中商品成为独立实体，而交换关系被抽象化，割裂了现实需求和利益考虑。马克思重点关注实际的交往和劳动关系，并揭示了这些关系的真相，成功地发现了资本主义经济体系中存在的矛盾和不公正之处。货币拜物教实际上是把人类社会属性放在了商品上，把商品属性放在了人类身上，导致了社会关系的物化。这种物化进一步导致了资本主义社会的异化现象，剥夺了人们的自由和创造力，并且误导人们将商品视为独立于劳动者之外的自然存在，忽略了商品生产背后的劳动过程和剥削关系，让人们无法认识到商品背后的

① 《马克思恩格斯全集》第 35 卷，人民出版社，2013，第 304 页。

真实生产过程及与劳动者之间的关系。

总之，货币拜物教将一切人的因素及其价值视为货币价值的物性存在，使货币超越了货币最初的功能，成为一种具有超越性和支配性的象征物。货币不再只是一种物质实体，而是被赋予了人的属性，被视为一种人身存在及其价值的确认与表征。在这种拜物教思想下，包括人自身价值在内的一切价值现象都被视为货币的价值存在，纳入由其表征的价值对象中。由于一切价值现象都被视为货币的价值存在，因此必须通过货币价值的展开才能实现其价值，从价值本体论上否定了人及其对象世界自身固有的价值，消解了主体及其实践、生活世界自身固有的价值。货币拜物教的出现和盛行，导致人类经济活动变得过于功利化，过分追求利益最大化，使人忽略了人类的自然本性和道德规范。

（三）阐释资本的自我增殖规律，揭示资本逻辑的内在本质

马克思认为，货币成为资本的前提是资本家对雇佣劳动的剥削，资本的本质是自我扩张，“资本作为孜孜不倦地追求财富的一般形式的欲望”①，“不顾工人死活地使资本价值增殖，从而创造剩余价值，是推动资本主义生产的灵魂”②。我们可能会被资本“自我增殖”所迷惑，认为即使没有特定的“关系”，资本仍然能够以“物”的形式存在。因此，在这种意义上，资本拜物教被视为商品拜物教和货币拜物教的新形式或异类样态。在这里，物品被赋予主体地位，而主体又被物化，因果关系被颠倒。“资本——作为物——在这里表现为价值的

① 《马克思恩格斯文集》第8卷，人民出版社，2009，第69页。

② 《马克思恩格斯文集》第8卷，人民出版社，2009，第534页。

独立的源泉；表现为价值的创造者。”[①]

在马克思看来，资本“是劳动既作为主体又作为客体的结合”[②]，“这样建立起来的共同劳动或结合劳动，不论是作为活动还是转化为客体的静止形式，同时直接表现为某种与实际存在的单个劳动不同的东西，——既表现为他人的客体性（他人的财产），也表现为他人的主体性（资本的主体性）”[③]。也就是说，资本的主体性本质是一种虚假的主体性，它导致了人的真正主体性的沉沦与丧失，使得资本家和工人都失去了独立个体的主体性地位，“资本家只是作为人格化的资本执行职能，资本表现为人，而工人只是作为人格化的劳动执行职能，这种劳动对于工人是一种痛苦，是一种消耗”[④]。

马克思以清晰的分析和锋利的批判，洞若观火地揭露资本主义社会中拜物教的假象，撕掉了资本拜物教含情脉脉的面纱，并成功分析出隐藏在面纱背后的真实面目，不仅揭示了拜物教现象的历史性，也揭示了此现象的必然性。马克思明确指出：“资本不是物，而是一定的、社会的、属于一定历史社会形态的生产关系。”[⑤] 拜物教也涉及人类对财富、物质、符号、技术的崇拜和执念，显然资本拜物教所崇拜的物（资本）其实是一种社会关系，这就从本质上揭示了资本拜物教的根源。在资产阶级经济及其相对应的生产时代中，人的内在本质得以显著释放和发挥，但表现为空虚的状态，全面的物化过程则呈现出强烈的异化。[⑥] 无论是资本家还是工人，都无一例外地“受这同一种

① 《马克思恩格斯全集》第 35 卷，人民出版社，2013，第 358 页。

② 《马克思恩格斯文集》第 8 卷，人民出版社，2009，第 121 页。

③ 《马克思恩格斯文集》第 8 卷，人民出版社，2009，第 121 页。

④ 《马克思恩格斯文集》第 8 卷，人民出版社，2009，第 469 页。

⑤ 马克思：《资本论》第 3 卷，人民出版社，2004，第 922 页。

⑥ 《马克思恩格斯文集》第 8 卷，人民出版社，2009，第 137~138 页。

被歪曲了的观念束缚”①。在资本关系中，资本的运作往往被隐藏和神秘化，导致资本关系的本质特征变得难以理解和解释。在这种情况下，资本关系中的主客体关系也会被颠倒，资本本身似乎具有了某种超然的力量。货币作为资本的象征，也被扭曲呈现，② 使得资本关系更加复杂和深奥。

马克思通过从抽象上升到具体的理论逻辑，运用抽象力刺破了三大拜物教“含情脉脉的面纱”，揭露了隐藏在其后的面目可憎的现实异化样态。马克思指出了拜物教所呈现的“假象”主要是由商品生产与交换（特别是资本主义商品生产与交换）过程所导致，阐明了其运作机理。同时，资本主义社会中的财富和资源被少数人所掌控，从而大多数人的自由和平等机会被剥夺。

资本主义社会是以利润（资本增殖）为导向的，借助市场机制和商品交换来运行的，这种运行方式导致了对人的追求和生命的意义的扭曲。资本主义社会中的“物”的追求和崇拜，是一种虚假的意识形态，它通过消费来创造虚假的需求和愉悦，使人们感到欲壑难平。马克思认为，拜物教体现的是人们对物质财富的盲目崇拜，真实反映的是扭曲的社会关系。拜物教使人与人之间的真正关系被物与物之间的关系所取代，造成社会关系的冷漠和陌生，以及社会分化和不平等的加剧。拜物教使人们的需要和欲望被买卖和物化，个人的自由和独立性被削弱，追求和想象的空间被限制。

（四）主客的颠倒与秩序的重构

马克思批判资本主义社会生产的不公正性，揭露资本主义社会的

① 《马克思恩格斯全集》第 48 卷，人民出版社，1985，第 258 页。

② 《马克思恩格斯全集》第 48 卷，人民出版社，1985，第 257~258 页。

道德基础和意识形态，反对资本主义制度下操纵的需要，提出改变社会制度，主张每个人需要的满足程度应符合人类生存的真实需求。马克思没有否定资本主义带来的“丰富和多样性”，但是认为财富应该用来满足人的全面发展需要。财富的实现取决于对自然力的充分掌控和开发，而自然力包括人类身体与心智的自然力，其发展与完善也是财富的来源之一。[①]

在资本主义社会中，由于种种原因，“主体性的衰落”现象滋生，人们很难实现真正意义上的自我。资本升格为“主体”，人跌落为客体般的存在，如何看待这种反差？是仅仅停留在词语的批判还是回归现实的生产和现实的人中去寻找答案？在《德意志意识形态》中，马克思恩格斯强调，“不是意识决定生活，而是生活决定意识”[②]。拜物教徒“把价值看成物和物之间的关系，而实际上价值只不过是人和人之间的关系，社会关系，人们同他们的相互生产活动的关系在物上的表现即物的表现”[③]。资本主义生产关系最富有拜物教性质的表现，即在于收入的形式和来源。[④]

“资产阶级撕下了罩在家庭关系上的温情脉脉的面纱，把这种关系变成了纯粹的金钱关系。”[⑤]“它把人的尊严变成了交换价值，用一种没有良心的贸易自由代替了无数特许的和自力挣得的自由。总而言之，它用公开的、无耻的、直接的、露骨的剥削代替了由宗教幻想和政治幻想掩盖着的剥削。”[⑥] 资本成为不断扩张的主体，其背后耸立的

① 《马克思恩格斯文集》第 8 卷，人民出版社，2009，第 137 页。

② 《马克思恩格斯选集》第 1 卷，人民出版社，2012，第 152 页。

③ 《马克思恩格斯全集》第 35 卷，人民出版社，2013，第 158 页。

④ 《马克思恩格斯全集》第 35 卷，人民出版社，2013，第 302 页。

⑤ 《马克思恩格斯文集》第 2 卷，人民出版社，2009，第 34 页。

⑥ 《马克思恩格斯文集》第 2 卷，人民出版社，2009，第 34 页。

是占有他人劳动成果的所有者；而资本关系自身就像雇佣劳动关系一样，存在着完全的矛盾。[①]“资本主义生产的最高理想——与纯产品的相对增长相适应——是尽可能减少靠工资生活的人数，尽可能增加靠纯产品生活的人数。”[②]“工人仅仅为增殖资本而活着，只有在统治阶级的利益需要他活着的时候才能活着。”[③]资本主义将工人的需要变为牲畜般的粗陋化，将工人的劳动变为机器一般麻木单调。

资本主义生产不仅是劳资关系的再生产，而且借着规模不断扩大趋势进一步加剧剥削；随着资本主义的发展，劳动生产力和统治工人的财富都迅速增长，并与工人形成对立；在社会财富逐渐增加的同时，“资本”也以同等速度膨胀壮大，在逐步异化并统治工人的同时增殖壮大。此时，“工人本身的贫穷、困苦和依附性也按同样的比例发展起来。工人的贫乏化和上述的丰饶是互相对应，齐头并进的。同时，资本的这种活的生产资料的数量即劳动无产阶级也在增大”[④]。资本的增长和无产阶级的增加是同一个过程，二者相互联系却分裂为两极。

如何破除拜物教，如何恢复人的主体性，是马克思一直关注的话题。在《德意志意识形态》中，马克思和恩格斯阐述了历史唯物主义原理，证明了无产阶级具有历史使命以及国际革命的必然性。历史唯物主义强调了社会发展的经济基础对于意识形态的决定作用，同时揭示了阶级斗争和生产关系变革对于历史进程的重要性。马克思和恩格斯对于社会变革的动力和方向进行了深刻的研究与阐述，为无产阶级解放提供了理论指导。无产阶级经受着剥削和担负着重担，只拿着微

---

① 《马克思恩格斯文集》第8卷，人民出版社，2009，第121页。

② 《马克思恩格斯文集》第8卷，人民出版社，2009，第534页。

③ 《马克思恩格斯文集》第2卷，人民出版社，2009，第46页。

④ 《马克思恩格斯文集》第8卷，人民出版社，2009，第544页。

薄的工资，缺乏生活保障，是社会的大多数。这个阶级容易形成共产主义的意识，这种意识也可以在其他阶级中出现，只要他们认识到无产阶级的状况，并能够将这种彻底的革命意识变为革命的现实，“在革命中才能抛掉自己身上的一切陈旧的肮脏东西”[①]。马克思指出，工人阶级反抗拜物教要从物质形态和观念形态两个方面进行，工人阶级要从实际行动上推翻资产阶级的物质制度和观念体系，通过自我解放而上升为掌握生产资料、管理国家的阶级，只有上升为自为阶级，才能成为社会的真正主人。

资本主义生产方式是三大拜物教产生的根源，这意味着在揭开拜物教的面纱之后，想要消解拜物教，就要进行彻底的社会革命，改变社会经济结构，变革社会生产方式。资本主义生产关系为资本逻辑所主导，资本的增殖建立在对无产阶级的剥削之上，在西方资本主义发展早期阶段出现了圈地运动等赤裸裸的掠夺行为，随着资本主义的发展，资本家通过各种隐性手段进行剥削。当代发达资本主义国家普遍采取社会福利政策来缓和阶级矛盾，而工会组织也在一定程度上维护了工人权益，为工人争取了部分经济利益。但是，这些举措无法从根本上消除工人被剥削的制度基础，也无法消弭“物霾”，这意味着拜物教将长期存在。

在《1844年经济学哲学手稿》中，马克思指出，如果分工不是自愿的，而是自然形成的，那么人类的活动就会成为一种异己的、对立的力量，这种力量会压迫人类，而不是人类能够掌控它。而只有当分工是自愿的时候，人类的活动才会与自然更加和谐，人类才能够掌握

① 《马克思恩格斯选集》第1卷，人民出版社，2012，第171页。

这种力量并加以利用。[①] 可以说，马克思十分注重人与自然、人与人之间的交往形式。

马克思深刻指出，“哲学家们只是用不同的方式解释世界，问题在于改变世界”[②]。马克思并非纸上谈兵，而是毕生重视实践，推动改变世界。1847年初，“正义者同盟”邀请马克思、恩格斯加入并协助同盟改组。同年春天，马克思恩格斯加入了“正义者同盟”，将共产主义理想与无产阶级运动相结合，使共产主义运动进入新阶段。“正义者同盟”于同年7月正式改组为“共产主义者同盟”，“共产主义者同盟”以“全世界无产者，联合起来”取代“人人皆兄弟”的口号，旨在推翻资产阶级、建立无产阶级统治、推翻基于阶级对立的旧资本主义社会，并建立没有阶级、没有私有制的新社会。

1847年11月29日至12月8日，“共产主义者同盟”在伦敦举行第二次代表大会，大会委托马克思恩格斯起草同盟纲领，这就是1848年2月发表的《共产党宣言》。

在《共产党宣言》中，马克思恩格斯特别关注“旧世界”中密切相关的三大“问题”：剥削、私有制和阶级对立。马克思指出，共产党革命的目的就是消除阶级对立的制度基础，“同传统的所有制关系实行最彻底的决裂……同传统的观念实行最彻底的决裂”[③]，“在那里，每个人的自由发展是一切人的自由发展的条件”[④]。只有当每个人都能够自由而充分地发展自己的个性和能力时，整个社会才能够真正地向前发展，并在经济、政治、文化等各方面取得进步。

---

① 《马克思恩格斯文集》第2卷，人民出版社，2009，第537页。

② 《马克思恩格斯文集》第1卷，人民出版社，2009，第502页。

③ 《马克思恩格斯文集》第2卷，人民出版社，2009，第52页。

④ 《马克思恩格斯文集》第2卷，人民出版社，2009，第53页。

在《德意志意识形态》和《共产党宣言》中，马克思恩格斯的共产主义理论只称得上是一个学理假设，但在《资本论》及相关手稿中，这一学说的内在理论逻辑性得到科学论证。正如恩格斯所指出的，马克思通过对资本主义生产方式、资本主义生产领域的分析，发现了剩余价值。就像达尔文揭示有机界的演化规律一样，马克思揭示了人类历史的进展规律，以及现代资本主义生产方式和资产阶级社会的特殊运动规律。之前的资产阶级经济学家和社会主义批评家们的研究都只是在黑暗中摸索，剩余价值的发现让这一切变得清晰明朗。[①]

马克思在批判旧社会中也提出，未来要“在协作和对土地及靠劳动本身生产的生产资料的共同占有的基础上，重新建立个人所有制”[②]。在个体组成的新的“联合体”中，个人的劳动产品不再是孤立存在的，而是直接作为总劳动的组成部分存在着，[③] 生产者将根据自己的需要和能力自愿地参与生产活动，生产的产品由全社会共同所有，用于生产产品的劳动也不会表现为商品价值。此时，人们的生产和消费将不再受到市场和货币的影响，社会产品按需分配。

马克思认为共产主义是那种消灭现存状况的现实的运动，“共产主义对我们来说不是应当确立的状况，不是现实应当与之相适应的理想”[④]。在共产主义社会，生产力高度发展，人们的科技文化和道德水平都得到了极大提高，劳动不再像过去那样分工繁琐，变成了自由的、创造性的活动，人们将从劳动中解放出来，而劳动则成为第一生活需

---

① 参见《马克思恩格斯选集》第 3 卷，人民出版社，2012，第 1002~1003 页。

② 马克思：《资本论（节选本）》，人民出版社，2018，第 229 页。

③ 《马克思恩格斯文集》第 3 卷，人民出版社，2009，第 433~434 页。

④ 《马克思恩格斯选集》第 1 卷，人民出版社，2012，第 166 页。

要。在这种社会里，每个人都享有自由，人与人之间和谐相处，人类实现全面解放和自由个性发展。

三　唯物史观视域下的正义

唯物史观是我们研究马克思正义思想的重要方法论基础。唯物史观探讨了社会存在和社会意识、经济基础和上层建筑、生产力和生产关系之间的关系，为我们理解正义观的形成与变革提供了思路。

> 唯物主义历史观从下述原理出发：生产以及随生产而来的产品交换是一切社会制度的基础；在每个历史地出现的社会中，产品分配以及和它相伴随的社会之划分为阶级或等级，是由生产什么、怎样生产以及怎样交换产品来决定的。所以，一切社会变迁和政治变革的终极原因，不应当到人们的头脑中，到人们对永恒的真理和正义的日益增进的认识中去寻找，而应当到生产方式和交换方式的变更中去寻找；不应当到有关时代的哲学中去寻找，而应当到有关时代的经济中去寻找。①

在唯物史观视域下，社会存在指的是人类在生产、生活和交往过程中所处的物质环境和条件，这些物质环境和条件直接决定了人们的观念和意识。因此，一个社会的正义观既受到社会存在的影响，也反过来影响社会存在。例如，在古代奴隶社会和封建社会中，由于社会阶级分化严重，正义观念往往与上层统治者的利益密切相关，进而成

① 《马克思恩格斯选集》第3卷，人民出版社，2012，第797~798页。

为维护阶级统治的工具。

唯物史观强调生产力的作用。生产力是指人们在生产过程中所运用的劳动力和生产资料以及生产方式的总和，它决定了一个社会的经济生活和物质文明水平。正义观在实践中也随着生产力的进步而不断演变。例如，在原始社会和奴隶社会中，人们常常将正义当作简单的自然法则或者神秘信仰，但随着生产力的提高和社会分工的细化，人们对于正义的认知更为全面。

总之，唯物史观为我们理解正义观念的形成和发展提供了重要的方法论基础。通过研究社会存在和社会意识、生产力和生产关系等方面的矛盾运动和辩证关系，我们可以更好地认识正义观在不同历史条件下的演变，同时也为我们在当代社会中探讨如何构建更加公正合理的社会提供了有益的启示。

（一）马克思正义思想是唯物主义的正义思想

马克思在研究分析旧唯物主义和黑格尔哲学时，对它们提出了质疑和批判，并通过唯物史观来阐释和解决社会正义问题。这标志着他从思辨正义转向了唯物史观视域下的正义思想探析。相较于旧的正义思想，马克思的正义思想是一种新的具有唯物史观特征的正义思想，它是在批判了其他正义理论之后构建起来的。也就是说，马克思在对其他正义理论进行批判的过程中，逐渐形成了自己的基于唯物史观的正义思想。这种正义思想旨在消灭剥削和压迫，建立一个每个人都能自由发展的社会。在马克思看来，正义不是空洞无物的抽象概念，它来源于现实的物质生产实践。“从物质实践出发来解释各种观念形态”[①]，可

① 《马克思恩格斯选集》第1卷，人民出版社，2012，第172页。

见，马克思正义思想与传统资产阶级正义观有着根本不同的历史观基础，正因为如此，马克思正义思想成为全球范围内争取社会公正和人民解放的有力武器，也为应对当今世界所面临的各种挑战提供了重要的思想和方法指导。

在《德意志意识形态》中，马克思恩格斯阐述了历史唯物主义的核心内涵。在历史唯物主义视域下，不同的社会形态是由生产力和生产关系之间的矛盾推动形成的。在不同的社会，存在着不同的利益和价值观，从而导致了不同的正义观。从唯物史观的视角来看，马克思正义思想同样适用于维护现实的个人正义。由于唯物史观认为社会历史的发展是由人们的生产活动所决定的，因此，马克思正义思想注重保障每个社会成员的个人正义，即在生产实践活动中确保他们的利益。在生产实践活动中，社会成员的个人正义需要得到保障，每个人都应该享有公正和平等的权利，并且能够获得自己应得的经济利益。

马克思正义思想强调了正义观念的具体性和历史性，注重考虑不同社会形态、不同历史时期、不同个人的正义需要。这种正义思想认为只有整体社会实现进步、发展，实现整体正义时，个人正义才能实现；同时，这种正义思想高度关注现实的人，关注人的主体地位和作用，将整体正义与个体正义结合起来，将整体正义的根本实现落脚于每个个体的正义实现。理解马克思正义思想的关键是理解唯物史观。马克思通过阐述基于社会基本矛盾运动以及历史与逻辑的辩证关系来说明正义观是不可或缺的。只有充分把握历史和逻辑相统一的基本特征，才能真正理解马克思正义思想的根本要义。

马克思在《资本论》中提出了一个观点，即社会制度或道德法则的正义与否，取决于它们是否符合生产方式的需要和要求。如果符合，就是正义的；反之，则是非正义的。也就是说，找准正义的实质在于扭住生产环节，而不是交换和分配领域的表象。这一观点体现了马克思关注经济基础与上层建筑之间的关系，将生产方式视为推动历史发展的基础力量之一。生产关系是社会正义实质的基石，因为社会生产方式从基础上决定了分工格局，而分工的正义与否反映生产方式进步与否。因此，对正义问题的考察需要从社会生产着手，着眼于对生产关系的解剖，从生产关系中透视正义的实质，分析不同阶级、阶层的利益状况，进而审视正义价值标准。

社会生产不仅满足人们的物质需求，也影响着人们对正义的观念和意识。唯物史观没有停留于人类政治生产和精神生产的独立外观，而是深入物质生产内部去探究人的社会本质。每个时代赋予正义思想不一样的主题，在理解正义思想时，需要从现实生活出发，回归到社会生产中、社会发展的现实土壤中、社会发展规律中。正义的内涵往往与社会生产、经济基础和上层建筑等方面的变化密切相关。在奴隶社会和封建社会中，正义通常是统治阶级为了稳定其政治（阶级）地位而强加给人民的一种道德规范，而在资本主义社会中，正义的内涵则更多地与市场竞争和法制建设有关，资产阶级推崇正义的目的是维护其阶级统治。资本主义启蒙思想家将以自由、平等和私有财产权为核心的正义规范作为资本主义革命的理论基础。

正义是社会关系的产物，反映了不同群体、阶级和利益集团之间的权力关系和竞争格局。也就是说，正义的发展演变受社会生产实践影响，脱离历史背景和实践状况单纯思辨正义变得毫无意义。消除已经发现的弊病的手段和措施，“不应当从头脑中发明出来，而应当通过头脑从生产的现成物质事实中发现出来”①。为了更好地理解并掌握正义思想的本质，需要从现实生活出发，深入人们的日常生活中去研究正义观念和道德判断的形成、转变和消解，只有这样，才能为构建公平正义的社会提供有益的思考和启示。

实现正义的前提是人通过劳动获得自由全面发展，这也是马克思正义思想的重要论点之一。在社会思想史中，黑格尔和马克思对自由的价值地位有不同的看法。对于黑格尔而言，自由是人类最高尚的存在形式，唤醒自我意识是实现自由、本质和正义的先决条件，而只有通过个体自我意识的觉醒才能达到自由和正义的境界。马克思以深邃的目光穿透历史，洞察到自由既是自我意识的觉醒，也是通过劳动实现自我发展的过程。他揭示了资本主义社会对工人阶级自由的剥夺，在资本主义社会中工人不仅无法支配自己的时间、决定自己的工作和生活方式，而且无法在劳动中表现自己的个性和能力，只能在雇佣者的命令下劳动。因此，马克思主张通过革命争取自由，最终建立正义的社会。

在马克思看来，真正的自由不是简单地从事一些个人喜欢的事情，而是能够自主地支配自己的劳动、时间和决定自己的生活方式。只有废除资本主义私有制，消灭阶级剥削关系，消灭阶级差别这一“时代错乱”，创造条件让工人阶级从被动的劳动状态中走向有意识的自由劳动状态，才能最终实现全面发展。可以看出，在马克思正义思想中，自由和正义的实现是紧密相连的，只有通过劳动获得自由发展才能真正实现正义。

在《黑格尔法哲学批判》中，马克思对于自我意识的虚假性有了

① 《马克思恩格斯选集》第3卷，人民出版社，2012，第798页。

更深层次的认识，提出了人的活动必须在实际的自然世界中进行。“‘正义’、‘人道’、‘自由’等等可以一千次地提出这种或那种要求，但是，如果某种事情无法实现，那它实际上就不会发生，因此无论如何它只能是一种‘虚无飘缈的幻想’。”[①] 社会劳动是人类生存所必需的前提条件，也是实现正义的基石。马克思对于自由和劳动的关系进行了深入的探讨，并认为只有通过社会劳动和物质生产实践才能真正实现人的自由和本质。

马克思强调人们必须参与社会劳动以维持生存，同时指出这种劳动不仅是个人生命必需品的来源，也是社会力量的基础。他认为只有通过社会劳动，才能有效地实现自由、平等和正义。之前，旧唯物主义者费尔巴哈也提出了类似的观点，即人不能仅仅停留在抽象的自我意识中追求自由，而必须在真实（实在）的自然世界中开展活动。虽然费尔巴哈的观点有其价值，但其忽略了人的社会属性，没有充分认识到在社会劳动中实现自由的重要性。相比之下，马克思更加全面地认识到了这一点。人是社会性动物，无法脱离社会活动来实现自己的价值和目标，因此，社会劳动、物质生产以及社会关系等都是人类社会发展中不可或缺的组成部分。从这个角度看，马克思比费尔巴哈更加强调社会劳动和物质的重要性，并认为其对于实现人类正义是非常重要的。

在《1844年经济学哲学手稿》中，马克思深刻地探讨了劳动在人类生存中的本质作用。马克思认为，劳动是人类赖以生存和发展的基石，“通过实践创造对象世界，改造无机界，人证明自己是有意识的

---

① 《马克思恩格斯全集》第6卷，人民出版社，1961，第325页。

类存在物”[①]。在劳动过程中，人类可以不断满足自身的生存需求，提高自身的能力，劳动成为实现人类自由的坚实基础。通过劳动，人类不仅获得了生存所必需的物质财富，还通过把握自身的命运，实现了主观能动性的发挥。只有在真正自由自觉的劳动中，人的积极性、主动性才能得到充分释放，劳动者自身创造的劳动产品才不会成为约束人生存的负担。在马克思看来，劳动的价值不仅在于能够满足生存需求，更在于能够确保自由的实现。对于马克思主义者而言，深入分析劳动的本质和作用，是把握社会发展规律，推动人类社会向着更加公正、平等和自由的方向发展的必要条件。

在马克思看来，劳动本应是一种自由自觉的实践活动，但在资本主义社会下，劳动被异化，使工人无法真正发挥主观能动性，劳动的实践反而成为自由的否定。马克思认为，资本主义社会中的异化劳动使自然界同人相异化，使人的生命活动同人相异化，使人的类本质同人相异化，人同人相异化。[②] 为了解决这个问题，必须消除“越劳动获得的越少”的现象。马克思在《资本论》中提及工人自由的双重意义，揭露了流通领域“自由、平等、所有权和利己主义”幻象，揭露了资本主义雇佣劳动（隐蔽剥削）的实质。实现社会正义的初衷是维护广大劳动群众的福祉，使人在劳动中得到全面发展、自由个性得到彰显，要优先考虑劳动者的利益，为劳动者提供公平的报酬和良好的工作环境，支持他们充分发挥主观能动性，以实现劳动自由和自主权。在此基础上，劳动能够真正成为人自由和创造的源泉，使人能够充分实现自身的价值和目标。

---

① 《马克思恩格斯文集》第 1 卷，人民出版社，2009，第 162 页。

② 《马克思恩格斯文集》第 1 卷，人民出版社，2009，第 161～163 页。

实现社会正义必须消除劳动异化现象。只有当劳动成为人类自由和创造力的源泉时，才能真正实现社会的公正、平等和自由。因此，在建设正义社会的过程中，必须高度重视劳动者的利益，为自由劳动创造更好的条件，让劳动者得到应有的尊重和回报，只有这样才能真正实现人类社会的发展和进步。

（二）马克思正义思想是人民的正义理论

正义的主体是价值主体。建构正义社会的核心在于人民群众，而在劳动中获得自由则是建构正义社会的基石。一旦人们能够自由地劳动，就能按照自己的需求生产生活资料，发挥自己的创造力。马克思主义哲学强调了人类本质的恢复，并认为建构正义社会的主体应该是人民群众。在资本主义社会中，工人被剥夺了自由和创造力，并且降格成为资本家的工具。因此，要消除资本主义社会的劳动异化现象，通过异化的扬弃来塑造一个完整、丰富、全面的人。完整的人不仅仅限于对物质对象的享乐和占有，视觉、听觉、嗅觉、味觉、触觉等各种感觉，思考、观察、感觉、欲望、活动和爱等，都将以不同的方式帮助人们占有现实。

习近平总书记指出："马克思主义博大精深，归根到底就是一句话，为人类求解放。"[①] 在这个意义上，人民群众的自由解放是马克思所追求的正义社会的本质。人民群众具有创造力，只有让人民群众充分发挥自己的主观能动性，才能真正实现建构正义社会的目标。人民群众应该成为生产的主体，用自己的智慧和劳动创造美好的生活和未来。在建构正义社会的过程中，劳动自由是一个重要的基石。只有当

① 习近平：《论中国共产党历史》，中央文献出版社，2021，第198页。

人们能够自由地劳动时，人们才能真正成为生产的主体，实现自身价值的最大化；只有当人们能够自由地选择自己的劳动时间和劳动方式时，人们才能充分发挥自己的能力和潜力，并为社会作出更大的贡献。

马克思的正义思想是在社会发展的过程中形成的，而非基于事先设定的正义进行推理。他深入无产阶级的现实处境，从人民群众的立场出发表达正义诉求。马克思强调了历史的特殊性和人类社会发展的客观规律。从唯物史观的角度来看，正义观念会随着社会发展而不断变化，正义判断标准也会发展嬗变，需要根据时代变化对旧的正义观念进行批判、解构和重建。在资本主义社会中，“社会化生产和资本主义占有之间的矛盾表现为无产阶级和资产阶级的对立”[①]。资本主义的生产方式导致贫富差距不断扩大，无产阶级被迫成为资本家的工具，失去了自由和尊严。因此，超越资本主义社会形态的未来理想社会必须消灭剥削和不平等，让人民群众真正地成为社会的主体，成为自然界真正的主人。[②] 共产主义的正义性在于，它“并不剥夺任何人占有社会产品的权力，它只剥夺利用这种占有去奴役他人劳动的权力”[③]。综上所述，马克思并没有事先设定一个特定的正义社会的存在，而是通过对社会发展过程的观察和分析认识到不同阶级之间的矛盾，并站在人民群众立场上构建自己的正义思想。

马克思深刻意识到，人民群众的创造活动是历史发展的根本动力，人民群众在实践生活中居于主体地位，人民群众通过劳动创造了社会物质基础、精神文化。马克思正义思想关注人类自我实现，强调平等和公正，旨在消除剥削和不平等，让人民群众真正成为生产资料

---

① 《马克思恩格斯选集》第 3 卷，人民出版社，2012，第 802 页。

② 恩格斯：《社会主义从空想到科学的发展》，人民出版社，2018，第 79 页。

③ 《马克思恩格斯文集》第 2 卷，人民出版社，2009，第 47 页。

的主人，获得自由和尊严。因此，在马克思看来，建立正义社会不是依靠凭空想象或空洞设想，而是在由人构成的社会历史中完成的，建立正义社会需要整合人民群众的智慧和力量。在整体社会正义原则的规范下，人民群众应该成为确立社会实践目标的主体，并通过自己的劳动和创造，推动社会的发展和进步，并在这个过程中自我实现和自我解放。

恩格斯曾经指出："在道德上是公平的甚至在法律上是公平的，从社会上来看可能远不是公平的。社会的公平或不公平，只能用一门科学来断定，那就是研究生产和交换这种与物质有关的事实的科学政治经济学。"① 这句话强调了政治经济学在判定社会公平或不公平方面的重要性。政治经济学作为马克思主义理论的重要组成部分，研究经济活动的规律和本质，通过对社会和生产关系的分析，揭示了社会财富分配的基本法则和规律，提出社会公平的标准。马克思指出："资本的文明面之一是，它榨取这种剩余劳动的方式和条件，同以前的奴隶制、农奴制等形式相比，都更有利于生产力的发展，有利于社会关系的发展，有利于更高级的新形态的各种要素的创造。因此，资本一方面会导致这样一个阶段，在这个阶段上，社会上的一部分人靠牺牲另一部分人来强制和垄断社会发展（包括这种发展的物质方面和精神方面的利益）的现象将会消灭；另一方面，这个阶段又会为这样一些关系创造出物质手段和萌芽，这些关系在一个更高级的社会形式中，使这种剩余劳动能够同物质劳动一般所占用的时间的更大的节制结合在一起。"② 马克思既承认资本主义推动生产力发展的进步性，也看到其孕育的更高形态的生成必然性，主张消灭阶级压迫和资本主义剥削

---

① 《马克思恩格斯全集》第 25 卷，人民出版社，2001，第 488 页。

② 《马克思恩格斯文集》第 7 卷，人民出版社，2009，第 927~928 页。

制度，建立一个没有剥削、没有压迫、公平、自由的社会，即一个所有人自由全面发展的共同体，这体现了马克思科学的全球正义观。

共产主义文明是更加全面和丰富的。在共产主义社会中，不仅生产方式和生产关系得到彻底改变，同时社会文明程度也得到显著提升。这将是人类历史上一个崭新的、更加美好的时代。共产主义社会是正义社会，它使人的自由和平等得到确证，共产主义正义将会实现对资本主义正义的彻底超越。马克思为我们生动描绘了一幅正义社会的景象：在这个社会中，每个人都能够以自己的需要为中心进行生产和消费，人们不会因为物质利益而互相压迫和剥削；同时，每个人都能够按照自己的能力和需要去选择自己喜欢的职业并享受劳动的乐趣，而不是被迫从事他们不感兴趣甚至厌恶的工作。

> 在共产主义社会高级阶段，在迫使个人奴隶般地服从分工的情形已经消失，从而脑力劳动和体力劳动的对立也随之消失之后；在劳动已经不仅仅是谋生的手段，而且本身成了生活的第一需要之后；在随着个人的全面发展，他们的生产力也增长起来，而集体财富的一切源泉都充分涌流之后，——只有在那个时候，才能完全超出资产阶级权利的狭隘眼界，社会才能在自己的旗帜上写上：各尽所能，按需分配！①

在马克思正义思想中，人的自由、解放以及全面发展被视为正义的最高原则，这反映了马克思对人类自身的生命存在及其现实的生活世界所持的深刻见解。他对于如何实现自我、成为真正的人的哲学问题进行了深入的探讨，并给出了科学的回答。马克思的正义设想代表

① 《马克思恩格斯选集》第 3 卷，人民出版社，2012，第 364~365 页。

着人类的最高价值，具有独特的品格内涵，体现了马克思对于人类未来美好生活的向往和追求。在共产主义社会中，劳动是人们自由自觉的实践活动，而不仅仅是谋生的手段，人的自由、个性将得到实现、发展，而不是像在资本主义社会中那样成为抽象和虚假的概念。

共产主义社会将是一个更加公平正义的社会形态。在这个社会中，人们享有真正的自由和平等，不受阶级、种族、性别或其他因素的限制，每个人都能够实现自我价值和得到自我实现，同时也为社会的繁荣和进步作出贡献。人们根据自己的能力尽最大努力，按需获取物质资源，并且可以展示自身的独特性和享有更多自由的权利。正如马克思恩格斯所预想的，在共产主义社会中，人们消灭了人的异化状态并恢复了类本质，通过合理调节权利和义务的关系实现了真正自由、全面的发展，最大限度地发挥自己的潜力，可以完全自觉地创造自己的历史。

资本主义社会带来了生产力的快速发展，带来了人与人、人与自然、人与社会交往的普遍化。但是，在资本主义制度下，“生产力不仅在于它也许使人的劳动更有效或者使自然的力量和社会的力量更富于成效，而且它同样还在于使劳动更加便宜或者使劳动对工人来说生产效率更低了”[①]，人的全面发展受到了很多限制。资本主义社会中的社会分工和职业分化使人们的专业化程度越来越高，但是这也意味着人们只能在狭窄领域中发挥自己的能力。此外，一些职业可能存在过度竞争、劳动强度大等问题，使得人们无法真正实现自我价值。在资本主义社会中，物的支配和消费观念也限制了人的全面发展，人们常常被推销者所控制，不断被诱导购买各种商品。总之，资本主义社会中的物质生产关系阻碍了人的全面发展。在这个社会中，人

① 《马克思恩格斯全集》第 42 卷，人民出版社，1979，第 263 页。

们被商品和金钱所支配，不断地追求物质享受，而忽视了自己的精神需求和人生目标。这样，人们就失去了自我控制和自我创造的能力，变成了被动的单向度的人。同时，人们也受到了阶级、性别、种族等因素的影响，无法获得公平的机会和资源，这影响了人们的自我实现和全面发展。相反，在共产主义社会中，社会生产组织将有计划地生产和分配，而人们摆脱了物质消费和社会条件的束缚，能够根据自己的兴趣和才能选择工作和生活方式，并且享有平等的权利和尊严。每个人都可以通过参与到各种实践活动中，发挥自己的潜力和创造力，从而实现自身价值和自由发展。

（三）马克思正义思想是全面而科学的正义理论

马克思正义思想不仅反对资本家的剥削，也反对任何形式的压迫和剥夺。这一思想强调每个人都应该有平等的机会去发挥自己的潜力，并且应该获得与自己所作出的贡献相符的回报。资本主义生产关系不是一成不变的，将因束缚生产力的发展而灭亡，但马克思的“两个决不会”① 也指明，资本主义在短期内不可能消亡，需要在全球范围内全面地把握社会形态的演进规律。同时，根据“两个必然”② 历

---

① 马克思在《〈政治经济学批判〉序言》中提出了“两个决不会”的重要思想：“我们判断这样一个变革时代也不能以它的意识为根据；相反，这个意识必须从物质生活的矛盾中，从社会生产力和生产关系之间的现存冲突中去解释。无论哪一个社会形态，在它所能容纳的全部生产力发挥出来以前，是决不会灭亡的；而新的更高的生产关系，在它的物质存在条件在旧社会的胎胞里成熟以前，是决不会出现的。”（参见《马克思恩格斯选集》第 2 卷，人民出版社，2012，第 3 页。）

② 马克思恩格斯在《共产党宣言》中论证了资本主义必然灭亡和共产主义必然胜利是人类社会发展的规律，“随着大工业的发展，资产阶级赖以生产和占有产品的基础本身也就从它的脚下被挖掉了。它首先生产的是它自身的掘墓人。资产阶级的灭亡和无产阶级的胜利是同样不可避免的”（参见《马克思恩格斯选集》第 1 卷，人民出版社，2012，第 412~413 页）。

史规律，资本主义生产关系必然被更高级的形态所取代。唯物史观指明了未来实现共产主义理想的历史必然。

> 资本主义生产方式是一种特殊的、具有独特历史规定性的生产方式；它和任何其他一定的生产方式一样，把社会生产力及其发展形式的一个既定的阶段作为自己的历史条件，而这个条件又是一个先行过程的历史结果和产物，并且是新的生产方式由以产生的既定基础；同这种独特的、历史地规定的生产方式相适应的生产关系——即人们在他们的社会生活过程中、在他们的社会生活的生产中所处的各种关系——，具有一种独特的、历史的和暂时的性质；最后，分配关系本质上和这些生产关系是同一的，是生产关系的反面，所以二者共有同样的历史的暂时的性质。①

在无法容纳生产力的发展时，资本主义生产关系必然会消亡，共产主义社会将取代资本主义社会，人的自由全面发展也将实现。马克思认为，共产主义内核是人的自由发展和自我实现，其分配方式是按需分配，制度保障则包括丰裕物质条件和全新的社会组织方式。从外围到内核层层递进，外因和中间地带构成“保护带”维护正义的核心。可以说，共产主义正义规定了其内核，即自由人联合体中个性的自由发展和自我实现。②

在马克思看来，只有消除了私有制这个剥削的根源，才能够实现社会正义，一旦私有制被消灭，无产阶级就真正成为社会的主人。在这样的情况下，人民群众将不再是被支配和压迫的客体，而将成为真

---

① 马克思：《资本论（节选本）》，人民出版社，2018，第 593 页。

② 赵海洋：《马克思正义思想研究》，人民出版社，2016，第 186 页。

正的主体，所有的人都将拥有满足物质和精神需求的机会，将有大量的闲暇时间来从事自己热爱的事情，也将积极地参与到社会建设、推动社会进步之中去。

一个正义社会不仅需要人民群众的参与，还需要公正、透明的制度来规范和保障社会的运行。正义制度包括正义的政治制度、经济制度、法律制度等，它们共同构成了一个完整的、公正和合理的社会规范体系。只有在这样的体系中，每个人才能够享有平等的机会和资源，实现自己的价值和发挥自己的潜力。

在资本主义社会中，劳动者被异己的力量束缚，劳动是被动的而不是自由自觉的，这就导致人的本质和劳动价值的失落，使得工作变成了一种单调重复的机械性劳动，对于个体来说缺少了意义和价值感。这种异化劳动下的生产与生产正义背道而驰，违背了人性。为了实现正义，必须确立正义的制度。正义制度能够保障人民群众权益、促进社会公平正义，为人民群众提供了实现自由解放的保障，也是一个国家经济、政治、文化、社会和生态等方面全面进步和繁荣的基础。“《资本论》相对集中地体现了马克思独特的批判和超越资本主义‘正义’、建构一个‘自由人的联合体’的‘正义论’思想”[①]，马克思的正义思想为构建正义的社会制度提供了理论启示。

（四）马克思将正义思想付诸实践与艰辛探索

马克思不仅仅追求对历史规律和现实状况的科学理解，更追求对一切不合理存在的无情批判和合理秩序的建构。这种批判与建构不仅涵盖道德层面，还具有实践意义。解决社会问题不仅仅需要理论思考，

① 白刚：《作为“正义论”的〈资本论〉》，《文史哲》2016年第6期。

更需要实践行动，如果只是停留在理论层面而没有付诸实践，那么任何理论都是空洞的。马克思的毕生夙愿就是实现无产阶级和全体劳动者的解放。恩格斯曾经指出，“马克思首先是一个革命家”[①]，这个评价准确地揭示了马克思的思想特质和行动特点。他既是理论家，又是实践家，关心人类解放和发展走向。他的思想深刻、鞭辟入里，对人类社会的影响持续至今，是在全世界被广泛传播和接受的重要学说之一。

在“第一国际”时期，马克思将正义思想与工人阶级的政治斗争紧密结合起来，并领导了国际工人运动。在这个时期，马克思坚定地批判各种虚伪的、非科学的正义观念，坚定地维护了无产阶级的权益。在马克思的直接领导和参与下，“国际工人协会”于1864年9月成立。马克思承担了《国际工人协会成立宣言》和《国际工人协会临时章程》起草工作，结合国际工人运动发展的状况，将自己的正义思想付诸实践。马克思强调了工人阶级的政治斗争是实现正义的重要手段，认为只有通过工人阶级的联合和斗争，才能推翻资本主义的统治，实现社会公平正义。他提倡工人阶级与其他被压迫阶级和民族联合起来，这体现了国际主义精神。马克思的正义思想为“第一国际”的建立奠定了坚实的理论基础，并引领了国际工人运动的发展方向。

在“第一国际”中，马克思除了领导工人运动外，还与蒲鲁东主义、拉萨尔主义等机会主义思潮进行了斗争。蒲鲁东主义主张通过教育改良和自力更生实现社会主义的公平正义，强调个人和小团体的努力；而拉萨尔主义则认为工人阶级应该通过选举等和平手段来推翻资产阶级统治。从改良主义角度出发，拉萨尔仅限于使用口号式措辞，

① 《马克思恩格斯选集》第3卷，人民出版社，2012，第1003页。

如“平等的权利”“公平的分配”“人道主义”，以期解决收入差距过大问题。马克思批判了这种方法，并认为它实际上是本末倒置的，因为它不能改变现有收入分配结构，反而掩盖了一些关键问题。

在资产阶级革命时期，启蒙思想家提出了自由、平等、权利和正义等概念，这些概念为当时的社会变革提供了理论基础。随着历史的变迁，这些概念也不断得到丰富和拓展。例如，在 19 世纪末 20 世纪初，美国和欧洲的工人运动加强了对工人权利的争取，推动了社会保障制度和劳动法的制定，这是对自由和平等原则的深入实践。但是，这种平等和权利是不完全的，即使在当代资本主义社会中，这种平等和权利仍然存在一定的局限性，例如贫富差距、种族歧视、就业机会和教育资源的不平等等问题普遍存在。

马克思在 1877 年 10 月 19 日致弗里德里希·阿道夫·左尔格的信中抱怨德国社会民主党人对拉萨尔派和杜林妥协，并谴责那些对“不成熟的大学生和过分聪明的博士妥协”[①] 的人，这些人想要将社会主义变得“更高级”和“理想化”，试图以女神正义、自由、平等和博爱现代神话来取代唯物主义基础。[②] 正如列宁指出的，那些自称为马克思主义者的知识分子和所谓“洞悉”经济唯物主义奥秘的人，声称正义是一个毫无意义的词，这是他们的借口，他们实则是一群坏蛋。[③] 马克思认为蒲鲁东主义、拉萨尔主义这两种主义都是机会主义，无法真正解决工人阶级的利益问题，并且违背了实现社会主义公平正义的基本原则。他指出，唯有通过暴力革命，推翻资产阶级的统治，建立工人阶级的专政，才能真正实现社会主义公平正义。总之，马克思将

① 《马克思恩格斯选集》第 4 卷，人民出版社，2012，第 522 页。

② 参见《马克思恩格斯选集》第 4 卷，人民出版社，2012，第 522 页。

③ 《列宁选集》第 3 卷，人民出版社，2012，第 321 页。

自己的正义思想与工人阶级的政治斗争相结合，为维护无产阶级权益、确立组织和策略路线作出了重要贡献。这些思想和观点不仅指导了工人阶级的斗争，还推动了社会主义运动的发展。

1877 年，马克思写了《给〈祖国纪事〉杂志编辑部的信》，目的是驳斥民粹派激进分子米海洛夫斯基对他提出的指责。在这封信中，马克思认为各个国家、各个民族的发展进程有很大差异性，有的民族甚至可以跨越某些阶段，利用它所特有的历史条件，可以避免资本主义制度带来的所有苦难（跨越卡夫丁峡谷）并吸取资本主义文明成果，这一思想丰富了唯物史观的内涵，拓宽了经济落后国家走向共产主义的路径。

无产阶级运动的正义性就在于它观照多数人的利益。马克思指出："过去的一切运动都是少数人的，或者为少数人谋利益的运动。无产阶级的运动是绝大多数人的，为绝大多数人谋利益的独立的运动。"① 无产阶级的解放意味着"颠倒关系"模式的彻底消解和被超越，代表着全人类的解放。无产阶级运动彰显了以劳动者为最优先价值本位的正义思想，这是人类历史上广泛而持久的社会运动，它从根本上改变了无产阶级和劳动者的命运。

由占统治地位的资产阶级掌控的共同体（国家），在马克思看来都是虚假的共同体。在共产主义社会中，个体与个体的异化关系消除、个人与总体对立关系消解。在"自由人的联合体"中，每个人不仅能够打破封建等级和宗教思想的束缚，更重要的是超越了物对人的支配，从而实现了真正的自由。这里的自由不仅仅包括政治自由和物质生活上的自由，还包括实现自我价值的自由。只有在自由发展的联合

① 《马克思恩格斯文集》第 2 卷，人民出版社，2009，第 42 页。

体中，每个人才能实现自己的潜力，为整个社会作出自身贡献，彰显自身价值。在这个联合体中，人们不再受到资产阶级压迫和异化劳动“枷锁”束缚，而是享有平等的机会和权利，充分发挥自己的才华和创造力，实现个性化的自我发展。构建自由人的联合体是人类社会发展的目标，是实现人类幸福的必由之路。

马克思在他的著作中强调了“按需分配”原则的伦理、道德依据和正义性，并将其与共产主义社会的建立联系起来。他认为，在共产主义社会里，“劳动已经不仅仅是谋生的手段，而且本身成了生活的第一需要”[①]，只有在共产主义社会里，才能真正实现人类自由和全面的发展。在这里，“按需分配”中的“需”不是简单的“物欲”，“按需分配”是指社会提供相应支持以使每个“有个性的人”发挥自己的才华和潜力，实现自由个性全面发展。在马克思所说的共产主义社会，并非一下子就能实现按需分配，因为共产主义社会的第一个阶段是从资本主义社会中生长出来的，“在经济、道德和精神方面还带着它脱胎出来的那个旧社会的痕迹”[②]，在这一阶段分配是按劳分配，只有到了共产主义社会高级阶段，社会财富充分涌流，才能实现“各尽所能，按需分配”。

马克思的辉煌成就和崇高精神将永载史册，激励着众多追求公平、正义和自由的人前行。按照马克思恩格斯的预言，无产阶级将很快联合起来打碎旧的国家机器，消灭私有制，进而消除阶级之间、城乡之间的差距，消除异化分工，实现真正的人类解放和社会公正。但是，理论和实践的反身性关系使马克思的预言暂时落空了，“19 世纪

---

① 《马克思恩格斯选集》第 3 卷，人民出版社，2012，第 365 页。

② 马克思：《哥达纲领批判》，人民出版社，2018，第 14 页。

的无产阶级”不断减少，而同时工人阶级数量增加了，大批经理阶层活跃在历史舞台，成为时代重要领导力量。随着资本主义不断进行改造和调整生产关系，现代资本主义国家出现了一个人数众多、阶层庞大的中间阶级——中产阶级。体力劳动在生产性劳动和服务性劳动中所占总体比重逐渐下降，而脑力劳动的比重则不断上升。这种变化导致了社会阶级结构的深刻变化。随着脑力劳动者群体的壮大，知识工人、技术专家以及各种专业人士也成为现代社会中重要的阶层，他们在知识经济和服务经济中发挥着关键作用。因此，实现人类解放的历史任务需要广泛地团结一切可以团结的力量，不仅仅局限于赤贫的无产阶级。

在当代资本主义社会，劳动者不再是一无所有的悲惨状态，其生存境况得到普遍改善，他们更多地处于一种隐蔽的贫困状态。科学技术的迅猛发展使社会分工越来越精细和专业化，生产的社会化程度越来越高，一些具体的生产性劳动可以交由智能机器人分担，但是，“一个成熟的、自由的工业社会将继续依赖引起职能的不平等的劳动分工”①。工人阶级的贫困从单纯的经济因素转化为多重因素的贫困，例如人权的贫困、人性的异化、权利的剥夺、阶级意识的丧失和各种心理危机的频现，最根本的表现就是人对资本高度依赖。资本逻辑仍然将大多数人置于它的桎梏之下，以一种新的奴役形式制约着人们。马克思正义思想并没有过时，在此背景下，推进马克思正义思想的时代化研究显得尤为重要。

① 〔美〕赫伯特·马尔库塞：《单向度的人：发达工业社会意识形态研究》，刘继译，上海译文出版社，2008，第37页。

第四章　身份正义与承认政治

马克思说："人即使不像亚里士多德所说的那样，天生是政治动物，无论如何也天生是社会动物。"[①] 人的本性是政治的、社会的，人生活在社会之中，生来就拥有一个或多个身份，并且身份会随着自我的发展而变更。在政治哲学中，身份即是社会成员地位和权力的符号表征。

一　身份差异化与利益

在《理想国》中，色拉叙马霍斯在与苏格拉底对话时提出"正义乃是强者的利益"这一观点。正义是强者和统治阶级的话语，这是当时以及以后很多时代的普遍观念，而柏拉图认为没有任何一门学科或技艺可以只考虑强者的利益而忽视弱者的利益。[②] 任何政府和统治者

---

① 《马克思恩格斯全集》第 44 卷，人民出版社，2001，第 379 页。

② 〔古希腊〕柏拉图：《理想国》，张竹明译，译林出版社，2009，第 22 页。

都不能只顾自己（统治者）的利益而不顾老百姓的利益。必须承认，科学或统治术追求的是强者的利益，但又不能仅限于此，必须顾及弱者的利益，因为弱者利益的严重损害会影响到强者的利益。牧羊人要想使自己有大的收获，必须把羊群养得肥肥壮壮的，这样才能卖个好价钱。在理论上，柏拉图认为正义是普遍的永恒的和谐之美，而现实中正义往往沦为政治的工具，别有用心的人总是打着正义的幌子招摇过市。统治者制定对自己有利的法律，而人民必须遵守，谁不遵守谁就有违法之罪，且背负不正义之名。正义是为强者的利益服务的，而做不正义的行为仅对行为者自己有好处，对于这种说法，柏拉图只能在理论上予以反驳，他最后也承认，在理论上正义绝对比不正义好，但现实中一些不正义的人却比正义的人过得好。① 而正是现实与理论的巨大落差导致人们对正义的诉求功利化和庸俗化，反而把非正义的非常态变为常态。

身份差异在一定程度上有利于明晰个人角色、维护社会稳定和推动社会发展，但身份往往与社会资源关联在一起，强势身份群体会控制各种社会资源，进行超额的利益攫取甚至豪夺，这时正义便成为他们的大旗。而弱势身份群体得不到承认、认同，常因身份受到排挤、歧视、污蔑等显性或隐匿性的伤害。

承认政治追求在平等基础上相互认可和个体与共同体之间的相互认同。身份正义是承认政治的关键，怎样规范身份符号的意义成为政治哲学的一个重要课题。现代社会已经远离了那个曾经完全由血缘关系确定社会关系的时代，远离了那个稳定的、坚如磐石的普遍制度化的价值模式，具有现代性、多变性特征，呈现混杂、差异、竞争与多

---

① 〔古希腊〕柏拉图：《理想国》，张竹明译，译林出版社，2009，第 28 页。

元主义并存的现象。由于不公平的文化价值模式（一张没有缝隙、有凝聚力、无所不包、无法突破的大网）存在，“身份服从地位这种被市场中介的过程，是新自由主义的资本主义真正的活力源泉”①。社会参与者并没有去占领任何预先命定的“场所”，他们不自觉地参与了为争取承认的有活力的政治斗争。

人是生而自由的，但作为社会性的存在，人们生来就被赋予身份，身份关联着人们的政治、经济和社会权益，特别是在人们的普遍意识和现实实践中，身份与特权交叉、捆绑，这使身份影响着正义话语权构建，影响着每个人的生活状态。生活中的每个人都能够感觉到身份制度的存在，都在自觉或不自觉地遵循一定的身份规则，都渴望身份提升并享受身份利益。

二　传统身份系统解构

传统中国实行的就是一种以“正名”为基础的身份差属社会政治，由此形成上下、贵贱、尊卑秩序。禹死后，启继承父位，标志着世袭制代替禅让制，王的身份及其亲属的身份逐渐被赋予了高贵的含义。国家内部出现了贵族、平民和奴隶的身份差异，以血缘关系为纽带的贵族制度逐步确立，与此相关的是贵族身份和相应的政治经济特权。以孔子为代表的许多思想家对这种贵贱有序的等级制度是非常赞赏的，高贵者、卑贱者要固守自己的身份等级，不能僭越，这样社会

① 〔美〕南希·弗雷泽：《女性主义、资本主义和历史的狡计》，周穗明译，《世界哲学》2009年第2期。

就安定了。因此孔子一生都在极力主张恢复周礼，“郁郁乎文哉，吾从周”。战国时期秦国的商鞅变法试图废除单纯的世袭制度，代之以军功爵制，这有助于打破传统身份符号系统，这就为身份低下的人改变自己的悲惨处境提供了制度可能。但旧贵族不会轻易放弃自己的身份地位，新法侵害了王亲贵族等上层的切身利益，当秦孝公去世后，商鞅即被处以车裂之刑。失去了最高层的庇护，变革也就随之失败。

由于身份是根据血缘宗法等级、占有分配关系以及道德义务的差别来确定的，身份伦理以社会关系的阶级差序和等级分殊为基本骨架，身份的标识体现了强权政治内在的要求。董仲舒在《春秋繁露》中提出“三纲五常”的道德规范。从董仲舒构建“天人合一”理论体系开始，“三纲五常”思想便成为封建社会的意识上层建筑，这在一定程度上维系了家庭、社会、国家的整体性、稳定性和连续性，并形成其恒久广泛的影响力。在中国封建社会的身份系统和机制中，不同身份等级之间的政治经济地位差别迥然。在古代，官本位的价值凸显，使得担任国家官职成为高贵身份的象征，官与民逐渐演变为一种互相对立、对抗的身份。在中国封建社会，“正史”是统治阶级书写正义的历史。

科举制的诞生，为“民”开创了一条改变自己身份的途径。从宋代开始，科举制度有了新的突破，不论出身门第、贫富贵贱皆可参加，这不仅扩宽了政府选贤的渠道，而且还为“民”到“官”、“布衣”到“权贵”的身份上升提供了可能。“学而优则仕”的传统，修身齐家治国平天下的观念，使入世的知识分子变成了现有秩序的卫道者。在封建社会中，士绅阶层不纳粮不当差、享有身份特权的做法成为主流文化和社会制度的安排，这确实是一种不合理不公平的现象。

农业是封建传统社会的国之“本”，因此在重农抑商政策下商人身份地位就显得低贱了，正如李贽在《焚书》（卷一《又与焦弱侯》）中描绘的："挟数万之赀，经风涛之险，受辱于关吏，忍诟于市易，辛勤万状。"总之，在以"礼治"为基础的传统中国社会，人分三六九等、高低贵贱。"身份"意味着"权利"乃至"权力"，一个人要想有所作为，必须攀附于固有权力符号系统之上，权力和权利的结合便成为一道令人垂涎的精神套餐。强势身份群体并非只享受"饕餮大餐"，有的人不仅利用身份特权占用资源，还通过各种途径谋求后事，以便留荫后代。

封建社会的等级实质上就是由统治阶级和被统治阶级组成的身份符号系统。官垄断了全部制度性的政治权力，也以皇权的名义控制了国家经济权力和社会财富。为官者有丰厚的经济待遇，而贫民饥寒交迫、朝不保夕。"朱门酒肉臭，路有冻死骨"无情揭露了这种等级制度带来的生活状况差距，普通百姓卖妻鬻子甚至"人食人"。这些就最终导致对等级制度的反叛趋势不可阻挡，"王侯将相宁有种乎"，布衣揭竿而起，云集响应，原有的身份符号系统被破坏。这就出现了对现实身份的反抗→农民起义运动→夺取政权→身份洗牌→享有高贵的身份→权力的滥用→新一轮的不满与反抗这样的循环。

三　承认与分配的双重视角

在西方社会，身份平等也往往成为理想楼阁。古时期多数城邦实行的是典型的贵族制度，以国王为首的贵族是高贵的，是权力和财富的主宰，他们掌握了绝大部分社会资源；而奴隶是最悲惨的，没有任何做人的权利，与牛马一样，只是主人的劳动工具。柏拉图在《理想国》中认为正义就是每个人必须在国家里承担一种最适合他天性的职务，统治者（由黄金铸造）、护卫者（由白银铸造）、普通人（由铁和铜铸造）等任何人不能从事他人的工作，[①] 每个人只能做适合他禀赋的工作，统治者就是统治者，护卫者就是护卫者，生意人就是生意人；每个人都要压制自己的真实情感，不被允许追求自己向往的幸福，欲望屈从于理智、个人屈从于国家。在古希腊城邦政治中，所谓“公民”就是一种“身份”，其原意就是“属于城邦的人”。在与其他无公民权居民的对照中，“公民”这一特定群体的特权被鲜明地凸显出来。

在以神权政治为特征的中世纪，政治生活被赋予神秘的基督教符号话语，教士阶层不仅处于社会权力和身份地位的“金字塔”顶端，而且垄断人的精神殿堂，成为连接上帝与国王的“启示者”。伴随着民族国家意识的觉醒，“教权”与“王权”之争便成了中世纪后期政治生活的主旋律，王权最终打碎了教权高于王权的神圣光环以及消解了相应的社会身份符号特征。文艺复兴打破了天国的迷梦和动摇了上帝的权威，“人的发现”以及宗教改革运动的兴起，使封建特权在天平上丧失了过去的重量，人们反对宗教的专横统治和封建等级制度，主张个性解放和平等自由，歌颂人的智慧和价值。

新兴的资产阶级为反对封建王权就提出了“人生而平等”的宣言，揭开启蒙运动的序幕。启蒙思想家高举理性大旗，宣扬平等自由的文明观念，有力地冲击了中世纪的身份枷锁，体现了人的理性回归。他们讨论人类不平等的起源，宣扬社会契约论、人民主权说，主张法律面前人人平等。但资产阶级宣扬的平等往往被自由主义和民主主义所淹没，成为局限在一定阶级或阶层内的平等。

① 〔古希腊〕柏拉图：《理想国》，张竹明译，译林出版社，2009，第415页。

> 统治阶级的思想在每一时代都是占统治地位的思想。这就是说，一个阶级是社会上占统治地位的物质力量，同时也是社会上占统治地位的精神力量。支配着物质生产资料的阶级，同时也支配着精神生产资料，因此，那些没有精神生产资料的人的思想，一般地是隶属于这个阶级的。占统治地位的思想不过是占统治地位的物质关系在观念上的表现，不过是以思想的形式表现出来的占统治地位的物质关系。[①]

前文提到，在《理想国》中色拉叙马霍斯在与苏格拉底对话时提出，正义就是遵守统治者制定的法律，而统治者制定法律是为了维护自己的利益，所以正义就是强者的利益。[②] 换言之，法律的本质就是维护统治阶级的利益。但对于社会阶级分层来讲，最弱势身份群体是经济层面和政治层面都处于弱势的那群人，他们在社会的博弈活动中处于劣势。经济层面占统治地位的人，往往能够谋取到政治话语权力，而政治层面占统治地位的人，往往能够获得经济层面的"一桶金"。当然，（强者）统治阶级随着社会斗争发生嬗变，而法律的形式形态也会发生变化。新的统治阶级掌握权力特别是制定法律和掌握意识形态话语后，会重塑公共利益，新的道德秩序会随之确立，重新要求人们各司其职。资产阶级启蒙学者想要建立的"这个理性的王国不过是资产阶级的理想化的王国；永恒的正义在资产阶级的司法中得到实现；平等归结为法律面前的资产阶级的平等"[③]。这句话清晰表明资产阶级理论中正义观念的局限性，资产阶级启蒙学者所提倡的理性的王

① 《马克思恩格斯选集》第1卷，人民出版社，2012，第178页。

② 〔古希腊〕柏拉图：《理想国》，张竹明译，译林出版社，2009，第17页。

③ 《马克思恩格斯全集》第26卷，人民出版社，2014，第20页。

国只是一种理想化的形式，并不能实现真正的普遍正义。同时，资产阶级的司法体系虽然宣扬永恒的正义，但实际上体现的只是资产阶级法律的伦理标准和阶级利益。此外，资产阶级的平等只是表面的法律平等，而实际上是以资产阶级之间的平等为基础，缺乏对所有人的真正平等的关怀。

西方资本主义工业文明及生活方式的现代性转型对中国政治社会产生了巨大影响。19 世纪末 20 世纪初，“自由”和“民主”的政治观念开始在中国传播开来，而社会主义经济制度的建立，更是从制度层面动摇了剥削的基础，实现了法律面前人人平等的政治诉求：宪法确认中华人民共和国公民只有社会分工的不同，没有高低贵贱之分。

新中国成立后，许多政策旨在消除等级制度，如土地改革、城市改革等。工农商学兵，社会身份随着社会主义制度的确立发生了改变。在土地改革、社会主义改造后，工业体系初步建立，工人阶级的领导阶级地位确立，生产资料私有制转变为社会主义公有制，虽然这并不能瞬间将封建身份等级送进垃圾堆里，但确立了人人平等的理念。土地改革废除了旧的土地所有权制度，将土地分配给农民，并且取消了土地租赁以及其他形式的剥削，广大农民享有了生产资料。此外，新的劳动法也规定了全民的平等待遇，使得所有工人都能够获得相应的工资和福利。改革开放后，我国大力发展生产力，释放社会活力，增加社会财富，为实现社会基本公平正义奠定物质基础。习近平总书记指出：“改革开放以来，我国经济社会发展取得巨大成就，为促进社会公平正义提供了坚实物质基础和有利条件。同时，在我国现有发展水平上，社会上还存在大量有违公平正义的现象。特别是随着我国经济社会发展水平和人民生活水平不断提高，人民群众的公平意识、民主意识、权利意识不断增强，对社会不公问题反映越来越强烈。”[①] 党和国家高度重视社会公平正义，着力解决人民群众反映的地域歧视、身份歧视、性别歧视、年龄歧视等不公平问题。

对于社会民众来说，一旦身份结构在一定意义上明确了，就必然造成某一领域的或强或弱的身份差异，在此基础上类似身份的自我聚合、流动的呆滞必然增加个体身份变迁的难度，也会带来身份排斥。在很大程度上，社会排斥减少甚至完全剥夺了弱势身份群体参与社会活动的机会，从而否定了他们分享社会利益和改变身份的可能。强者身份的利益结盟（固化），必然使分配（按比例的公平的分配）沦为强者话语的反映。如何改变先天身份的垄断，使身份能够“流动”，使分配结果有利于“弱势”者（最不利者）？可以通过身份（社会关系）矫正来改善不平等，同时避免身份依赖，即弱势身份群体千方百计进入强势身份群体主导的身份体系结构，通过获得新的身份获得额外的利益报酬。任何所谓先天的身份都不是完全自发形成的，都是在历代社会关系演绎中不断强化或弱化而最终形成的，身份本身就是一个流动的符号，只不过有的身份符号被垄断的久一点而已。

> 今天的马克思主义者不大可能再使用乌托邦式的话语。我们已看到富人是如何强烈地反对现有制度的变革，雇主和市场是如何巧妙地蛊惑工人，使他们相信，只要他们足够努力地工作，总有一天他们也会过上奢华的生活。现有证据表明，全球资本主义创造并依赖于一个生活在贫困线或贫困线以下的下层阶级。然而，即使那些拥有中等财富的人，只要让他们享有足够舒适的生活并获得最新的技术，他们似乎也愿意接受这种不

---

① 《习近平著作选读》第1卷，人民出版社，2023，第184页。

> 公正的制度。数十亿没有财产、缺乏舒适与安全生活的人，虽不满于当下贫困的生存条件，但他们因为缺乏教育与权力而无力改变。①

这是美国学者克莱顿等谈到的场景，也是全球资本主义控制下的真实写照。正如罗尔斯在其书中提及的，严重的经济不平等并非孤立的，往往又与社会地位的不平等交织，而这种社会地位的不平等会导致自我身份的暗示，强化“自己是下等人”的社会身份观念。

中国高度重视发展不平衡不充分问题，国家连续多年的一号文件均是关于“三农问题”的，还出台了很多缩小城乡差距的重大举措。每年“两会”期间，许多代表委员都在强烈呼吁关注农民工群体，都在为解决农民工问题献策。党的十九大报告提出实施乡村振兴战略，坚持农业、农村优先发展，加快推进农业农村现代化，关键在于有良性发展的产业支撑，实现乡村经济多元化，推进一二三产业融合发展。② 有了产业才能留得住人，留得下人；有了完善的利益联结机制，才不会“富了老板、丢了老乡”。因此，习近平总书记在党的二十大报告中指出：“全面推进乡村振兴。全面建设社会主义现代化国家，最艰巨最繁重的任务仍然在农村。坚持农业农村优先发展，坚持城乡融合发展，畅通城乡要素流动。加快建设农业强国，扎实推动乡村产业、人才、文化、生态、组织振兴。”③

---

① 〔美〕菲利普·克莱顿、贾斯廷·海因泽克：《有机马克思主义：生态灾难与资本主义的替代选择》，孟献丽、于桂凤、张丽霞译，人民出版社，2015，第85页。

② 习近平：《决胜全面建成小康社会　夺取新时代中国特色社会主义伟大胜利——在中国共产党第十九次全国代表大会上的报告》，人民出版社，2017，第32页。

③ 习近平：《高举中国特色社会主义伟大旗帜　为全面建设社会主义现代化国家而团结奋斗——在中国共产党第二十次全国代表大会上的报告》，人民出版社，2022，第30~31页。

实现社会公平公正，必须消除种种对弱势群体的制度性歧视，消除影响就业的不合理限制。身份的错误承认既不是一种精神扭曲，也不是对伦理自我实现的一种妨碍，而是将身份服从关系制度化和对正义的侵害。“被错误承认不如说被制度化的文化价值模式所建构，以这些方式阻碍人作为同等的人参与社会生活”①，必须通过重新评价遭到不公正对待的群体身份来纠正蔑视，并且从根基上触动身份基础。

争取身份承认的目标在于质疑主流文化对某些群体的贬低而纠正内在的自我位错（self-dislocation），使被误认的群体拒绝已经内化的、否定性的认同，并形成一种自我确认的文化以赢得社会的尊敬。还有一些身份模式的支持者认为，受宰制群体所遭受的不正义源于对其身份进行文化贬低的一种上层建筑的影响。

按照西方历史学派法学家梅因（Maine）的观点，人类社会中的进步性运动其实就是从身份到契约的运动。身份作为一种符号，归根结底不是固定的，在社会契约形式下的个体是否有选择身份的自由呢？基督教等宗教用精神标准衡量世界，用“死亡”平衡来诠释身份的终结，即无论是精英人士还是平民百姓，在死神面前都是平等的，但这无法解决现世的身份差异问题。高贵的身份代表别人所无法享受的特权，但是这种特权的行使会导致一个恶性循环，即隐性的、不在体系之内的特权会不断增加。如果不与特权相关联，高贵的身份就失去了意义，对这种身份的追求和妥协式的服从造成了心理上的压抑和压迫。大多数人渴望改变和修正现有的身份制度和阶层结构，因为他们向往拥有一种理想的身份，并且有基于道德的诉求。

---

① 〔美〕南茜·弗雷泽、〔德〕阿克赛尔·霍耐特：《再分配，还是承认？——一个政治哲学对话》，周穗明译，上海人民出版社，2009，第23页。

弗雷泽认为："任何依附于社会身份制度化的结构性不公，都将溯源到该社会的文化价值模式。这种不公平的核心将会是错误承认，而任何相伴随的经济不公都将最终起源于身份制度。调整这种不公平所需要的矫正，将会是与再分配相对立的承认。"① "错误承认"会导致以错误的、扭曲的、简化的方式禁锢个人，导致主体身份的屈从。全球化的加速导致价值视野的分歧与跨区域流动身份的崛起，仅仅靠争取承认的斗争不能满足不同人群的身份诉求，运用一种包容性的框架或系统实现身份的正当性证明与建构，使平等自主的理念深入每个道德主体是我们致力的方向。

后现代主义是充满争议的历史范畴，它试图批判和超越发达资本主义阶段的政治、经济和文化创造。市场经济的崛起导致现代社会成为显性的量化型社会，在现实生活和网络中都出现了各种符号和身份壁垒，限制了个体的自由表达和互动。网络是一个虚拟的符号系统，突破了现实世界的身份、等级藩篱，然而在网络中也存在着人为划分的身份等级，它模拟了现实社会的身份差异。每个个体都渴望拥有身份、金钱和地位，在符号世界中追逐碎片化的价值。

对于中国的现代化进程而言，社会主义市场经济制度的确立和发展引起了社会全方位的深刻变动，人的世界观、人生观、价值观，以及生活方式、消费观念、交往方式等都发生了深刻变化；加上西方自由、人道等文化思潮对人们的价值取向的潜移默化的影响，在多重文化潮流的碰撞交织下传统价值观被放逐边缘，大众文化越来越平面化和离散化。我们要摆脱后现代主义与现代性悖论下的正义困境，必须

① 〔美〕南茜·弗雷泽、〔德〕阿克赛尔·霍耐特：《再分配，还是承认？——一个政治哲学对话》，周穗明译，上海人民出版社，2009，第13页。

把对整个社会冲突和正义问题的考察由单纯的经济权益扩展到政治权利、文化权利等全方位领域。

在理性如此丰富的现代社会，带着真情实感的人际关系已变得稀缺，人与人的关系被抽象化为符号关系。一切关系都是转瞬即逝的，一切意义都变得无关紧要，在后现代主义的解构下，原有的价值体系分崩离析了，一切价值彻底瓦解，人们为那些碎片而狂舞，真实完整的自我被碎片化了，被分裂为若干个镜像。对旧的身份系统的批判必须建立在对当代社会的结构理解的规范性概念之上，这样才能正确地诊断出当下身份的紧张状态，实现平等理论的正当性及实际效能。

资本主义时代是一个充满变革和创新的时代，在这一时代经济和社会的发展呈现出高度的动态性和不确定性。在这个时代，所有一成不变、僵化的关系，包括传统的社会和家庭关系、职业和产业关系以及政治和国际关系等都已经被打破和消除了，资本消解着依据血缘建立起来的权力和地位体系，代之以市场体系中的货币关系。“资产阶级在它已经取得了统治的地方把一切封建的、宗法的和田园诗般的关系都破坏了。它无情地斩断了把人们束缚于天然尊长的形形色色的封建羁绊，它使人和人之间除了赤裸裸的利害关系，除了冷酷无情的‘现金交易’，就再也没有任何别的联系了。”[①] 货币取代出身、市场行为取代政府行为的过程，也是用以“货币面前人人平等”为基础的平等观取代特权与等级观念的过程。但是，这种“平等观”同样陷入悖论：不断扩张的资本力量产生着两极分化，货币数量把人们分为不同的阶层，一些人沦为被货币雇佣的劳动力，成为另一部分人实现资本增殖的工具；一些人控制资本、操纵市场机制，将大量的社会财富据

① 《马克思恩格斯选集》第1卷，人民出版社，2012，第402~403页。

为己有。“社会分裂为人数很少的过分富有的阶级和人数众多的无产的雇佣工人阶级，这就使得这个社会被自己的富有所窒息，而同时社会的绝大多数成员却几乎没有或完全没有免除极度贫困的任何保障。”[①] 不同阶层的人们生活在不同的消费世界中，造成人与人之间的隔离，看似平等的货币在资本逻辑下产生了高度不平等的社会结构。对这种不平等的身份差异，我们将在之后的篇章中进行详细论述。

四 身份认同与承认政治建构

在当今西方乃至全球社会，有色人种、女性、同性恋者、生态主义者、农民等各种群体都在发出广泛的正义诉求，一些群体遭受着承认和再分配的双重不公正，以致抗议声不断，各种形式的新社会运动难以用纯经济形式去解释，矫正被错误建构的身份秩序，关乎“谁”的正义的重要界定。实现身份认同、建构承认政治，要求为不同身份阶层提供有效的利益表达渠道，使弱势群体获得最低限度的满足，并通过身份救济机制提供倾斜保护，对失衡的社会关系作出矫正，来减少实质上的不平等。

马克思主义实践观要求我们，不要“仅仅提出死板的抽象的公式”，而要“脱离抽象的社会主义，接近一定的具体的社会状况”。[②] 其实，马克思早就给无产阶级指明了道路，无产阶级必须打倒本国的资产阶级，摧毁整个上层建筑，把资本变为公共的、属于社会全体成

① 马克思：《雇佣劳动与资本》，人民出版社，2018，第 12 页。

② 《马克思恩格斯选集》第 3 卷，人民出版社，2012，第 271 页。

员的财产，才能抬起头来、挺起胸来，“他们的目的只有用暴力推翻全部现存的社会制度才能达到”①。马克思主义指出，如果不同时使整个社会一劳永逸地摆脱一切剥削、压迫以及阶级差别和阶级斗争，就不能使自己从进行剥削和统治的那个阶级（资产阶级）的奴役下解放出来；只有进行彻底的制度变革，使全国的生产资料为由自由平等的生产者组成的联合体所有，才能把人们从“历史的枷锁”中解放出来。可见，当未来社会消灭阶级差别时，“一切由这些差别产生的社会的和政治的不平等也自行消失”②。

马克思主义以高度的集体主义——共产主义作为实现“人作为人”而发展的社会形态，以无产阶级的价值担当作为实现全人类解放的突破口，以“现实的个人”为话语观照来实现所有人自由全面发展。人的全面发展是马克思主义理论的核心内容，是对人的发展的终极关怀。早在《共产主义宣言》中，马克思恩格斯就把“每个人的全面发展”作为未来社会的主要特征；在《1857—1858 年经济学手稿》中，马克思又根据人的自由发展程度将人类历史分为人的依赖性、物的依赖性和人的全面自由发展三个阶段，未来的共产主义社会就是每个人自由而全面发展的社会。

马克思主张建立所有人在其中自由全面发展的联合体。“这个联合体的总产品是一个社会产品。这个产品的一部分重新用做生产资料。这一部分依旧是社会的。而另一部分则作为生活资料由联合体成员消费。……在那里，人们同他们的劳动和劳动产品的社会关系，无论在生产上还是在分配上，都是简单明了的。”③ 这就意味着在共产主

① 《马克思恩格斯选集》第 1 卷，人民出版社，2012，第 435 页。

② 马克思：《哥达纲领批判》，人民出版社，2018，第 23 页。

③ 《马克思恩格斯文集》第 5 卷，人民出版社，2009，第 96~97 页。

义社会中，人们自由地联合起来实施对自然与社会的自觉控制和自由协调，在这一社会中每个成员作为联合起来的社会化的成员，必然作为“自由联合体”中的一分子拥有对所有生产资料的占有权、使用权，从而避免了身份特权的独占和利益专断，这种社会从经济基础的根本出发保证了社会的公正性。

在世界百年未有之大变局的时代背景下，对现代性问题的各种反思要不断深入。如何避免资本和权力成为主宰一切社会关系的利器，新自由主义、文化保守主义、后现代主义等都在各自的论域中试图给出回答。

在当前全球化背景之下，身份正义的诉求不能通过单独（承认政治）的价值视野得以实现。实现现代文明意义上的身份正义同样是当代中国社会面临的一个重大课题，必须从多个方面对身份正义进行分析。

革除身份排斥，消除身份歧视的制度性障碍。要关注一线职工、农民工和困难职工等群众，通过制度革新，“排除阻碍劳动者参与发展、分享发展成果的障碍，努力让劳动者实现体面劳动、全面发展”①。

加强民主制度建设，用制度体系保障参与平等。人民民主是社会主义的生命，要完善中国特色社会主义民主，打破西方民主话语霸权，扩大中国特色社会主义民主制度影响力，使社会主义民主制度建设过程同身份平等、人的自由全面发展实现进程相协调。

发展制度文化，培育社会组织。身份正义是指每个人都能公平、公正地获得权利和机会，并且不受歧视。身份正义对于社会的发展和稳定非常重要，可以促进社会公平和正义，增加社会凝聚力和稳定性。

---

① 习近平：《论坚持人民当家作主》，中央文献出版社，2021，第122页。

制度文化由法律、制度、规范、程序等“硬件系统”和风俗、习惯、道德等“软件系统”组成，它可以为身份正义提供重要的支持和保障，要通过建立完善的法律制度和规章制度，来确保每个人都能够获得应有的权利和机会。社会组织也是实现身份正义的重要力量之一。例如慈善机构、志愿者组织、家庭协会等，它们可以为弱势群体提供支持和帮助，让更多人都能够获得公平的待遇和机会。此外，社会组织还可以促进公众参与和民主决策，让社会更加民主和开放。

强化公民参与普遍性、自觉性，既注重对特定群体的保护，又要坚持公民理念的普遍意义和秩序的有效性。从当代政治实践来看，公民的概念始终着眼于社会权利平等的个体。维护公民个体的自主权，尊重个体在经济、政治、文化等价值利益诉求上的多元差异性也势必构成当下马克思主义中国化时代化的重要理论与实践原则、方式。必须充分重视各个层次、各种组织中的公民在当代中国社会转型中的作用、意义，以中国化时代化的马克思主义来引导中国公共生活价值范式的建构。总之，应构建更加公正合理的制度，尤其是不断完善促进机会平等、维护公平正义的体制机制，畅通社会向上流动晋升渠道，打破利益固化、身份固化、阶层固化的藩篱，为所有人公平发展创造更好环境，确保身份正义在平等参与、平等发展方面得到彰显，让每个人都能拥有发展自我、人生出彩、梦想成真的机会。

第五章　分配正义与符号异化

亚里士多德将正义区分为分配正义和矫正正义等，分配正义是基于公平分配财产或资源的正义，“这一类的正义表现在一个政体当中，在共同体中的成员人人有份的荣耀、财富，或是任何其他的东西的分配中。因为在这些事情上，每个成员彼此之间所分配到的一份，有可能均等，也有可能不均”[①]。而矫正正义则是根据某些原则，对于某种既成的不义结果或事实进行矫正或重新分配的正义。分配正义问题是社会制度体系如何将资源在众多人中进行分配和配给，从而使一种公平的、有效的、富有生产力的社会合作体系持续运作的问题。罗尔斯认为：“作为公平的正义，每个人都拥有一种基于正义的不可侵犯性，要求平等地分配基本的权利和义务，使其合乎最少受惠者的最大利益。”[②] 在罗尔斯看来，正义即意味着平等，实现分配正义就是要利用差别原则，消除分配方面的不平等。马克思恩格斯对“分配正义”也

① 〔古希腊〕亚里士多德：《尼各马可伦理学》，廖申白译注，商务印书馆，2008，第126页。

② 〔美〕罗尔斯：《正义论》，何怀宏、何包钢、廖申白译，中国社会科学出版社，1988，第3页。

进行了深入探讨，他们批评了只重视分配而忽视生产的现象。分配结构取决于生产结构，分配正义问题实际上是生产正义问题，分配的背后是社会生产关系以及交换关系，必须把分配正义与生产正义结合起来进行考察。

社会财富的公平分配是人类世代向往并为之奋斗的理想目标。在现代社会，货币、财富更多地表现为数字符号，现实生活中货币获取量的差异造成了“利益群体”的分化，货币化的生存方式形成了不同的结构性矛盾，这对公共生活的组织和运作提出了新的挑战。

一　作为符号的货币

前面我们运用马克思的拜物教批判理论分析了货币拜物教，揭示了货币的本质。尽管货币形式（金属货币—纸币—电子货币—数字货币）不断演变，但其本质是一般等价物这一特性没有变化，货币依然是商品交换的最有效工具。在现代社会，货币成为联结社会关系的重要媒介。互联网的快速普及，推动电子商务的兴起，人们可以在虚拟的网络商城买卖商品，更可以通过微信、支付宝等工具实现快捷支付。货币呈现出虚拟化、符号化、数字化特征，人们彻底告别了携带大量现钞外出的尴尬情形。

在现代商品社会货币转化为最有效的价值尺度，通过对自身纯粹的量化来消解一切质的差异，建构了对象趋向人类价值的桥梁。“货币，因为它具有购买一切东西的特性，因为它具有占有一切对象的特性，所以是最突出的对象。货币的特性的普遍性是货币的本质的万能；

因此，它被当成万能之物。”① 货币在发展中逐渐脱离贵金属属性，转化为信用货币，信用货币再从纸币形式发展为电子货币、数字货币，货币转化为一种纯粹的价值符号（数字），也就是说货币逐渐脱离其价值实体（作为抽象劳动的结果）以及价值载体（如贵金属、纸币）而成为纯粹的价值符号。这种变化在基于区块链技术的虚拟货币上表现明显。

符号化的货币“直接影响和关联着人的世界观、人生观、价值观”②，也关联着正义观。当虚拟的符号独立于人之外并拥有控制人自身的力量时，人对货币的追求就是对符号的追求，也就意味着人走向符号消费。在资本主义社会，货币符号不仅是商品的上帝，也成为人们心中的上帝，符号消费和积累成为许多人终生追求的目标。这意味着货币符号被置于至高的主体地位，货币不断主体化、能动化并统治人的时候，货币拜物教便产生了。结果就是纯粹的符号成为力量财富等一切价值的象征，人执着迷信这个“拜物教”，这就是说人的物化乃至异化都在所难免。人对这个自己造出来的符号顶礼膜拜，为了它不惜铤而走险，甚至可能杀人越货、出卖肉体乃至灵魂。

> 人同自身相异化以及这个异化了的人的社会是一幅描绘他的现实的社会联系，描绘他的真正的类生活的讽刺画；他的活动由此而表现为苦难，他个人的创造物表现为异己的力量，他的财富表现为他的贫穷，把他同别人结合起来的本质的联系表现为非本质的联系……他支配物的权力表现为物支配他的权力，而他本

---

① 《马克思恩格斯全集》第 3 卷，人民出版社，2002，第 359 页。

② 张雄、鲁品越主编《中国经济哲学评论》，社会科学文献出版社，2005，第 26 页。

身，即他的创造物的主人，则表现为这个创造物的奴隶。[1]

我们处于一个复杂的符号世界。人类通过创造、更新和差异化运作符号，对社会的利益和权力分配产生深远影响。福柯认为必须打破受主体化限制的现代人的枷锁，而唯一途径就是不断地解构作为现代主体的人的各种知识论述、道德论述、权力论述和价值论述。马克思对现代性作出了深刻的批判分析，揭示了现代性的经济本质，分析了现代性社会中人对物的依赖根源。现代资本主义制度通过市场交换和货币制度来确立人与人之间的自由平等原则。现代性造就了一个幻想和假想的世界，人们普遍地陷入焦躁，陷入了价值虚无，一些人追求根本不需要的价值（物），其所渴望的一切不过是社会普遍的符号价值，人自身却随波逐流，失去了独立思考、判断和批判的能力，迷失在符号的海洋中，人成为单向度的“人”。

马克思主义高度关注人的全面发展。马克思对异化现象做过精辟的分析：“异化不仅表现在结果上，而且表现在生产行为中，表现在生产活动本身中。”[2] 应该看到，私有制是异化的主要根源，财富或货币的少数人占有导致现实的生产劳动中分工的固定化，人为了获得生活资料就必须服从于这种分工。在异化劳动中，人的能动性丧失了，人遭到异己的物质力量或精神力量的奴役。这使人的个性片面发展，甚至畸形发展。“经济全球化使遍布世界的任何角落充斥着商品的幽灵，商品意识和货币观念已经参与到构造全球一体化统一历史的‘逻辑’体系中”[3]，现时代我们要充分考察货币的政治意蕴，揭示货币符

① 马克思：《1844年经济学哲学手稿》，人民出版社，2000，第171页。

② 《马克思恩格斯全集》第3卷，人民出版社，2002，第270页。

③ 张雄、鲁品越主编《中国经济哲学评论》，社会科学文献出版，2005，第90~91页。

号异化的根源，高度重视分配正义，为每个人全面、自由和多向度发展奠定物质基础。

马克思主义政治经济学以商品为基点，考察了商品的使用价值和价值，然而货币不单单是价值的表达，更重要的是反映了主体和客体的关系，无论是作为实物使用的货币还是作为虚拟符号的货币，其价值只有对于劳动的人来说才有意义。货币的使用已经成为人类符号化生存方式的一部分，已经渗透到社会生活的每一个细小角落。马克思认为商品和货币这两者仅仅是价值的不同存在方式，货币作为“特殊”的等价物，其根本属性不是自然物质性，而是社会性（社会关系）。全球货币体系的发展，加快了经济全球化和全球一体化的进程，人类的联系越来越密切。发达国家从商品输出到技术、资本输出，凭借货币符号在时空上扩展，使各种价值按照统一的规则进行换算。

在金融市场过度使用衍生工具，使货币本质经过杠杆的作用被无限放大，泡沫破裂之际就是金融危机爆发之时。而人们看待金融危机，往往是从物性的层面或从宏观经济角度去考究，而忽视感性的因素。没有任何一种东西能像货币这样畅通无阻地发展成为绝对的价值，并像货币一样控制着我们的实践意识和关注点。在商品经济大潮中，人们醉心于对货币和财富的追求无法自拔，而这种满足感是因财富欲望和货币拜物教内化于心灵的深处，拥有更多货币或金钱成为人们生活的全部理想和意义。马克思深刻地揭示了资本的升值、人的贬值、资本的逻辑与人的现实命运之间存在着的深层联系，通过现代性的批判分析，为人们揭穿种种虚幻的意识形态迷雾、理解现代社会的真实面貌提供了有力的分析和批判工具。①

① 刘建新：《马克思现代性批判视阈中的人的全面发展》，人民出版社，2009，第4页。

二 货币与政治权力的二重化

货币破除了现代公共政治的合法性来自血缘、神性和德性的观念，现代商品经济以货币经济的原则取代世系、血缘的尺度来组织、分配和运作权力，淡化直接等级和身份的不平等，货币的平等、自由和规则的理念造就的普选制和竞争制取代了世袭制和终身制，因此，货币引起了对传统政治生活的颠覆。“使一切人的和自然的性质颠倒和混淆，使冰炭化为胶漆，货币的这种神力包含在它的本质中，即包含在人的异化的、外化的和外在化的类本质中。它是人类的外化的能力。”[①] 货币还以自己具有的“分离剂”和“黏合剂”的功能，把人和自然界、人和社会、个体和整体的类的生活联结起来，建立它们之间的特定的社会关系。[②]

公共生活运作要求公共服务的提供，要求能够最大限度地节约公众的时间、促进商品经济的发展和人们生活的改善，要求带来社会效益的最大化。但是货币一旦主导和控制了政治生活，公共权力代理人便从“政治人”转变成了“经济人”，这种市场化公共权力的行使和公共政策的制定不是建立在社会成本和社会效益的权衡的基础之上，而是建立在个人的利益得失上，强调追求个人利益的最大化。这样就容易产生利益集团与公权力行使人之间的寻租行为和钱权交易。“每个个人行使支配别人的活动或支配社会财富的权力，就在于他是交换

① 《马克思恩格斯全集》第3卷，人民出版社，2002，第363页。

② 刘建新：《马克思现代性批判视阈中的人的全面发展》，人民出版社，2009，第186页。

价值或货币的所有者。他在衣袋里装着自己的社会权力和自己同社会的联系。"①

如果说现代政治的显性运作特征是官（权）本位的话，那么其背后在操纵的力量就是货币。所有政治上的身份、等级都有可能通过货币符号的置换而改写。主体可以从市场交易中获得货币，市场通过价值规律调节各种主体的市场行为使公共权力有效地实施。然而人们对货币符号的追逐也会造成公共权力资源的流失以及权力的腐化。

以货币为媒介进行交换，交换的不是特定的性质，不是特定的事物或特定的人的本质力量，而是人的、自然的整个对象世界，一方面用货币的量化来质问公共经济和公共权力运行的成本与效率；另一方面货币又会俘虏公共权力，让公共权力的行使不是指向公众的利益而是货币占有者的利益。"如果说前现代政治的合法性来自于血缘、神性和德行的话，那么现代政治的制品支配的合法性则从根本上直接体现了货币性原则。"②

公共领域的货币化也具有二重性：一方面，它表现为人类公共生活的一种进步，表现为人从权力的依赖中摆脱出来，讲究公共经济和国家政治权力运行的成本与效率；另一方面，货币规则的无限度的扩张又抽空了政治生活的人性内涵，以对货币（物）的依赖代替对人的依赖。这就意味着，货币一方面颠覆了传统的政治生活，另一方面又把整个生活世界纳入自己的统治之下。

对货币行为的规范是社会公共生活有序化运作和政治权力规范化

① 《马克思恩格斯全集》第46卷，人民出版，1979，第103页。

② 张雄、鲁品越主编《中国经济哲学评论》，社会科学文献出版，2005，第287页。

运转的重要前提。应该看到的是，对货币符号的获取、出让的失范或错误引导会导致贫富悬殊、社会正义感丧失、荣辱观错位，严重影响社会和谐稳定；而货币对公共权力渗透的一个重要负面后果就是滋生贪污腐败……这些政治权力的滥用又会导致货币占有的极端化。货币与政治权力交织而出现二重化，所以对权力的制约离不开对货币的考察。

三　社会正义与公平的分配

马克思在《资本论》中详细论证道，资本家支付给工人的工资只是工人维持自身生存和再生产所必需的价值，而工人在整个劳动时间内创造的剩余价值则被资本家无偿占有。这种形式上看起来是平等的报酬关系实质上是不平等和不公正的。“在目前的社会条件下，一天的最公平的工资必然等于对工人的产品的最不公平的分配，这种产品大部分进了资本家的口袋，工人只好满足于仅够保持自己的工作能力和繁衍其后代的那一部分。”[①] 在资本主义制度下，资本家通过占有工人在剩余劳动过程中所创造的价值，获取了巨大的财富和权力，从而强化了他们和工人阶级之间的阶级对立和阶级斗争。这种不平等不合理的现象就是马克思所指的不正义。只有消灭资本主义制度，实现劳动者共同占有生产资料，才可能真正消除剥削和不正义现象。这也反映了马克思正义思想的基本理念，即创造的价值应由劳动者共同分享，而不是大部分被资本家占有和“剥削”。

① 《马克思恩格斯全集》第25卷，人民出版社，2001，第492页。

（一）货币财富的分配

当今货币已不再是单纯的市场交换工具，它在政治生活中被意识形态化，成为一种政治权利的符号。公民的权利包括政治、经济、文化等都与货币符号的占有量挂钩。每个人的生存质量、婚姻状况、家庭与社会和谐程度都可能因货币占有量的差异而有质的不同。将公民权利货币化，将货币的量与权利挂钩，会导致一部分人因没有货币或占有的货币相对较少而被排斥在特定权力圈之外、被边缘化的社会问题。

货币发行量、通货膨胀率，这些与货币相关的经济数据，密切地关乎着分配正义。从辩证法联系观点看，社会的和谐、国家的安定都与货币符号拥有的均衡化有直接关系，任何国家的货币政策都应作为稳定社会的手段。健全的社会福利制度和保障制度，在一定程度上提供了客观基础性保证，即所谓的符号相对均衡。在社会主义国家，社会货币分配是为了保证所有社会成员能平等获取满足自己生活所需的货币的机会（机会均等），更要保证全体社会成员生存层面需求的结果平等（公平公正）。现代商品社会是建立在以货币为交换媒介的货币经济基础之上的，但货币本性是中立的，不具有道德内涵。现实人类在经济领域的种种矛盾及问题往往与道德挂钩，因为货币符号只对于使用它的人来说才有意义。某些人被虚拟的符号表象所迷惑，唯利是图，损人利己，由此引发价值观、人生观的错位。人类的本性是追求至善，追求一个正义的社会（政治经济），要防范社会拜物教对人性的侵蚀。

中国在经济社会发展方面坚持以人民为中心的发展思想，努力保证社会成员的基本权利充分行使，让发展成果为广大人民群众享用，让人民得实惠。所以，我们在参与货币等财富和社会资源分配制度制定时，既要遵循按劳分配的原则，又要坚持公平与正义，发挥货币符号的社会功效，让货币真正成为社会公共关系的润滑剂，而不是各种问题和矛盾的导火线，同时还要加强对个体的心理道德教育，让社会主义核心价值观深入人心，让更多的人摆脱那种纯粹的符号化生活追求，更多地关注个人的精神世界和全面发展。

（二）货币与人的自由

> 社会化的人，联合起来的生产者，将合理地调节他们和自然之间的物质变换，把它置于他们的共同控制之下，而不让它作为一种盲目的力量来统治自己；靠消耗最小的力量，在最无愧于和最适合于他们的人类本性的条件下来进行这种物质变换。……真正的自由王国，就开始了。但是，这个自由王国只有建立在必然王国的基础上，才能繁荣起来。①

马克思主义高度重视人的自由问题。人类实践是历史的、有意识的创造活动，对自由的探讨不能仅停留在道德层面，而是要回归到实践活动中。人们在实践中应当根据对自然界必然性的认识来支配自己和外部自然界，从而展开对自由的探求。这种实践中的自由，是指在社会制度和自然条件的基础上，人们依据自己的需要和利益，自由地选择和实践自己的目标。在这个过程中，人才能自由地发挥自己的创造力和创新精神，不断推动人类社会的发展进步。

在我国社会主义市场经济条件下，人们对自由的探讨也在不断

① 《马克思恩格斯全集》第46卷，人民出版社，2003，第928~929页。

深化。从经济学、心理学、政治哲学等角度研究自由与生产实践的关系，把自由与货币的关系问题看作一个突破口，正确看待货币的社会效用。在市场经济中，货币作为一种交换媒介和价值尺度，对于人们的自由行为有着重要的影响。由于货币的存在，人们可以更加自由地选择自己喜欢的商品和服务，同时货币也为人们的生产和创造提供了必要的物质支持和动力。因此，正确理解和使用货币，可以更好地促进人们的自由和创造。此外，人们在探讨自由问题时，还需要注意到自由的多样性和相互制约性。在实践中，不同的人群有着不同的需求和利益，需要在法律和道德的框架内，相互协调和制约，保障各方的自由权利。只有在这样的基础上，才能实现社会的和谐与稳定。

（三）全球化的分配正义

在世界市场和高额利润的刺激下，货币披着资本的外衣，开辟了世界历史，但它不可能止步停留在某国的范围之内，而是通过不断增殖的“魅力”进军开拓世界市场，最终使全球成为它的原料供应地，使世界成为它的消费舞台。

经济全球化的实质在某种程度上说就是货币的全球化，货币作为一种符号在全球广泛、自由流动。在全球化趋势下，我们凭借简单的世界货币符号就可以周游世界，其功用让我们惊喜。但是金融危机的爆发给我们太多的教训，金融危机的最根本的原因，总不外乎是无限生产能力和多数民众的有限消费的不可调和的矛盾，然而资本的本性必然导致它的无限集中性，西方发达国家将以资本为先导继续推进新自由主义全球化。印第安纳大学科科莫分校教授厄尔・怀松、普渡大学教授罗伯特・佩卢奇和威奇塔州立大学教授大卫・赖特合著的《新阶级社会：美国梦的终结?》（第四版）通过对美国社会的深入分析研究指出，美国社会中存在大范围的以阶级、性别和种族为基础的不平等形式。富裕而稳固的“特权阶级”（20%的人口）和越来越多贫困而不稳固的“新工人阶级”（80%的人口）构成了两极化的双钻石型的新阶级体系。截至2022年中，在美国家庭保有的约1.7万亿美元超额储蓄中，收入位居前50%的人口拥有约1.35万亿美元，而后一半的收入者仅有3500亿美元。[①] 显然，富裕阶层所占据的财富比例远高于家庭收入较低的人群所占据的财富比例。

中国作为最具活力的新兴经济体，在2010年经济总量跃居世界第二，在建党百年之际全面建成了小康社会，正意气风发迈向第二个百年奋斗目标。我们应具有长远的战略眼光去探寻如何在深刻变幻的国际政治经济格局中掌握主动，应积极参与建设公平合理的国际政治经济和金融新秩序，从而在全球化大潮中立于不败之地。金融危机对世界格局产生了深刻影响，导致国际经济关系、世界格局变化以及国际经济政治秩序调整的连锁反应，西方国家贸易保护主义抬头。中国在扩大内需、加快基础设施建设的同时，应在更好地运用财税政策稳定市场、改善民生等方面的策略上下功夫；同时，应更加注重研究货币以及汇率变动对社会公共权力、企业信用、个人心理、价值取向的综合影响。

西方经济学家对货币理论从宏观和微观层面都进行了系统的理论探究，但应该看到，即使是对纯粹的货币符号的研究，也没能脱离现实的人的实践活动。应坚持从唯物史观的实践视角看待经济活动，所

---

① 《（受权发布）2022年美国侵犯人权报告》，新华网，http://www.xinhuanet.com/world/2023-03/28/c_1129470457.htm。

谓“理性经济人”不过是抽象的假设，并不是现实活动中的人。我们应积极看待货币在现实生活中的作用，反思人类货币化生存方式，探索一条人的价值回归和道德力量摆脱货币符号抽象化的路径。

（四）货币与人类发展

在马克思主义看来，人之所以为人在于自我的能动性，人类总是在反思自我中超越自我。人的本质是一个社会关系的范畴，社会生产关系才是人的真实本质。人类的分工、交换以及消费等现象与生产力和生产关系的辩证关系密不可分。货币作为一种交换媒介和价值尺度，对于人类社会的发展进程有着重要的影响。

作为一种工具，货币被人类创造、利用，应当为人类的发展服务。因此，我们需要使作为符号的货币回归其指称意义，实现对货币的再定义。这种重新定义不仅包括货币的经济意义，也包括货币的社会和文化意义。同时，我们还需要使人的发展走向全面、自由、多向度的更新层面。在货币的作用下，人类的生产和交换活动得以展开，人们可以更加自由地选择自己的消费和生产方式，推动社会的发展进步。

综上所述，我们需要从生产力和生产关系的辩证关系角度去看待人类的分工、交换以及消费等现象，认识货币的运行演变规律，促进货币意义的转换更新，在财富的坐标中找回自我。只有在这样的基础上，才能使货币作为一种工具，更好地服务于人类的发展和进步。随着货币的日益虚拟化、符号化，交织着身份符号虚拟化、符号化，传统分配政治和承认政治汇流。我们要以开阔的视野、更深邃的战略目光看待分配正义的嬗变，如今，分配正义已不再局限于物质层面的经济分配话题，文化层面的身份符号分配、精神层面的消费符号分配、政治层面的权力话语分配以及愈演愈烈的生态正义诉求，成为当前正义的维度坐标点。

（五）我国分配政策的调整

再分配制度在促进社会公平正义和实现共同富裕方面发挥着重要作用。从我国实行社会主义市场经济以来国家层面特别是历次党的代表大会对分配的表述中可窥探我国分配、再分配政策的历程变迁。党的十四大提出“兼顾效率与公平”；而党的十五大则提出“坚持效率优先，兼顾公平”，把效率置前；党的十六大提出“初次分配注重效率，发挥市场的作用，鼓励一部分人通过诚实劳动、合法经营先富起来。再分配注重公平，加强政府对收入分配的调节职能，调节差距过大的收入”[①]；党的十七大提出“初次分配和再分配都要处理好效率和公平的关系，再分配更加注重公平”[②]；党的十八大提出“努力实现居民收入增长和经济发展同步、劳动报酬增长和劳动生产率提高同步，提高居民收入在国民收入分配中的比重，提高劳动报酬在初次分配中的比重。初次分配和再分配都要兼顾效率和公平，再分配更加注重公平”[③]；党的十九大报告提出“拓宽居民劳动收入和财产性收入渠道。履行好政府再分配调节职能，加快推进基本公共服务均等化，缩小收入分配差距”[④]；党的二十大报告提出“坚持按劳分配为主体、多种分配方式并存，构建初次分配、再分配、第三次分配协调配套的

① 《江泽民文选》第3卷，人民出版社，2006，第550页。

② 《胡锦涛文选》第2卷，人民出版社，2016，第643页。

③ 胡锦涛：《坚定不移沿着中国特色社会主义道路前进　为全面建成小康社会而奋斗——在中国共产党第十八次全国代表大会上的报告》，人民出版社，2012，第36页。

④ 习近平：《决胜全面建成小康社会　夺取新时代中国特色社会主义伟大胜利——在中国共产党第十九次全国代表大会上的报告》，人民出版社，2017，第47页。

制度体系”[①]。

财富分配问题始终是公平正义的核心问题。初次分配坚持效率优先原则，发挥市场在资源配置中的决定性作用，可以优化资源配置，提高生产率，更好地做大蛋糕。二次分配由政府主导，按照兼顾公平和效率的原则、侧重公平原则进行分配。第三次分配，要在初次分配和再分配基础上，由非政府主体自愿地在道德伦理驱动下，以捐赠和资助等无偿方式做公益慈善，帮助低收入阶层和受灾民众。政府也需要以制度安排和政策引导、调动非政府主体从事公益慈善的积极性，以发展公益慈善事业的形式，进一步扶助弱势群体，促进整个社会和谐发展。

（六）住宅问题

住宅问题关系到社会公平公正，是一个重要的话题。马克思恩格斯高度关注工人阶级的住宅问题。恩格斯对工人住宅问题进行过详细考察，在资本主义工业体系下，传统的、大大低于劳动力价值的劳动价格，好似铅砣把城市工人的工资压到劳动力价值以下，占有房屋、获得住房保障曾经是工人的好生活的基础，后来成为工人的最大的枷锁，成为整个工人阶级最大的不幸，（德国）全国各地都是这样。恩格斯认为：“资产阶级的和小资产阶级的空想——给每个工人一幢归他所有的小屋子，从而以半封建的方式把他束缚在他的资本家那里——现在就完全变成另一个样子了。”[②] 所谓住房短缺（大批人涌进

① 习近平：《高举中国特色社会主义伟大旗帜　为全面建设社会主义现代化国家而团结奋斗——在中国共产党第二十次全国代表大会上的报告》，人民出版社，2022，第 47 页。

② 《马克思恩格斯选集》第 3 卷，人民出版社，2012，第 189 页。

城市造成居住条件恶化、房租提高、拥挤或找不到栖身之处）与（资本主义）生产方式密切相关，许多工人被排挤到市郊。

在讨论住宅问题时，恩格斯批评蒲鲁东用公平这个抽象的、永恒的原则来评判社会的、法律的、政治的、宗教的现象，把公平当作一种万能的、超越经济规律的、决定一切的标准，而不是从经济关系的本质出发，这样就导致了蒲鲁东的思想充满了矛盾和混乱。恩格斯肯定地指出，现代城市有足够（总量）的房屋，只要合理利用的话是能够解决住房短缺问题的。然而，住房短缺是资产阶级社会必然出现的，“资本即使能够办到，也不愿意消除住房短缺”①。只有彻底变革整个社会制度，消灭资产阶级生产方式，这一问题才有可能解决，除此之外没有什么万应灵药。

邓小平同志曾经指出：“社会主义的目的就是要全国人民共同富裕，不是两极分化。如果我们的政策导致两极分化，我们就失败了；如果产生了什么新的资产阶级，那我们就真是走了邪路了。”② 社会主义的最终目的是实现全体人民的共同富裕，不能出现新的资产阶级。如果社会主义政策导致了两极分化，说明政策执行有一定问题，证明政策不能很好地满足人民日益增长的需要和期望，就需要对政策进行调整和改进。习近平总书记在主持十八届中共中央政治局第十次集体学习时强调“住房问题既是民生问题也是发展问题，关系千家万户切身利益，关系人民安居乐业，关系经济社会发展全局，关系社会和谐稳定”，“总有一部分群众由于劳动技能不适应、就业不充分、收入水平低等原因而面临住房困难，政府必须‘补好位’，为困

① 《马克思恩格斯选集》第 3 卷，人民出版社，2012，第 232 页。

② 《邓小平文选》第 3 卷，人民出版社，1993，第 110~111 页。

难群众提供基本住房保障”。[①] 党中央高度重视房地产问题，提出“房子是用来住的、不是用来炒”的定位，加快建立促进房地产平稳健康发展的长效机制，努力让房地产市场发展的根本要义回归“全体人民住有所居”。

① 《习近平谈治国理政》第1卷，外文出版社，2018，第192、193页。

第六章　话语正义与意识形态的纠缠

在西方语境中，“justice”通常与法律、司法和审判等联系在一起，是指遵守公正的法律和法权，确保人民得到公正的对待。而在中文语境中，“正义”则更多地与行为或决策有关，不一定与法律有关。这种差异反映了两种文化对于“正义”理解侧重点的不同。在西方文化中，法律和法制被视为保护公民权益和维护社会正义的基础，而中国传统文化更加强调道德品格、行为准则和社会秩序对于正义的重要性。

之所以有很多人认为“正义是强者的利益”，崇拜英雄叙事，认为由胜利者书写历史，是因为正义的话语往往是由话语强势者所决定的。在全球层面，西方资本主义国家近两三百年一直处于政治经济上的强势地位，并且对外推销自由民主制度。当前，西方资本主义国家的话语输出更多的是文化层面的软输出，它们利用科技、经济等方面的先发优势和媒体操控，向发展中国家乃至全世界输出意识形态话语。综观西亚、北非、拉美地区等许多发展中国家的改革进程，一个共性的主线就是普遍主义与历史主义意识形态话语的长期纠缠不清，国家意识形态在狂飙突进式的社会动荡与变革中分化、消解、重塑。

无论是中国还是其他发展中国家，都不能盲目照搬资本主义发达国家的新自由主义范例，而是要寻求适合自己国情的发展道路。正如列宁所深刻揭示的："资本主义如果不经常扩大其统治范围，如果不开发新的地方并把非资本主义的古老国家卷入世界经济的漩涡，它就不能存在与发展。"[①] 我们应在全球化视域下对新自由主义、普遍主义及历史主义进行系统考察，厘清意识形态的话语背景，重构话语体系。

新自由主义的话语谱系奉行普遍主义的思维方法，它凭借强权与意识形态的诱导，推行所谓超越时空的、普遍而永恒的价值体系和制度规范，俨然成为真理与正义的化身。

新自由主义的普遍主义成为掩盖发达资本主义国家走向后帝国主义、新霸权主义这一事实的权力话语，成为冷战之后的资本主义正义话语的代言，其对人权、自由、平等、正义观念的"践行"构成了一种假象。对于大部分发展中国家的现代化进程而言，普遍主义与历史主义的意识形态话语长期纠缠不清，导致自由主义长期盘踞在国家意识形态地盘。发展中国家必须认真审视新自由主义模式，厘清意识形态的话语背景，防范西方发达国家借推行自由民主理念挑起"街头政治"、进行"颜色革命"、输送"正义话语"，为稳步推进经济、政治与社会改革提供理论支撑。

一　新自由主义的话语体系

新自由主义既是一种哲学思潮，也是一种经济学思潮，我们需要

① 《列宁全集》第3卷，人民出版社，1984，第547页。

从广义的视角去研究。20 世纪 70 年代以后，新自由主义作为新的思潮风头盖过古典自由主义，并且随着形势变化在理论上与实践上都不断深化。近几十年来新自由主义的发展浪潮席卷全球，它推动了 80 年代以来资本主义经济稳定快速的发展，这也自然地被认为是以英美为首的工业国家对市场的重新发现的结果。广义的新自由主义，除了以弗里德里希·奥古斯特·冯·哈耶克为代表的伦敦学派外，还包括以米尔顿·弗里德曼为代表的货币学派、以罗伯特·卢卡斯为代表的理性预期学派、以詹姆斯·M. 布坎南为代表的公共选择学派，以及以阿瑟·拉弗、马丁·费尔德斯坦为代表的供给学派等，其中影响最大的是伦敦学派、货币学派和理性预期学派，新制度经济学中现代产权理论的代表人物罗纳德·科斯也是新自由主义思潮的重要支持者。

信奉普遍主义是西方文化传统的一个重要特征，它的致思趋向不是从现实的人或事物出发，而是片面地、教条式地用抽象原则剪裁丰富多彩的现实世界。普遍主义的世界观相信万物背后存在普遍的本原或本体，运动变化背后存在某种永恒不变的东西；普遍主义的价值观相信超越时空的、绝对而永恒的价值体系；普遍主义的方法论认定能从某种超时空的抽象前提，推出放之四海而皆准的关于价值标准或制度模式的普遍结论。古典自由主义具有普遍性的本质，它主张，不管人们生活在什么样的文化和历史背景下，自由主义政体都是最优秀和唯一合法的政体。基于原教旨或教条的自由主义始终认为，所有政治制度都应该按照它们与自由主义政体的相似度来衡量这个唯一的标准。这种自由主义思潮具有普遍主义致思趋向，它运用一种超越时空的观点去看待问题、看待事情，并把自己信奉的价值、规范体系视为普世性的价值信条。新自由主义继承了古典自由主义的普遍主义思维模式，相信具有超越时空的、普遍而永恒的价值体系和制度规范，在“历史终结”的话语下推行自由民主制度。

20 世纪 70 年代以来，新自由主义运动无论在理论上还是实践上都不断深化。在地域上，新自由主义思潮从英美西方发达资本主义国家向全球范围扩展；在领域上，从一种经济领域向政治、文化和跨国关系等多领域深化，并长时间成为全球社会的“主导话语”和“主流理论”。新自由主义提出了一整套关于社会发展的理论与政策，形成了完备的理论体系，对西方发达国家与发展中国家都产生了深刻的影响。新自由主义者把按照自由主义原则建立起来的自由民主社会描绘成为最具效率、最为繁荣、最为道德的现代社会，把新自由主义吹捧为世界历史上最成功的意识形态。“自由民主制度即使理论上称不上为最正义的社会制度，也可以算作实际上的最正义的社会制度。”① 美国社会学家弗朗西斯·福山认为，西方国家实行的自由民主制度也许是“人类意识形态发展的终点”和“人类最后一种统治形式”，并因此构成了“历史的终结”。“生活在自由社会意味着走上一条物质极大丰富的道路，但它为我们指明了一条对我们的通向在自由的认可方面具有完全非物质的目标的道路。自由民主国家使我们具有自己的自我价值意识，我们灵魂中欲望和精神这两个部分因此都感到满足。”② 福山的自由社会无疑是意指欧美发达的资本主义国家，其自由民主理念往往被贴上“普世主义”的标签，其现代经济方法论被认定为一种具有“普适性”的方法论在全球范围内推行，并推动人类走向均质化、

① 〔美〕弗朗西斯·福山：《历史的终结及最后之人》，黄胜强、许铭原译，中国社会科学出版社，2003，第 380 页。

② 〔美〕弗朗西斯·福山：《历史的终结及最后之人》，黄胜强、许铭原译，中国社会科学出版社，2003，第 228 页。

趋同化。

1990年，美国国际经济研究所邀请国际货币基金组织、世界银行、美洲开发银行和美国财政部专家，以及拉美国家、其他地区部分学术机构代表在华盛顿召开会议，并最终达成包括十项政策工具的“华盛顿共识”[①]。“华盛顿共识”是一种全球政治经济秩序，其理论基础为新自由主义。该秩序由美国等西方国家主导，强调贸易与金融自由化、减少国家干预和私有化等政策，并将所谓的“民主政治”视作一个国家发展经济的制度基础。20世纪80年代以来，“华盛顿共识”在全球范围内广泛传播，成为美国维系其全球霸权的重要理念支撑。假设所有国家和地区都采纳新自由主义的政治、经济和文化模式，那么必然会落入由强权主义和霸权主义主导的国际政治经济秩序的窠臼。

新自由主义看似“公允”、具有“普遍性”、是一种“普适”的价值原则，但其必然受资本逻辑的控制，新自由主义的“普遍主义”价值具有欺骗性、攻击性和破坏性，它反对和摧毁一切集体主义、民族主义和社会主义意识形态和政治立场，最终消解、颠覆、摧毁一切可能对个人自由和垄断资本扩张构成威胁的政治、经济制度。一旦新自由主义冲击国家原有的意识形态，国家原有的内在的价值观念就会出现混乱，甚至导致激烈的社会动荡，致使国家的综合实力和国际影响力受到极大削弱。21世纪以来，中东、北非一些国家掀起革命风暴，局势剧烈动荡，一些发展中国家的民众被新自由主义推崇的自由民主理念所诱导，进行“颜色革命”，为新自由主义的一整套理论开拓市场。必须看到，西方国家的特殊主义利益诉求之所以屡屡得逞，

① 李其庆：《全球化背景下的新自由主义》，《马克思主义与现实》2003年第5期。

除了“普遍主义”自身所具有的迷惑性外，新自由主义背后的强权政治支持也是一个重要原因。尤其是在单极独霸的世界格局下，新自由主义的“普遍”价值原则与强权的政治需要“相得益彰”。所谓新自由主义的“普遍价值”则通过权力（霸权）的强制输出弥补其自身“普遍性”的不足。

二　普遍主义的正义观

新自由主义思潮在资本主义生产方式和经济制度的框架内，对资本主义国家的生产关系和经济关系进行了调整，增强了其国际竞争能力，使发达资本主义国家摆脱了20世纪70年代“滞胀”的困境，使以美国为首的发达资本主义国家的经济在20世纪八九十年代呈现不同程度的繁荣局面。综观新自由主义思潮几十年来的理论发展和经济实践，客观地说，这一理论所强调的消除经济体系中的各种扭曲，建立完善的、有弹性的市场经济体系，发挥市场机制的资源配置和调节作用，减少政府对经济活动的过分干预以及消除国家间产品和要素流动的障碍、实现经济全球一体化等内容，都是正确的，而且随着经济的发展，这些方面显得越来越重要。跨国公司作为经济全球化的主导者和载体，在全球范围内最大限度地谋取利润，推动生产、贸易和资本流动最大限度地自由化，提倡自由竞争，并把失业和通货膨胀等问题的出现归因于政府干预。代表垄断跨国公司利益的国家一方面通过协商谈判的方式把一个又一个国家拉入新的市场经济体系，另一方面它们也需要一种理论来支持它们的做法，这样，主张用“看不见的手”调节一切经济活动的新自由主义思潮自然而然地得到了它们的青睐，新自由主义思潮的一些理论观点也成了这些国家推行其全球经济政策的“共识”。[①]

新自由主义话语是一种“强势”话语体系，它建立在抽象的资本逻辑扩张的基础之上，它通过把各种强力关系联结形成一套共谋的政治行动计划，从方法论上解构集体的纲领。采取这些行动的目的是对任何可能对纯粹的市场法则构成障碍的集体结构提出质疑。这些集体结构包括：民族国家，工作团体，捍卫工人权利的集体组织、工会、协会和合作机构，甚至还有家庭。新自由主义者是从那些自身利益得到表达的集团的经济和政治权力中获得社会权力的。这些集团包括：股东、金融家、工业家、保守党或社会民主党的政治家等。正如罗伯特·W. 迈克杰斯尼在为乔姆斯基《新自由主义和全球秩序》一书所作的导言中指出的：“新自由主义是我们这个时代明确的政治、经济范式——它指的是这样一些政策过程：相当一批私有业者能够得以控制尽可能广的社会层面，从而猎取最大的个人利益。”[②]

弗朗西斯·福山认为，尽管现代化理论在历史演变方面存在分歧，包括是否存在直线式发展以及是否存在其他现代化的替代道路等，但没有人怀疑历史是具有方向性的，也没有人质疑自由民主制度是工业发达国家的终点。[③] 由此可见，福山事实上将“历史终结论”视为现代化理论的延续。福山宣称“历史终结”是指构成历史的最基本的原则和制度可能不再进步[④]，资本主义自由民主制度是人类社会

① 褚鸣：《批判的新自由主义与新自由主义批判》，《国外社会科学》2005 年第 4 期。

② 〔美〕诺姆·乔姆斯基：《新自由主义与全球秩序》，徐海铭、季海宏译，江苏人民出版社，2000，导言第 1 页。

③ 〔美〕弗朗西斯·福山：《历史的终结及最后之人》，黄胜强、徐铭原译，中国社会科学出版社，2003，第 78 页。

④ 〔美〕弗朗西斯·福山：《历史的终结及最后之人》，黄胜强、徐铭原译，中国社会科学出版社，2003，代序第 3 页。

政治发展的顶点，只有（资本主义）自己的民主形式才是世界上唯一存在的真正的民主形式。乔姆斯基认为，新自由主义“只不过是少数富人为限制民众的政治权利和权力而进行斗争的现代称谓而已”①，其背后隐藏着少数富人利用经济力量来限制民众政治权利和权力的动机。“新自由主义华盛顿共识的‘主要建筑师’是私有经济的大师们。他们拥有的经济集团，多数控制着世界经济的命脉，并有能力主宰政策的制定和思想观念的形成。”② 新自由主义的理论与实践在带来片面富裕的同时，造成越来越严重的现实性的灾难：贫富两极分化、人的异化与剥削、权力腐败、第三世界国家被边缘化、全球性金融危机和债务危机此起彼伏。

尽管新自由主义仍是所谓的西方主流价值观，但是越来越多的人开始认识到，作为强权国家（阶层）的意识形态，新自由主义宣扬价值的“普遍性”完全是出于其特殊主义的利益考虑，所谓“普遍价值”不过是新自由主义者为追求特殊利益布设的思想骗局，其根本目的是建立和巩固一套保证经济强势阶层博取最大利益的价值原则和制度体系，为其追求自身利益提供政治合法性。新自由主义在金融、经济领域推行自由化政策，催生了英美等国甚至世界历史上空前的泡沫经济，加上无限制的自由市场竞争，加剧西方各国社会结构两极化，它在创造片面繁荣的同时又造成全球范围内的经济危机和史无前例的群体贫困。美国历史学家和国际关系理论家约翰·米尔斯海默指出，自由主义霸权政策的主导地位使得美国倾向于频繁发动战争，增加了

① 〔美〕诺姆·乔姆斯基：《新自由主义与全球秩序》，徐海铭、季海宏译，江苏人民出版社，2000，导言第6页。

② 〔美〕诺姆·乔姆斯基：《新自由主义与全球秩序》，徐海铭、季海宏译，江苏人民出版社，2000，第4页。

国际体系中的冲突，造成了全球不稳定。“这些武装冲突通常以失败告终，有时是灾难性的，主要是以牺牲据说是被自由主义的巨神所拯救的那些国家为代价。”[①] 在自由主义霸权政策的推动下，美国经常将其意识形态输出到其他国家，并试图通过武力维护“民主和自由”。然而，这些战争通常以失败告终，造成了巨大的人员伤亡和财产损失，同时也破坏了当地社会和政治的稳定。

在当代，以美国为代表的西方国家多采用“非暴力革命”策略，密集进行文化渗透，策动多个旨在颠覆政权的“颜色革命”，将这些国家和地区纳入西方新自由主义权力体系之中，进而谋取地缘政治利益。不仅如此，美国还热衷于策动“代理人战争”，仅仅在2017年至2020年，五角大楼在中东和亚太等地区启动了23次以“127e”行动为名的“代理人战争”，至少有十几个国家参与，目标对象包括叙利亚、也门、伊拉克、突尼斯、喀麦隆和利比亚等国家。[②] 过去20多年里，美国在阿富汗、伊拉克、叙利亚、利比亚、苏丹等地进行了武装干预和战争行动，这些行动导致了当地政治、经济、社会的动荡和不稳定，给当地民众带来了极大的痛苦和困苦。同时，美国政府没有尽到责任，而是在战争结束时仓促撤军，留下了一地的烂摊子，给当地民众和所在区域带来了更大的负担和困难。例如，据联合国统计，自2001年以来，阿富汗已有超过30万人因战争死亡，其中包括2.4万名平民。2021年8月30日，美国在仓促撤离阿富汗时，冻结了阿富汗央行资产，这直接导致了阿富汗民众持续的饥荒问

① 〔美〕约翰·米尔斯海默：《大幻想：自由主义之梦与国际现实》，李泽译，上海人民出版社，2019，第213页。

② 《（受权发布）2022年美国侵犯人权报告》，新华网，http://www.xinhuanet.com/world/2023-03/28/c_1129470457.htm。

题。[1] 据报道，目前阿富汗的粮食供应情况非常紧张，许多地区正面临着饥饿和低营养状况的威胁。同时，冻结资产还可能导致货币贬值、通货膨胀等问题，进一步使阿富汗的经济状况和民生问题恶化。这些事实表明，美国干预其他国家的内政并动辄使用军事手段，并没有有效解决问题，反而给当地民众造成了更多的伤害和痛苦。

目前世界经济面临的许多全球性问题都与新自由主义意识形态的全球扩张和渗透密切相关。一方面，市场自由化、竞争化、开放化并没有带来自由合理的市场，反而出现了国际金融市场的垄断化，导致金融大鳄牢牢把持全球经济金融命脉，使国家的经济主权和宏观经济调控能力弱化，放任肆无忌惮的金融投机行为使世界经济和金融陷入混乱和无序状态。另一方面，私有化、市场化在一定程度上造成大量的国有资产流失和官僚阶层的腐败，导致了大量深层次问题的出现，这在一些拉美国家表现得尤为明显。而面对社会矛盾和问题，新自由主义主张削减政府社会福利开支，减轻政府财政压力，这客观上却扩大贫富差距，导致贫富悬殊，社会危机此起彼伏。例如，一方面"美国在自身通胀高企的情况下，依托美元霸权，通过财政和货币政策向全球输出通胀"[2]；另一方面，美国为了掩盖其经济出现的系统性问题，大肆举债，"寅吃卯粮"，债务危机频繁上演，并殃及全球。旨在放松管制的新自由主义政策给全球金融市场带来了巨大的不安全因素。美国两党为了迎合"军工复合体"，围绕债务上限上演极限拉锯的戏码，却在增加国防预算和战争支出方面表现得"惊人"一致，这

---

① 《美国撤军留下烂摊子　阿富汗人民深受其害》，新华网，http://www.xinhuanet.com/2022-08/30/c_1128960731.htm。

② 《美国滥用"美元霸权"输出通胀洗劫他国》，人民网，http://usa.people.com.cn/n1/2022/0915/c241376-32526650.html。

充分暴露了美国两党政治的虚伪性。

市场秩序的失范往往要求政府的“出场”，而政府对经济活动的干预往往出现行政权力的越位和错位，“权力寻租”、“潜规则”和“权钱交易”就不可避免。这不仅导致社会资源的扭曲配置和大量浪费，而且极易滋生腐败、不作为、效率低下等不良现象。如果政府陷入了腐败的恶性循环，经济发展所需的稳定的宏观经济环境就得不到保证，甚至发生经济混乱，社会动荡不安。美国学者罗宾·科恩和保罗·肯尼迪则展示了新自由主义全球化导致的动荡未来——诸如贸易摩擦、全球性失业、破坏性的金融投机、富裕国家的城市的堕落、后共产主义社会粗俗的资产阶级的兴起，尤其是贫穷国家的崩溃：世界银行的新自由主义的“万应灵药”导致严重的营养不良和贫穷。①

按照新自由主义教条式改革的国家认为在高度实现私有化、自由化和市场化之后，包括失业、通货膨胀在内的所有问题都随着新自由主义改革的推进自动得到解决，市场法则会自动推动经济持续增长，但事实并非如此。“看不见的手”没有使按照新自由主义思想进行改革的国家渡过所遇到的危机，也解决不了垄断、信息不对称和不完善等现代市场运行中普遍存在的问题。信息不对称和不完善会使市场信号失真，导致资源配置不合理；而普遍存在的垄断特别是国家垄断则使新自由主义提出的完全竞争的市场成了经济分析中的乌托邦。②

从产生背景来看，19 世纪历史主义的兴起就是对传统的普遍主义方法的一种反叛，也是试图摆脱这一理论困境的一种尝试。它主张放弃对普遍主义教条模式或万能灵药式解决方案的狂热追求，从具体的

---

① 转引自周穗明《西方新自由主义理论及其批判》，《岭南学刊》2002 年第 2 期。

② 褚鸣：《批判的新自由主义与新自由主义批判》，《国外社会科学》2005 年第 4 期。

历史条件和背景中去理解政治实践，从前后相继的历史进程中去构建应然政治经济的发展道路。按照历史主义的思维路向，对于人类过去的社会实践，并不能用“黑暗的时代”、“理性的迷误”或“人的异化”等概念简单地一笔抹杀，而应视为历史发展的“自然过程”。历史主义强调社会生活特征要随着历史文化差异而改变，要随着特殊的历史情况而改变，它倾向于表达社会自身所蕴含的必然性规律，过多地运用当下所谓的规律或法则去解释过去及预测未来，会造成波普尔所谈到的“思想的贫困”。马克思的历史唯物主义的出场，否定了以黑格尔为代表的意识决定存在的唯心主义观点，以及绝对理念的内在逻辑支配历史过程的历史决定论观点。马克思主义政治经济学考察了资本主义经济的剥削、压迫性质和实质，并揭示了资本主义“现代性”方案企图通过理性实现人的全面自由和幸福这一承诺的虚假性，证明了它关于“理性王国”的价值理想并不是宣扬的那样具有普遍性和必然性，在普遍主义的背后，蕴含着特殊者的特殊利益和特殊意志，而且资产阶级习惯于把自己的特殊性利益和意志普遍化。

三　意识形态话语纠缠

新自由主义者认为新自由主义的意识形态话语具有正义性和普适性。然而，它的意识形态话语主要是围绕“自由”展开的。新自由主义者反对不必要干预，重视自由效率，认为自由是效率的前提。新自由主义者讥讽道，想要社会举步不前，那就试着给社会所有人扣上同一个标准。同样，新自由主义者反对和抨击社会主义和集体主义，认为国家机器通过掌握生产资料，使用“计划”的方式组织生产，容易造成绝对权力的形成，必然导致政治上的集权主义。在他们眼中，社会主义就是对自由的限制和否定。新自由主义者哈耶克认为：“集权主义思想的悲剧在于：它把理性推到至高无上的地位，却以毁灭理性而告终，因为它误解了理性成长所依据的那个过程。”[①] 集权主义思想以理性为中心，将其视为至高无上的价值和行动准则。但是，集权主义忽略了理性形成的过程和条件，并试图通过强制手段推行理性。理性并不是一成不变的概念，它需要在经验的基础上不断发展和完善。理性不应该被当作一种僵化的教条来推行，而应该是一种开放的态度和方法，可以在实践中不断被纠正和修正。集权主义思想因为缺乏这种开放性，导致了对自由、创造力以及个人尊严的破坏，最终导致了灾难性的后果。哈耶克等人错误地将社会主义等同于集权主义，并攻诘计划经济是“通往奴役的道路”。从历史主义的角度看，新自由主义的勃兴正是人类对自由民主理念追求的一种时代体现，但自由民主理念不可能在资本主义阶段发展到顶峰，以“个人主义”为哲学基础的自由民主观念及其新自由主义治理方案不可能是人类历史进化的终结。因为人类社会形态的发展是一个自然历史的过程，其内在机制就是生产力和生产关系之间的矛盾，正如马克思所描述的，“共产主义是最近将来的必然的形态和有效的原则”[②]。

新自由主义倡导价值多元。在“文明冲突论”“历史终结论”的语境下，自由作为最高的“无可争议的道德预设”，“如果自由不被视作最高原则，那么自由社会所提供的种种允诺，就必定会因其性质的

---

① 〔英〕弗里德里希·奥古斯特·冯·哈耶克：《通往奴役之路》，王明毅等译，中国社会科学出版社，1997，第 157 页。

② 《马克思恩格斯文集》第 1 卷，人民出版社，2009，第 197 页。

缘故而被证明为致命的弱弊，并使自由渐渐丢失”[①]。一方面，新自由主义的自由观念必然要求思想多元，拒斥所有的意识形态教条；另一方面，新自由主义本身就是一种意识形态话语，如果信奉多元主义必然导致对自身的冲击。基于这种矛盾，新自由主义者也在一定程度上承认自由是有边界的、有限制的，也并非完全摒弃了国家干预，但它的话语体系的内在矛盾性是难以消除的。

2017 年 10 月 1 日，美国拉斯维加斯曼德勒湾酒店外的音乐节发生枪击事件，导致 59 人死亡，527 人受伤。[②] 基于自由主义价值观的撕裂，也触及美国社会的伤痛。新自由主义无法提供一个让全球资本持续积累的制度框架，它侵蚀并拆解了为稳定资本主义经济与缓和资本主义社会矛盾所建立的制度，导致全球经济因而被置于频率升高、振幅加剧的金融危机中。此外，新自由主义与新殖民主义结盟往往导致恐怖主义的不断滋生，危害全球安全，导致全球性危机不断。在新自由主义话语体系和新殖民主义的行径下，恐怖主义是一个不容忽略的伤痛点，也是挥之不去的阴影。在许多学者看来，新自由主义改革是当今世界恐怖主义产生的最深刻根源。近年来，不仅在中东、撒哈拉以南的非洲频繁出现恐怖主义，世界其他地区连美国本土都经常发生恶性恐怖袭击事件。以美国为首的西方国家的单边主义行为使恐怖主义蔓延，而被其他民族视为“物质主义的、腐败的、颓废的”自由主义价值观的输出受到极大的抵制和反抗。此外，还有不公平、无节制的工业生产，对全球的气候以及大气的生物化学功能造成极大的破

---

① 〔英〕弗里德利希·冯·哈耶克：《自由秩序原理》（上），邓正来译，生活·读书·新知三联书店，1997，第 79~80 页。

② 《新闻分析：拉斯维加斯枪击案给特朗普政府带来新挑战》，新华网，http://www.xinhuanet.com//world/2017-10/03/c_1121760489.htm。

坏，在一定程度上会导致生态恐怖主义滋生。

以英美为首的西方发达国家以民主、自由、人权或反恐为借口，以“正义之士”的姿态在全球指手画脚，进行所谓的价值观输出。这种行为往往引起受影响国家人民的“觉醒”，激发他们反抗原有政府统治的意愿。伊拉克、利比亚、埃及、叙利亚等国就是这种情况的例证。一旦“正义”或“民主”超越了社会政治轨道，发达国家的强权政治便将某些特殊利益包装成正义的意识形态流。在国际话语权力和军事实力极度失衡的情况下，这些国家的意识形态不得不在狂飙突进的社会动荡中挣扎，甚至被颠覆。一些国家和地区本就民族矛盾、地域冲突等问题交织，加上西方自由民主的强势输入，社会动荡、武装动乱、硝烟弥漫、人民流离失所在所难免。

马克思早就深刻地指出：“当我们把目光从资产阶级文明的故乡转向殖民地的时候，资产阶级文明的极端伪善和它的野蛮本性就赤裸裸地呈现在我们面前，它在故乡还装出一副体面的样子，而在殖民地它就丝毫不加掩饰了。”① 在西方资产阶级国家，资产阶级奉行所谓的自由、民主、人权制度，一旦走出它的主流社会，就暴露了贪婪、剥削、劫掠的本性，一开始它还会试图用温情脉脉的话语来掩饰，后来就张开恐怖的血口，用强盗逻辑吞噬掠夺一切。而美国自身“是一个由极端暴力定义的国家，民众遭受暴力犯罪和暴力执法的双重威胁，公民人身安全得不到保障。监狱人满为患，成为现代奴役场所，强迫劳动和性剥削司空见惯。美国自我标榜的公民权利和自由沦为空谈”②。同时，“Statista 全球统计数据库 2022 年 9 月 30 日发布的报告

① 《马克思恩格斯选集》第 1 卷，人民出版社，2012，第 861~862 页。

② 《（受权发布）2022 年美国侵犯人权报告》，新华网，http://www.xinhuanet.com/world/2023-03/28/c_1129470457.htm。

显示，2021年，美国有19.5%的非洲裔生活在贫困线以下，而白人的贫困率仅为8.2%”[①]。种族歧视、机会和教育不公平，导致他们（非洲裔）在经济上、社会地位上相较于白人群体处于劣势。

马克思主义是基于历史唯物主义的科学理论，可以洞穿和诠释纷繁复杂的社会现象。它既肯定了社会存在对社会意识活动的决定作用，即社会基础（经济基础、社会制度）对社会上层建筑（政治、文化等）有重要影响，又否定了任何机械的经济决定论或历史发展单线论，强调经济基础与上层建筑之间的相互作用和辩证关系。因此，对于社会现象的解释不能仅仅从经济因素入手，还需要考虑历史、政治、文化等方面的因素。人类社会历史既是一个自然历史过程，也是人们自觉创造的活动过程，体现了合乎规律性与合乎目的性的统一。马克思主义反对从人的本质之类的抽象概念出发来解释历史或提出理想，历史唯物主义的重要特点就是从“现实的人”的实践活动出发，而不是从抽象的观念或脱离社会关系的缥缈天国的“存在”出发。马克思恩格斯认为，每个统治阶级都把自己的利益说成全体成员的共同利益，赋予自己的思想以普遍性，把它描绘成为唯一合乎理性的、有普遍意义的思想。马克思批判道：

> 把占统治地位的思想同进行统治的个人分割开来，主要是同生产方式的一定阶段所产生的各种关系分割开来，并由此得出结论说，历史上始终是思想占统治地位，这样一来，就很容易从这些不同的思想中抽象出“思想”、观念等等，并把它们当做历史上占统治地位的东西，从而把所有这些个别的思想和概念说成是

---

① 《（受权发布）2022年美国侵犯人权报告》，新华网，http：//www.xinhuanet.com/world/2023-03/28/c_1129470457.htm。

历史上发展着的概念的“自我规定”。[①]

的确，意识形态话语纠缠往往会令人对曾经信奉的正义理念产生怀疑，然而这是人类社会发展过程中多重思潮碰撞的必然结果。普遍主义者（例如罗尔斯）从抽象的非历史的个人出发，推出一种普遍主义的正义理论模式。追寻一种普遍的正义理论可能一开始就选错了方向，正如沃尔泽提出的，“正义原则本身在形式上就是多元的，社会不同善应当基于不同的理由，依据不同的程序，通过不同的机构来分配；并且，所有这些不同都来自对社会诸善本身的不同的理解——历史和文化特殊主义的必然产物”[②]。马克思主义认为，正义是具体的、历史的、具有阶级性的，这意味着正义的实现受到当时历史条件和社会阶级矛盾等因素的制约。由此，把抽象的、超越时空、普遍适用的正义理论直接套用于具体社会实践，可能会因为脱离现实而难以达到期望的结果。在具体实践中，应当考虑到历史条件和社会阶级矛盾对正义的影响，采取符合时代和阶级斗争要求的具体行动，才能真正实现正义。因此，马克思主义倡导具体问题具体分析，不能停留在抽象理论阶段。

四　全球化下的正义话语

马克思主义要求人们直面社会现实，摒弃对自由、正义的乌托邦

---

① 《马克思恩格斯选集》第1卷，人民出版社，2012，第181页。

② 〔美〕迈克尔·沃尔泽：《正义诸领域：为多元主义与平等一辩》，褚松燕译，译林出版社，2022，第4~5页。

式的幻想，从现实的个人出发考察人类历史活动进程。它把政治经济学理论从缥缈的天国拉回真实的地面，用批判的精神直面现实，涵载起建构新世界的希冀。马克思主义政治经济学揭示了资本主义经济赖以运行的结构，并肯定了制度、信息与社会规范在资本主义经济运行中的重要作用。资本主义危机的根源，不在于银行家贪得无厌，不在于缺乏管制，不在于工人要求的工资太高或者劳动市场不够有弹性，也不在于表面上的总需求不足，而在于资本主义社会固有的基本矛盾。

事实上，如今新自由主义不再像在20世纪八九十年代那样有昂首阔步的信心和所向无敌的气概。但我们不应该为表象所迷惑，而是应该剖析新自由主义的当代政治实践及其深远影响。

全球化进程带来的不只是馅饼，还有很多陷阱。西方国家对我国进行的意识形态、价值观念渗透一直未停歇。中国作为世界第二大经济体，已经站在世界舞台的中央，但是，美国视中国为头号竞争对手，不断对中国进行打击、制裁。美国总统国家事务安全助理沙利文提出新华盛顿共识（new Washington consensus）。华盛顿共识主张市场自由化和全球化，而新华盛顿共识则主张实施以国家介入为主旨的产业政策，其目的是在重振美国制造业方面发挥更积极的作用。此外，新华盛顿共识还包括建立“创新型国际经济伙伴关系”，旨在超越传统贸易协定。同时，多样化和有弹性的供应链也成为国际经济政策的核心关注点。总之，新华盛顿共识的出现表明美国正在重新调整其经济政策，以适应当前的国际形势和经济环境，并力图遏制中国的发展，维护美国的霸权地位。

我们既要抓住全球化的历史性机遇，又要清晰明辨各种（包括新自由主义）思潮的影响，增强中国特色社会主义道路自信、理论自信、制度自信、文化自信，使中国特色社会主义的声音越唱越响，中国特色社会主义道路越走越宽。中国共产党领导全国各族人民实行改革开放，就是根据中国的具体国情，在坚持四项基本原则的前提下，推进经济、政治和文化等体制机制全面改革，逐步建立和完善社会主义市场经济制度，走中国特色社会主义道路。

改革开放40多年来，我国成功实现了从高度集中的计划经济体制到充满活力的社会主义市场经济体制、从封闭半封闭到全方位开放的伟大历史转变，探索和发展了社会主义经济建设、政治建设、文化建设、社会建设以及生态文明建设和党的建设的有效途径和方法。特别是党的十八大以来，党和国家事业取得历史性成就、发生历史性变革。改革开放40多年来的成就使中国的特色发展模式可能全面影响西方国家在各个领域的主导地位，包括经济、政治、科技和文化领域。中国特色社会主义制度取得的巨大成就，证明了西方民主并非人类历史进化的终点，中国式现代化的成功推进，宣告了“历史终结论”的终结。

我们要摆脱对超越时空的价值体系或制度模式的致思趋向，但永远不能放弃对价值领域中的“绝对真理”或“永恒正义”的形而上追求。习近平总书记指出：“鞋子合不合脚，自己穿了才知道。”[①]“一个国家的发展道路合不合适，只有这个国家的人民才最有发言权。”[②]我们要坚持从中国国情出发，坚持“一切从实际出发，自觉地把思想认识从那些不合时宜的观念、做法和体制中解放出来，从对马克思主义的错误的和教条式的理解中解放出来，从主观主义和形而上学的桎梏中解放出来”[③]，吸收和借鉴人类政治文明成果，包括在新自由主义外

① 《习近平著作选读》第1卷，人民出版社，2023，第105页。

② 《习近平谈治国理政》第1卷，外文出版社，2018，第273页。

③ 江泽民：《在庆祝建党八十周年大会上的讲话》，人民出版社，2001，第28页。

衣包裹下的西方资本主义成果中一切对我们有益、有用的东西，同时反对照搬西方资本主义民主模式和发展模式，积极稳妥地发展中国特色社会主义和民主制度，并在社会主义实践中展现别样的生命力。

其实，新自由主义的正义观念，在古典自由主义试图建构一套体系的尝试中可以有迹可循。自由主义主张建立一套有利于维护自由、公平竞争的资本主义体系，在这套体系中，个人的勤奋和付出可以换取财富，懒惰和缺乏意志力则意味着贫穷。而事实上，从资本主义的发展历史可以看出，绝大多数劳动者因阶级、性别、肤色等遭遇不公正的对待。这意味着，不正义的根源和表现是多种多样的。在大多数国家，不正义的模式分析往往指向阶级的不平等。扭转不正义的局面要调整个体与共同体的关系，消除体系性压迫，获取政治代表权、重新分配资源等。

公平正义是全人类的共同价值。习近平总书记提出："我们要共同倡导弘扬全人类共同价值，和平、发展、公平、正义、民主、自由是各国人民的共同追求，要以宽广胸怀理解不同文明对价值内涵的认识，不将自己的价值观和模式强加于人，不搞意识形态对抗。"[①] 中国提倡通过对话来化解分歧，在合作中解决争端，坚决反对一切形式的霸权主义和强权政治。世界各国不分大小、强弱、贫富，都是国际社会中平等的一员。只有通过平等对话和合作才能解决国际社会面临的各种问题，包括地区热点问题、贸易争端问题、气候变化、网络安全问题等。同时，我们坚决反对任何一方在解决问题时采取单边主义或强权政治的行为，因为这种做法会给国际社会带来更多的不稳定因素

① 习近平：《携手同行现代化之路——在中国共产党与世界政党高层对话会上的主旨讲话》，人民出版社，2023，第 8 页。

和风险。在面对日益复杂的安全挑战时，各国应团结协作，共同应对。只有各国团结一心、协调配合，才能有效应对当前复杂的安全挑战。我们还提倡共赢思维，推动各方在合作中实现多赢，走出一条互利共赢的发展之路。各国要共同构建公道正义、共建共享的安全格局。我们主张推动国际社会形成公正合理的国际秩序和安全体系，不断扩大共同利益和合作空间，让所有国家都能在和平、安全、繁荣的环境中共同发展，推动人类实现长久稳定的和平与发展。

第七章　分工正义与全面发展

柏拉图在《理想国》中认为，国家正义就是具备某种天赋的人去从事他擅长的那项工作，他称之为“各司其职”或“专业化”，并认为只有当每个人都能够专心于自己熟练的工作时，社会才能够实现最高效率和最优质的生产。所以，正义不是别的，当每个人专心于他自己的职责，国家就是正义的国家。马克思恩格斯从科学的实践观出发，通过对人类社会分工进程的历史考察，既肯定了分工对人类社会生产力发展的积极作用，也深刻地指出了私有制条件下异化劳动造成人的分裂和畸形。马克思主义认为，分工是社会生产的结果，并且分工将会固化社会等级，因此分工并不必然是正义的，只有平等和自愿的分工才是正义的。

随着工业革命进程的加快，人类正逐步跨越机器大工业，借助于智能设备和智能技术，人与外部世界的联系更加紧密。人们利用信息智能技术使机器“头脑”同人的“头脑”相连接，或者利用无人控制技术，使机器成为人的无机的身体。智能化对传统的分工是一次巨大而深刻的变革，也触发着经济结构、社会结构的深刻变动，触动着传统“正义”或“合理”的分工模式。

一　分工的时代嬗变

从亚当·斯密最早阐发分工理论到马克思创立劳动学说，分工成为重要的社会分析工具，也成为现代工业社会的趋势和强大发展动因。分工不仅影响经济生活，还影响社会领域等诸多领域，劳动分工已成为根深蒂固的思想观念，成为社会生活的行为规范，成为个人的社会责任。随着知识分工的深化，在不同领域卓有建树的通才越来越少，分工的精细化导致人们被固定在某一特定领域，出现了职业鸿沟和能力固化，工业化时代的二重性表现得更加鲜明。马克思指出："社会活动的这种固定化，我们本身的产物聚合为一种统治我们、不受我们控制、使我们的愿望不能实现并使我们的打算落空的物质力量，这是迄今为止历史发展中的主要因素之一。"[①] 人本应驾驭（分工）这种力量，但实际上往往被它压迫。

（一）分工是历史的产物

马克思恩格斯从分工发展的几个历史阶段来深刻解剖分工的异化进程，根据不同历史状况分工的发展来预测分工的未来趋势。分工的每一个阶段都对应着不同的生产力发展水平，每个时代分工的阶段依赖于当时的生产力发展水平。在分工的发展过程中，生产力、社会状况和意识必定会发生矛盾，导致不同的个人对精神活动和物质活动、享受和劳动、生产和消费的分担出现差异，这种分工状况和产品的不

① 《马克思恩格斯选集》第1卷，人民出版社，2012，第165页。

平等分配导致了私有制的产生。同时，个人利益与共同利益相冲突，共同利益变成异己的、不依赖个人利益的普遍利益，这种普遍利益约束着个人的发展。“只要人们还处在自然形成的社会中，就是说，只要特殊利益和共同利益之间还有分裂，也就是说，只要分工还不是出于自愿，而是自然形成的，那么人本身的活动对人来说就成为一种异己的、同他对立的力量，这种力量压迫着人，而不是人驾驭着这种力量。”① 劳动产品越来越作为某种异己的东西与工人相对立。同样，分工使工人越来越片面化和从属化：分工不仅导致人的竞争，而且导致机器的竞争。

工业时代的分工呈现出这样一种情景：劳动者每天都会循规蹈矩地工作，每天都会单调地活动，没有活力，成为一种毫无生机的零部件，成为座架上生硬的螺丝。正如马尔库塞所指出的：“在整个近代，具有生产性和破坏性的国家机器的技术结构及效率，一直是使人们服从已确立的社会分工的主要手段。”② 在这种情况下，劳动其实不是一种自由的、体现人的个性的活动，而是不具有真正必要性的麻木的活动。在资本主义生产方式下，社会分裂为剥削阶级和被剥削阶级是历史的必然。只要劳动还占去社会成员大部分时间，阶级就必然存在。“分工的规律就是阶级划分的基础。但是，这并不妨碍阶级的这种划分曾经通过暴力和掠夺、欺诈和蒙骗来实现，这也不妨碍统治阶级一旦掌握政权就牺牲劳动阶级来巩固自己的统治，并把对社会的领导变成对群众加紧剥削。”③

① 《马克思恩格斯选集》第1卷，人民出版社，2012，第165页。

② 〔美〕赫伯特·马尔库塞：《单向度的人：发达工业社会意识形态研究》，刘继译，上海译文出版社，2008，第9页。

③ 《马克思恩格斯选集》第3卷，人民出版社，2012，第813页。

（二）分工与自动化

随着科技的不断发展，自动化、智能化生产模式正逐渐普及，自动工厂作为其中的代表，成为现代工业生产中的重要组成部分。马克思对自动工厂的出现及其对社会分工的影响进行了深刻的思考和论述。马克思认为，首先自动工厂的出现使社会分工更加细化。在传统的手工业生产中，由于生产过程需要人工操作，所以每个工人需要掌握多种技能才能生产一个完整的产品，因此社会分工程度相对较低。而在自动工厂生产过程中，由于工作流程的自动化，每个工人只需要掌握某一环节的技能就可以完成生产，这导致社会分工更加细化。例如，在汽车制造工厂中，一个工人只需要负责安装车轮，而另一个工人只需要负责安装车门，这将导致生产过程中的劳动分工更加具体和细化。其次，自动工厂的出现将会导致失业和劳动力贬值。在自动工厂中，机器将会取代人工完成大量的生产任务，这将会导致一部分工人失去工作机会，从而增加社会中的失业人口。“在最先使用机器的地方，机器就把大批手工工人抛向街头，而在机器日益完善、改进或为生产效率更高的机器所替换的地方，机器又把一批一批的工人排挤出去。”① 同时，由于机器的效率远高于人工，自动化生产模式降低了人力成本，从而导致劳动力的贬值。这一现象将会导致工人的收入水平下降，从而进一步加剧社会阶层的分化。

> 加入资本的生产过程以后，劳动资料经历了各种不同的形态变化，它的最后的形态是机器，或者更确切些说，是自动的机器体系（即机器体系，自动的机器体系不过是最完善、最适当的机

① 马克思：《雇佣劳动与资本》，人民出版社，2018，第43页。

> 器体系形式，只有它才使机器成为体系)，它是由自动机，由一种自行运转的动力推动的。这种自动机是由许多机械器官和智能器官组成的，因此，工人自己只是被当做自动的机器体系的有意识的肢体。在机器中，尤其是在作为自动体系的机器装置中，劳动资料就其使用价值来说，也就是就其物质存在来说，转化为一种与固定资本和资本一般相适合的存在，而劳动资料作为直接的劳动资料加入资本生产过程时所具有的那种形式消失了，变成了由资本本身规定的并与资本相适应的形式。[①]

在资本主义生产方式中，科学成为机器革命的推动力量，对机器的构造和优化起到了决定性的作用。马克思指出："资本主义生产的普遍趋势就是：在所有生产部门中用机器代替人的劳动。"[②] 随着科学的日益发展，机器得以实现更高级的自动化和数字化，从而极大地提高生产力水平。然而，这种改变也带来了一系列问题。一方面，"铁人反对有血有肉的人"[③]，机器与人的竞争导致部分工人失业；另一方面，机器背后的科学力量以及推动机器发展的科技对工人而言变得越来越难以掌控，甚至成为一种与工人相对立的异己力量。

根据马克思主义分工论，在全部社会生产力达到一定高度之前包括资本主义及以前的社会，其分工都是"自发"而非自觉的，分工越彻底，技术越进步，劳动者本身就越退步。"在资本主义生产的基础上，使用机器的目的，决不是为了减轻或缩短工人每天的辛劳。"[④] 在畸形的、异化的分工背后是技术对人强有力的压制，是异

---

① 《马克思恩格斯文集》第 8 卷，人民出版社，2009，第 184 页。
② 《马克思恩格斯文集》第 8 卷，人民出版社，2009，第 349 页。
③ 《马克思恩格斯文集》第 8 卷，人民出版社，2009，第 354 页。
④ 《马克思恩格斯文集》第 8 卷，人民出版社，2009，第 276 页。

化产品对人自身的奴役，是资本对人的规训，是人对人的控制和钳制，会导致人的生产方式片面化。私有制下分工导致一系列矛盾和异化，处于这种分工范围内的人是缩小的人，是片面的人、不完整的人。正如恩格斯所深刻剖析的，在生产自发地发展起来的社会，生产资料支配生产者，每一种新的分工都必然变成生产资料奴役生产者的新手段。

（三）分工与空间正义

马克思反对资本主义空间生产的理论，要求消除空间非正义现象。空间非正义现象是由资本主义空间生产方式引起的空间割裂和空间分化导致的。随着资本的全球空间扩张，资本主义的空间生产方式导致了空间的僵化和断裂，导致了空间的主从关系，进一步加剧了城乡空间对立和不平等的问题。资本增殖的过程可以驱动资本家进行技术革新，从而提高生产力水平，但同时也带来了新的剥削和压迫现象。在资本主义生产方式下，空间剥削是资本剥削在空间生产中的体现，它使资本获得了大量的空间利润。资本家们的贪婪和对利润的不断追求成为空间非正义现象的主要原因。在资本主义的空间生产方式下，资本的不断扩张，加剧了工人空间生活的窘迫，加剧了社会的空间分化和不平等现象。为了消除空间非正义现象，必须反对资本主义的空间剥削和资本主义的空间生产方式，并构建公平地利用和分享空间的理念。在马克思主义的视角下，追求空间正义就是消除这些不正义的现象，打破资本主义空间生产的限制，创造出更加公平、平等、和谐的发展空间。由于私有制度下分工包含着不可调和的矛盾，马克思恩格斯提出“消灭分工”的主张，通过消灭旧的分工形式，通过城乡的融合，使社会全体成员得到自由全面的发展。

（四）分工与协作

在马克思看来，每一个人的全面解放是社会解放的前提，每个人的自由全面发展是一切人的自由全面发展的条件。

> 不言而喻，要不是每一个人都得到解放，社会也不能得到解放。因此，旧的生产方式必须彻底变革，特别是旧的分工必须消灭。代替它们的应该是这样的生产组织：在这样的组织中，一方面，任何个人都不能把自己在生产劳动这个人类生存的必要条件中所应承担的部分推给别人；另一方面，生产劳动给每一个人提供全面发展和表现自己的全部能力即体能和智能的机会，这样，生产劳动就不再是奴役人的手段，而成了解放人的手段，因此，生产劳动就从一种负担变成一种快乐。[①]

分工的阶段依赖于当时生产力的发展水平，马克思恩格斯认为实现这一点的方法就是“社会调节着整个生产”[②]。生产力的发展伴随着分工的细化，生产力越发达，对专业的要求也越高。工业化时代如何调节社会分工，最大限度地避免这种异化呢？“要消灭这种新的恶性循环，要消灭这个不断重新产生的现代工业的矛盾，又只有消灭现代工业的资本主义性质才有可能。只有按照一个统一的大的计划协调地配置自己的生产力的社会，才能使工业在全国分布得最适合于它自身的发展和其他生产要素的保持或发展。”[③] 马克思恩格斯洞察到了分工的起源与发展，将分工同现代资本主义生产方式紧密联系起来，并运

---

① 《马克思恩格斯选集》第3卷，人民出版社，2012，第681页。

② 《马克思恩格斯选集》第1卷，人民出版社，2012，第537页。

③ 《马克思恩格斯选集》第3卷，人民出版社，2012，第683~684页。

用“协作”这一创新性概念表达高度社会化过程中人类所固有的社会属性。他们把分工作为政治经济学的最基本范畴之一，将分工放置于生产方式演进的历史进程中加以具体剖析，对资本主义生产方式中的分工进行了全面深刻的研究，甚至延伸到生产关系和社会政治等诸多方面。

马克思在分析合作工厂时指出，在合作工厂中资本家的劳动将不只限于剥削他人劳动，资本家作为生产上的执行职能的人员已经成为多余的了，将从生产过程中消失，留下来的是执行管理职能的人员（商业经理和产业经理）。在资本主义条件下，协作这种生产力表现为资本的生产力，协作劳动的主体被物化了。在马克思恩格斯的共产主义协作理论中，协作是一种重要的生产方式，通过协作，人们能够重新驾驭由他们所创造的巨大的物质力量，实现对于物质财富的自由支配和处置。这种方式不仅可以消除个人的局限性，还可以提高整个生产系统的效率和质量。在现代社会，协作已经成为一种非常重要的生产方式。通过协作，人们可以利用现代技术和设备，实现生产过程的自动化和智能化，提高生产效率。除了协作，教育也是非常重要的。现代社会对于人才的需求越来越高，要求人们具备全面的素质和能力。通过教育，人们可以获得各种知识和技能，不断提升自己的能力和竞争力。同时，教育还可以帮助人们认识自我、提高自我意识和自我管理能力，克服分工造成的个人局限性，推动自我全面提升。

二　智能化时代的劳动分工

随着科技的进步和工业革命的发展，人类进入了智能化、数字化时代。在这个时代里，社会生产结构、劳动方式和生活方式都发生了深刻的变化，与马克思恩格斯所处的早期机器工业时代有着重大不同。生产过程变得更加专业化、精细化、全球化和自动化，新兴技术层出不穷，如人工智能、大数据、云计算、物联网、区块链等。随着这些新兴技术的不断涌现，劳动力的需求和劳动方式都发生了变革，传统的生产方式逐渐被取代，新的社会生产方式逐渐形成。在智能化时代，全球范围内的生产与贸易更加密切，人类社会的互联互通网络更加紧密，国家间的经济和文化交流也更加广泛和深入。在这个时代里，全球社会的生产和消费都受到了前所未有的影响，全球化的趋势更加明显。随着现代社会工业化和信息化的深入发展，特别是互联网技术的广泛运用，“互联网+”渗透到生活的方方面面。互联网技术的广泛应用使得各行各业都在加速向数字化、智能化方向转型。在工业领域中，“智能制造”已经成为当今世界制造业的重要发展方向。在实现了声控、光控、触控等“自动”操作或者触发系统后，智能化随着技术的变革，不断向更高层次迈进。

智能制造的实现需要依赖于各种前沿技术，如人工智能、机器人、大数据、物联网等，这些技术的协同作用可以实现生产过程的自动化、智能化和数字化。在智能制造领域，这些技术可以实现设备的智能化、生产的自动化、产品的个性化定制，以及生产过程的数据化监测和管理等。这不仅可以提高生产效率和产品质量，也可以减少成本和资源浪费。同时，智能制造还可以为企业带来更多的商业机会和发展空间，推动传统工业革命升级变迁。除了工业制造，互联网技术还在人们的生活中扮演着越来越重要的角色。移动互联网、智能家居、智慧医疗、智慧交通、虚拟现实等领域的发展，都离不开互联网数字技术的支持。互联网技术可以实现信息的快速传递和共享，从而让人们的生活更加便捷和智能化。通过互联网技术，人们可以享受到更加优质、高效、个性化的服务，互联网技术同时也让生活更加丰富多彩。

自动化、智能化的机器人生产逐步取代人工，现实工厂中的机器换人成为一个缩影和写照；信息技术和大数据的生产，使得生产到消费、消费者到生产者之间信息传递渠道发生巨变。智能化技术使人们能够通过使用控制中心（如智能手机），将人们的思维和意识以数字化形式转化为可传输的信号，并通过感应传输设备进行有线或无线连接。这种连接方式实现了智能设备之间的互联互通，使人们能够更加方便地与智能设备进行交互和沟通。智能设备的基本功能，是深化人类对自然、自身的感知，它是人的无机身体，通过符合大脑感知模式的、有逻辑的整理组合，把信息传递给人，让人变得更敏感、更强，具有更灵活的操控能力。

智能化时代发展日新月异，各行各业的分工越来越精细，一些事实切合了涂尔干分工理论的一些论断：社会舆论一方面承认着分工的规则，肯定社会分工的普遍发展的意义，另一方面却对这种过分专业化担忧、踌躇。[①] 社会越进步，工人们似乎越退步，尤其是在机器大工业时代，有的人每天就只管拧一批产品的同一个部位上的一个螺母，有的人整天都在接线头。这种野蛮、单调的生存状态，是一些传统工人的真实写照。智能化让一部分人从繁重的机械化劳动中解放出来，拥有一定的“自由”和“空间”。例如 ChatGPT 等人工智能极大提高语言处理的效率，让人的头脑和肢体得到一定解放，当然，这种解放的另一端是智能化同工人的竞争。智能化促进劳动分工，加剧着

---

① 〔法〕埃米尔·涂尔干：《社会分工论》，渠东译，生活·读书·新知三联书店，2000，第 6 页。

人与人、人与机器的竞争。智能机器、设备缩减着企业对一般劳动者的需求，在新技术工业革命中将有越来越多的劳动者受到排挤，一些劳动者在与智能化机器竞争中被淘汰出局。这种革命也创造了新的更高层次的劳动力需求，让一部分劳动者解放出来，也使劳动力市场有了充足的产业后备军，这就是智能化时代的一个悖论。

智能化的广泛普及使人机交互的方式也发生着深刻变革，从传统的需要键盘、鼠标、显示器等中间介质，到移动时代触之可及、光控、声控甚至不“触”而及。这些将变成人的感知器官的一部分，融入进人们生活的基础环境，成为人们感情元素的一部分，人机将实现“零交互”，机器将真正成为人的无机的身体。依托于智能设备，依托于大数据的计算能力，决策行为、劳动行为发生了巨大变化。智能时代，是人机交互彻底变革的时代，颠覆了传统的人与外部世界的关系，也改变着人与人的关系。从 PC 时代透过鼠标、键盘的交互，到无线时代的触之可及，人与智能设备的交互变得越来越接近人本能的体验。无论是拟物设计、扁平化设计还是情感化设计，智能化以形形色色的形式让人与外部的联系更加便捷化，满足了人的生理、心理需求。

在爆炸式、碎片化的信息洪流中，人在激变的社会关系中焦躁不安，社会关系也变得支离破碎。随着信息传播的智能化和快捷化，人们对尊重和自我实现的需求不断增长。信息的广泛可得性和智能技术的普及应用，使个体有机会更全面地了解世界的资讯。人们通过享受更多智能化产品和服务，满足了自身在成长和发展方面的需求，从而实现了更高层次的个体意义和价值。数字化、智能化的生产方式又在一定程度上禁锢了人的自由发展。一方面，随着现代科技的发展和智能操作系统的普及，除了尖端技术人员、高级管理人员外，大部分劳动者在生产体系中逐渐从主导者角色转变为电脑等智能设备的“附属物”，无形之中受到数字化、智能化设备（工具）的控制而丧失活动自由、工作兴趣和创造欲望；另一方面，智能设备的批量生产和数字产品的广泛运用也淹没了人的劳动个性，劳动在此不是作为一种自由自觉的活动，而是一种程序化的过程，在这一过程中，人的能力和才干被定位、限制于某一特定范围，预设的智能代替了人的活动能力，从而导致人的能力发展片面化和个性的丧失。

根据马克思的观念，未来理想社会的目标是为每个人提供展示和发挥全部个体能力（包括体能和智能）的机会。当生产劳动成为解放人类的手段时，个体便能够实现全面的发展，包括在智能方面能力的充分发挥。在这种应然的状态里，智能化产品不再是奴役人的工具，将会为每个人提供更多自主参与生产劳动（包括智能化创造）的机会。应该看到，智能化本身是一种技术趋势，是人类对自身的不断否定和再肯定，是不断地创新和对美好的期盼，尽管面临危机，却引领一个时代走向。

三　分工正义的当代诉求

前面谈到，柏拉图对正义的探讨离不开对分工的规划，而马克思的诗意文字表达出他对人的自由全面发展的想象：

> 我有可能随自己的兴趣今天干这事，明天干那事，上午打猎，下午捕鱼，傍晚从事畜牧，晚饭后从事批判，这样就不会使我老是一个猎人、渔夫、牧人或批判者。[①]

① 《马克思恩格斯选集》第1卷，人民出版社，2012，第165页。

智能化时代相对于马克思所在的机器大工业时代发生了翻天覆地的变化，然而马克思等理论家的分工理论在智能化时代仍具有巨大的现实价值。前面谈到，在大工业建立以前每一次新的分工都导致生产资料成为奴役生产者的工具；而机器大工业则使人降格为机器的单纯附属物，缩小成为机器的一部分，丧失了人格和意志的总体性。智能化时代也不例外。资本主义生产方式和分工方式压抑了工人的生产情趣和才能，也使无产者和资产者被资本利润和各种片面性所奴役，导致现实的人的异化，而只有废除资本主义生产方式，扬弃片面的分工模式，使社会占有生产资料，才能使人从单向度的、片面的和贫困的“缩小”状态中解放出来，从奴隶般地服从于分工的情形中解脱出来，恢复成为完整全面的、“总体”的个人，成为自然界和自身真正的主人。

在资本主义生产方式下，工具理性和技术理性得到广泛运用，社会分工有可能不仅被当作维护社会秩序的一种隐性手段，而且发展成为一种统治与规训方略。工具理性不断泛滥和不断扩张对人的统治，加速了人在新的历史条件下的“物化”，以利润为目的的资本主义生产分工使职业劳动最大程度工具化，带来了越来越沉重的生产阵痛和效率压力；竞争制的普遍化使人沦为资本的附庸和奴隶，丧失了独立自由人格；由于合法性分工在各个领域得到体现，人们的职业越来越固定化，生产的固定化使劳动者局限在小圈子内，失去了反思与批判意识，当人们在座架的技术情境里面简单地算计着功利主义算式时，生产方式的消费化使人不自主地陷入市场的控制，成为商品交换的奴隶，成为追逐利润的棋子。显然，马克思主义的分工理论并没有过时，仍具有强大的生命力。我们要把理论视点拉回马克思所批判的人与人不平等的资本主义社会现实，他所反对的是把“人分为不同等级”、

“把人看作有高低贵贱之别”的分工，从某种意义上来说，马克思恩格斯真正反对的是分工的非正义性，而非分工本身。

在社会有机体内，分工更多地体现的是团结和协作，不仅关乎经济层面，也关乎社会和道德层面。人们常常指责分工使个人变成了机器，个人在分工中过着狭隘、单调、循规蹈矩的生活，不再是活的细胞生物体，而是毫无生机的死板的零件。人们没有一点儿乐趣，也不明白为什么要去工作，工作不过是一种预设的程式。“他已经不再是活的有机体中的活的细胞，因为真正的细胞不仅能够与其邻近的细胞持续不断地发生关系，而且邻近的细胞也可以对它产生影响或适应它的影响，从而根据环境和需要的变化不断扩张、收缩、弯曲和变形。这样，他就成了一种毫无生机的零部件，只有外界力量迫使他朝着同一个方向，按照同一种方式不断运动。”[①] 这些类似的批判是人类自身的反思，也蕴含着对未来新的历史的憧憬。

马克思恩格斯对人类分工的考察是形成其新历史观的重要条件，他们从“现实的个人”的实践活动出发，即从事社会物质生产的个人出发考察了分工的形成、发展，及其与生产力、所有制和国家的重要关系，并把这种考察放置在自然历史进程中。只有到了共产主义这个社会共同体下，每个人才能在个体的联合中并通过这种联合获得自己的自由。

分工是迄今历史上的主要力量之一，是社会发展的重要力量。马克思在当时虽然没有直接预见智能化时代分工的特征，但其在对政治经济学的考察中，富有前瞻性地指出：“自动工厂中分工的特点，是

① 〔法〕埃米尔·涂尔干：《社会分工论》，渠东译，生活·读书·新知三联书店，2000，第331页。

劳动在这里已完全丧失专业的性质。但是，当一切专门发展一旦停止，个人对普遍性的要求以及全面发展的趋势就开始显露出来。自动工厂消除着专业和职业的痴呆。”[①]

自动化智能化正在全面地瓦解着传统生产方式和旧式分工，正如机器大工业对传统手工业的瓦解一样，“由整个社会共同地和有计划地来经营的工业，更加需要才能得到全面发展、能够通晓整个生产系统的人。因此，现在已被机器破坏了的分工，即把一个人变成农民、把另一个人变成鞋匠、把第三个人变成工厂工人、把第四个人变成交易所投机者的分工，将完全消失”[②]。在当代社会，随着科学技术的飞速发展，技术性劳动要素在使用价值生产中起着越来越重要的作用。技术的复杂程度越高，社会协作性要求越强。

随着全球化特别是经济全球化的纵深推进，现代化生产及其精细的专业分工虽然有力地推动了社会经济的发展，同时也从某种意义上解放了工人，为现代人的全面发展释放了更多的广阔空间和可能性。智能化顺应了这种趋势，既能减少人力成本，同时也能提高产能。自动化、数字化、智能化在替代人、排挤人的同时，给予一部分人全面发展的“机会”和时间。自动化、智能化推动人的“解放”。它使“我”有可能随自己的兴趣做想做的事情，从而不会一直是猎人、渔夫、牧人或批判者，尽管相对于马克思的诗意想象而言，这些机会是被动的。智能化夺走了一部分工人的“饭碗”，也为新产业新业态提供了产业后备军，分工越深入，智能化越普及，集约化程度越高，对传统工人的需求会越少。自动化、智能化使一部分人成为技术的牺牲

① 《马克思恩格斯选集》第 1 卷，人民出版社，2012，第 249 页。

② 《马克思恩格斯选集》第 1 卷，人民出版社，2012，第 308 页。

品，成为失业者；让一部分人被动地解放双手、解放身体、解放大脑，从事创造性的工作。“自动化看起来的确是发达工业社会的巨大催化剂，在质变的物质基础中，它是一种爆炸性或非爆炸性的催化剂，是从量变转化为质变的技术手段。因为社会的自动化通常表现了劳动方的变化，或更确切地说，表现了劳动力的质变，在这一质变过程中，劳动力从个人中分离出来，变成为一个独立的生产客体并进而变成为一个主体。自动化一旦成为这种物质生产过程，它就会引起整个社会的变革。被推向极端面人的劳动力的物化，将通过割断把个人与机器（使人的劳动成为对人的奴役的机械系统）连在一起的链环而砸碎这种物化形式。在必然性领域内完全实现自动化，将打开自由的时间向度，即人的私人生活和社会生活得以形成的向度。这将是朝向一种新文明的历史的超越。”① 马尔库塞认为，自动化不仅仅是生产力的提升，更是对劳动力和社会关系的根本改变。通过解放劳动力，自动化有潜力为人们创造更多自由的时间和空间，推动社会朝着更进步、更人性化的方向发展。同时，他也提醒要审慎对待自动化的发展，警惕自动化导致人的物化和剥夺个体的尊严与自主性。

随着现代科技的发展，当今世界各国联系空前密切和频繁，人类社会已经成为“地球村”。航空、高铁等现代交通工具和即时通信技术的发展使得各个国家人员之间的联系更加紧密和频繁，使得跨越不同国家和地区进行商务、学术、文化等活动变得更加容易。人们可以通过网络视频、社交媒体等与位于世界不同角落的人们进行交流。这种交流不再受到时间和空间的限制，而是能够实现真正的“面对面”

---

① 〔美〕赫伯特·马尔库塞：《单向度的人：发达工业社会意识形态研究》，刘继译，上海译文出版社，2008，第 31 页。

和“心对心”。人类历史已经真正成为“世界历史”，城乡对立的消灭成为一个不争的趋势。智能化使这种趋势深入灵魂、深入头脑，呈现出互联物联智联的绚烂画面。

分工的深化、扩大和调整是现代社会发展的常态。我们要正确看待当代社会分工的意义，显然，分工正义的实现与身份正义的实现有着重要关联。实现身份正义，革除身份排斥，能够推动普遍而没有蔑视的分工；实现“劳动—闲暇”融合发展，劳动者更加自由、公平公正地进行职业选择，能够使社会分工有序、包容地发展，使分工逐步摆脱狭隘的、固定化的存在形式，使劳动者普遍成为“具有丰富的、全面而深刻的感觉的人”①，促进人的自由全面发展。

---

① 《马克思恩格斯全集》第3卷，人民出版社，2002，第306页。

第八章　消费正义与话语规训

有形资源和无形资源都已经成为人们消费的对象。当资源仅限于少数人使用时，不仅会导致欲望的鸿沟难以弥合，还会带来无法消除的社会鸿沟。现代消费机制使得商品的使用价值逐渐被象征意义所取代，消费需求也被生产目的所主导。拜物教式的消费意识形态成为评判地位高低、幸福与否的标准。符号逻辑功能和宗教式驯化，沿着人们的欲望逻辑和路径将生产消费策略演绎得淋漓尽致。

马克思运用抽象分析方法，以商品为逻辑起点，从商品形成以及商品的生产、交换、分配、消费出发来阐释人类社会发展规律。商品关系不仅涵盖了一切经济领域，而且扩大到了社会生活和精神生产领域，广义的商品在某种程度上也应涵盖符号。在现实中交换价值先于使用价值被人们铭刻于象征秩序中，交换原则成了指导社会生活的最高原则。而作为符号消费的产品一旦作为商品来生产，同样也具有了拜物教性质。消费者无意识地陷入购买新商品的无休止怪圈中，在获取商品的同时“实现”个人的自我价值。在关于消费品的一整套话语体系中，符号价值包括地位、权力、威严等占据了上风，超过了商品本身的使用价值，其原有功能多成为象征性的，而这种消费成为“意义”的消费。

一　交换价值与消费异化

随着现代工业生产的不断扩大，物质、服务和财富持续增长，创造了前所未有的丰富景观。消费逻辑已不再仅仅是生产与交换的延伸，而成为生产的终极目标和再生产的动力。当代各种新型消费品的生成速度远超过了马克思所处时代的情况。马克思曾生动描绘道："在伦敦最热闹的大街上，商店鳞次栉比，橱窗中陈列的世界各地的财富琳琅满目，有印度披肩、美国手枪、中国瓷器、巴黎胸衣、俄国毛皮、热带香料；但这一切娱世物品，额上都贴着决定命运的白标签，上面写着阿拉伯数码和简写字£，sh.，d.［镑、先令、便士］。这就是商品出现在流通中的景象。"[①] 今天，这种景象依然存在于世界各地，也充斥在网络平台上。登录一家购物网站，或进入一个直播带货平台，我们可以发现琳琅满目的商品，国内的、国外的，仿古的、现代的，一应俱全、应有尽有。

现代工业革命和商业革命，为我们带来了丰盛的商品。各种商品堆积于卖场橱窗，或摆设于虚拟的网店，占据着人们的视野。正如鲍德里亚所言："今天，在我们的周围，存在着一种由不断增长的物、服务和物质财富所构成的惊人的消费和丰盛现象。它构成了人类自然环境中的一种根本变化。恰当地说，富裕的人们不再像过去那样受到

① 《马克思恩格斯全集》第31卷，人民出版社，1998，第481页。

人的包围而是受到物（OBJECTS）的包围。”[①] 的确，物质的极大丰富是生产力提升的标志，是工业时代巨大成就的显现，如今我们创造的消费品比以往任何时代都要多。当下，人们的消费欲望无时不在寻找与物、需求关联的存在感，“我消费，故我在”，消费成为存在感的一种无意识表达，正如网络上形形色色的抢购、秒杀活动，未抢购到则有一种心理的忧伤，抢到了似乎释放了某种压力。例如，购买一台最新款 iPhone 手机并不是一种单纯的新奇消费。iPhone 手机展示的是一个差异性的符码系统，它被赋予地位、身份等象征性的有序编码。在这种消费中，人们是在获取某种认同，渴望拥有相同的编码，进入一个拥有较高地位的团体之中，与人分享相同的符号。传统的物的使用价值和基本功用被符号价值所掩盖，而隐藏在人内心深处的虚假需要在膨胀，人们希望通过消费提升自己的生存等级、社会层级、文化认同。

当进入排长龙的队伍中，消费者似乎已经融入了这个群体，融入了共同的价值体系。快餐式的消费使我们根本无暇去消费到所购买物品的使用价值，更多的是获得一种象征价值，现代广告则利用象征和幻想控制着人们的消费意识形态，通过对人们进行心理暗示和诱导，使人们进行重复和不必要的消费。

这些都无不反映了凌驾于符号消费和权力话语之上的利益指向、技术力量和意识形态。正如鲍德里亚所说：“消费是一个与学校一样的等级机构：在物的经济方面不仅存在不平等（购买、选择和使用被购买力、受教育水准以及家庭出生所决定）——简言之，正如不

---

① 〔法〕让·鲍德里亚：《消费社会》，刘成富、全志钢译，南京大学出版社，2014，第1页。

是人人都有相同的读书机会一样，并不是人人都拥有相同的物——而且更深入一步地说，有个根本的差别存在着：一部分人能够获得环境要素（职能用途、美学组织、文化活动）理性的、独立的必然结果：他们与物毫不相干，从本意上讲他们不‘消费’；而其他人则注定要献给一种神奇的经济和原封不动的物，以及作为物的其他所有东西（观点、娱乐、知识、文化）：这种盲目拜物的逻辑就是消费的意识形态。”[①] 在马尔库塞看来，“由于更多的社会阶级中的更多的个人能够得到这些给人以好处的产品，因而它们所进行的思想灌输便不再是宣传，而变成了一种生活方式。这是一种好的生活方式，一种比以前好得多的生活方式；但作为一种好的生活方式，它阻碍着质的变化。由此便出现了一种单向度的思想和行为模式”[②]。消费操控着人们的现实生产，操纵着政治、历史、文化关系，更多地体现为强调客观功用的使用价值被象征价值所取代。在消费社会，“饥饿营销”屡试不爽。在消费过程中，教育水平、购买力、需求选择等差别都可能被消除，在消费社会之下，生产着丰盛和富有，也生产着贫困和饥饿，生产着消费神话，这主要现在以下两个方面。

一方面，“我消费、我存在、我开心”已经成为一种盲目的消费程式。这种消费程式表现出几个特征：人们毫不犹豫地追逐自己的幸福，不假思索地满足自己的需求，并毫不遮掩地展示时尚优越感。这需要借助心理学、政治经济学等学科来共同解释这些行为背后的逻

---

① 〔法〕让·鲍德里亚：《消费社会》，刘成富、全志钢译，南京大学出版社，2014，第19~20页。

② 〔美〕赫伯特·马尔库塞：《单向度的人：发达工业社会意识形态研究》，刘继译，上海译文出版社，2008，第11页。

辑。人们的许多消费习惯、思维方式、价值观念和生活状况都可能受到这种消费程式的诱导而变化。从心理学角度来看，虚假需求引导群体产生自发而盲目的冲动，脱离了最基本的需求，于是，消费者集体、无意识、自动地去选择这一种风尚，一群需求旺盛的消费者被塑造出来。基于传统政治经济经济学的需求理论可能无法诊治年轻一代的消费病痛，从符号逻辑来看，那些象征着人们身份或社会经济地位的符号帝国以一种咄咄逼人的话语讲述着主体的存在：我买这个商品并不是因为我需要它的使用价值，而是需要它象征着的地位、权利、身份。在这个意义上，物品失去了与之相联系的功用，沦为一种被消费的意象，符号价值甚至超越了交换价值，并随着广告、新媒介和包装不断增长。

另一方面，消费者在焦虑、惆怅，面对着井然有序的符号编码和组织结构，消费从娱乐、享受走向了它的对立面，享受不再是消费的终极目的，而消费则成为享受的自主的终极目的。人们关注商品的档次、标识、包装这些外在要素，因为消费不再是孤芳自赏，它以隐蔽的意识形态形式同化着人们的生活方式、思维方式和文化观念，消费行为不再是孤立的、单独的个体行为，而是在精心维护的话语和意识形态里面的一个符码，是一种全面编排的价值和秩序。尤其是在资本主义私有制范围内，“每个人都指望使别人产生某种新的需要，以便迫使他作出新的牺牲，以便使他处于一种新的依赖地位并且诱使他追求一种新的享受，从而陷入一种新的经济破产。每个人都力图创造出一种支配他人的、异己的本质力量，以便从这里面找到他自己的利己需要的满足”[①]。在这个领域，对信用的榨取和盘剥是最后一道砝码，

---

① 《马克思恩格斯全集》第3卷，人民出版社，2002，第339页。

被驯化出来的超消费阶层不停地开发他们的消费支付能力。亿万消费者在尽情地享受物质盛宴时，也会隐隐察觉到自己成为有别于马克思所描述的新的被剥削者。人们有时试图抵抗这种枷锁和束缚，但是建立在社会控制基础之上的消费程式会不断吞噬着这种反抗意识，并且将消费意识形态不断强化。

二　意识形态控制下的消费

在资本主义生产方式下，人的需要、欲望和意识不是自由的，而是受到他们产品的支配。这是因为资本主义生产关系使得人们的劳动产品变成了异化的商品，具有了拜物教性质，反过来统治和剥削人们的生命本质。一些学者指出，在当今的信息化社会中，资本主义通过对需要、欲望的操纵和刺激，加上媒介的宣传和诱导，利用新媒介、网络技术的影响，更加强化了对人们思想和行为的控制。

（一）媒介与消费控制

人们在享受现代化的丰盛商品和全套服务时，却可能陷入了无孔不入的“消费控制”之中，在诱导式的逻辑走向中，陷入了循环消费的怪圈。一个缺乏批判、缺少反思的暴力消费群体无时不在抢购和秒杀大狂欢中证明自己。媒介效果全球化，使媒介成为一种新的社会和一种新的经验的创造者。

新媒介正通过强化作用对世界信息进行分解和赋值，创造出超越真伪的拟像世界。可见，新媒介已经蜕变成为我们高度依赖的符号系统，同旧媒介相互交织，共同影响着我们的生产生活，并且潜移默化成为生活的一部分，成为协调社会关系的重要因素。遥远的时空概念被消解了，观念和见解被消除了，剩下作为最普遍形式的商品被消费着，储蓄、遗产被超前消费、享乐观念所替代，新的价值观念在新媒介的推波助澜下日益霸道。新媒介将各个领域的文化形态同消费策略组合起来，将商品的使用价值与人生意义紧密结合起来，把消费的价值定格为休闲、放松、自由、享受生活。新媒体利用易复制、快速传播的信息技术优势，将消费环境同构化，迅速再现场景，大量复制相同的拟态符号。作为消费的受众则陶醉在这种消费氛围之中，而被现实激发出来的欲望与需求背后还是资本逻辑在操纵，新媒介则在推波助澜。

同时，随着互联网技术和大数据信息的运用发展，超时空、多领域、跨文化的新媒介日新月异，网络文化对现实生活的影响和冲击愈演愈烈，正渗透在社会机体的每一个毛细血管里，加速了社会转型和群体的分裂。在信息时代，人们“超越”了“人对人”“人对物”的依赖，通过多重身份在现实社会和虚拟社交中建立关系。然而，商品化的消费符号却逐渐异化成为统治和支配人们的力量。在看似繁荣、富足和丰盛景观的背后，是一批“单向度”“缩小”“贫困”的消费主体。这些消费主体受到消费符号异化的影响，其原有的价值观念变得混淆、颠倒甚至消解。大众受制于新媒体和其他隐性宰制工具，在异化符号意识形态化的消费逻辑下丧失了反思与抉择能力。

（二）消费社会与需要满足

人的身体有许多需要，比如说饥饿，这些需要是受生理条件限制的，总有一个极限。然而心理上的欲望——每一种欲望都是心理上的——是无止境的，即使这种欲望通过身体而得到满足。

> 因为这种欲望本来要克服的是内心的空虚和无聊、孤独和抑郁，而这些都不是可以通过满足欲望来消除的。[①]

丰盛的消费可能会带来欲望虚荣的片刻满足，却改变不了精神的基础匮乏。这个丰盛的消费背后是巨大的浪费，过度的、奢侈的消费使人们付出了巨大的代价，同需求的持续增长相比，落后的社会生产似乎成了决定性的解释，但是，可以看到，物质增长被社会结构所分离，其基础是一种结构性的匮乏和一种不平等的关系。“我们重新进入了那种贪恋不舍的预言性话语之中、陷入了物品及其表面富裕的陷阱之中。不过，我们知道物品什么也不是，在其背后滋长着人际关系的空虚、滋长着物化社会生产力的巨大流通的空洞轮廓。”[②] 消费社会带来的是巨大的不安全感和神经的折磨，人们感到无尽的社会压力和焦躁，而消费活动在某种程度上满足了人们内心享受的渴望，释放了其内心的压抑，使其在心理上得到宽慰。

另外，消费意识形态话语将消费者塑造成普遍的人——在欲望策略下物质消遣的“类”存在物。借助以消费品为标准的身份地位层面的编码，消费者无意识地被归于一类，或者他有意识地使自己被归于“至高无上”的一类。在这种归类中，每个人依然可以根据自己的需求进行个性化选择，甚至订购自己个性化的独特性，享受差异。个性化的消费逻辑满足了个人的功用化，通过垄断性生产将巨大异质性符号通过区分的辩证法进行逻辑重置。消费符号的相同编码是某个群体与其他群体差别的表现，群体内的类同不意味着地位的平等，它只是

---

① 〔美〕埃里希·弗罗姆：《占有还是生存——一个新社会的精神基础》，关山译，生活·读书·新知三联书店，1988，第120页。

② 〔法〕让·鲍德里亚：《消费社会》，刘成富、全志钢译，南京大学出版社，2014，第203页。

编码系统相同的结果。许多消费者实际上并没有通过编码变革实现社会地位的跃升，符号编码也只能暂时缓解心理焦虑，却改变不了贫困的事实。

也许，在发达资本主义国家战略中，刺激消费成了一种集体的义务和使命，对美好生活的追求也许内含着消费制度和准则。对于劳动者而言，消费掉的正是依靠劳动力换取的工资，也就是用劳动和额外劳动（加班）换取神经系统的愉悦，也许劳动的意义就是在消费中建立兴趣，获得满足。这意味着劳动不仅仅是一种美德，还是人的本质力量的体现，连消费都成为一种贡献，成为拉动生产、带动生产力发展的动力。

三　财富与贫困的对立

马克思从历史唯物主义出发，勾勒了人类历史发展进程中不同历史阶段所呈现的“生产—消费”图景，既肯定了资本主义生产方式的进步性，以及其催生人的需要的变革，但同时指出生产与消费的对抗性矛盾。现代工业体系生产出了大量的生产资料和服务、大量的物质精神财富，而这种增长带来了另一种不公正（贫困）：“城市工业界的影响使得新的稀有之物出现：空间和时间、纯净空气、绿色、水、宁静……在生产资料和服务大量提供的时候，一些过去无需花钱唾手可得的财富却变成了唯有特权者才能享用的奢侈品。”①

① 〔法〕让·鲍德里亚：《消费社会》，刘成富、全志钢译，南京大学出版社，2014，第 37 页。

闲暇、清净、蓝天白云，在过去人们不需要花费金钱就能得到，现在却变成了奢侈品，空气、泉水、小桥流水声也成为一种商品。大部分人在缺乏社会财富的同时丧失了自然财富，因为在消费等级结构中，他们处于不平等的结构下层，面临的不仅是物质的贫困，还有心理的贫困。为了摆脱心理的贫困，在现代工业体系的安排下，需要不断地消费以寻求满足。

在工业社会中，自然资源的流失并非完全意味着绝对减少，部分资源经过加工转化为商品形式。然而，由于存在分配不公和资源掌控的问题，人们对已经稀缺的资源的争夺更加激烈，这进一步加剧了对稀缺资源的伤害。与此同时，一些本来丰富充裕的自然资源被有意地标榜为“稀缺”的消费品，以满足消费者追求新奇体验的欲望。这种现象人为地创造了消费者追逐稀缺物品的乐趣。

随着现代工业体系的发展，消费逐渐成为人们生活中的重要组成部分。从一定程度上来说，现代工业体系和消费意识对农业生产生活产生了巨大的影响。第一，农业的污染问题凸显。工业生产排放的大量工业废气、废水等对农业环境造成了严重危害，导致土地和水污染，进而影响农产品的质量和安全。第二，农地的荒芜和农民的没落也是一个普遍存在的问题。随着城市化的快速推进，许多农村劳动力流向城市，导致农地荒芜、农村人口大量流失。与此同时，农业市场被现代工业体系所宰制，使得农民处于较弱的市场地位，无法获得公正的收益，这进一步加剧了农村贫困和农民的没落。第三，现代工业体系和消费意识还引起了农民和田地的分离。在经济利益和经济原则的驱动下，大量耕地被破坏和占用，加剧了农村资源浪费和生态环境恶化。在生产工业品的同时，人们也在不断生产着城市，在城市的橱窗前，人与物的关系被揭示，生产逻辑被消费逻辑所替代。农村依附于城市，依附于城市消费，自给自足的田园生活烟消云散了。

随着乡村振兴战略的全面实施，我国农村发展面临着前所未有的机遇。同时，现代工业体系和消费意识也对我国农业农村生活产生了巨大影响，需要引起我们的高度关注。首先，要加强农村环境保护和治理，促进可持续农业发展。乡村是传统农业生产的主要场所，也是人们生活的重要基地。因此，我们需要切实加强环境保护和治理，确保土地和水资源的安全，推进可持续农业发展，减少农业污染和荒芜问题。优化农村土地管理制度，促进农民土地权益得到充分保障。政府应健全土地管理制度，保障农民的土地经营权和使用权，防止土地被占用。同时，还应通过创新土地承包、土地流转等制度，激发农村土地资源的活力和效益。优化农业政策，促进农产品市场化和品质提升。应继续加大对农业的扶持力度，稳定农业生产和农产品价格，同时推动农产品加工、营销等环节的改革和创新，提高农产品的市场竞争力和附加值，帮助农民增加收入，提高农民生活水平。

消费主义作为工业体系的一种表现，有着神秘主义的色彩，通过对一定社会关系的控制和束缚，将消费者的需求和欲望塑造成特定的模式和行为。这种现象需要我们深入探索工业体系对个体和社会的影响，并认识到消费在其中所扮演的角色，唯有如此，我们才能更好地理解和应对工业体系对我们生活的塑造和影响。“我们看到，工业的历史和工业的已经生成的对象性的存在，是一本打开了的关于人的本质力量的书，是感性地摆在我们面前的人的心理学；对这种心理学人们至今还没有从它同人的本质的联系，而是总是仅仅从外在的有用性这种关系来理解。”[①] 人们在享受消费品时也试图抵制“疯狂的自我”，

① 《马克思恩格斯全集》第3卷，人民出版社，2002，第306页。

但很快就沦落了。消费者内心蕴藏着深厚的阶层意识，而消费品正是划分身份地位的标尺。对差异的崇拜、对垄断符号的追捧，对超前消费的无止境追求，造就了贫困的消费者，大量占有消费品的贫困者。在被迫需求原则和欲望刺激的驱动下，现代工业体系中存在着一种生产—消费—破坏的循环。这个循环通过大众媒体的控制和广告的推销，激发人们的购买欲望，使他们陷入一种麻木的消费狂欢之中。马尔库塞认为，“按照广告宣传来处世和消费”等许多需要都是虚假的需要，因为它们是“为了特定的社会利益而从外部强加在个人身上的那些需要，使艰辛、侵略、痛苦和非正义永恒化的需要”[①]。满足这种（虚假的）需要或许会使个人感到十分高兴，但如果这种满足感会阻碍我们认识整个社会的问题，并错过解决问题的时机，那么这种虚假的需要就不应该得到维护和保障。

消费社会带来的文化危机、生态危机，普遍的紧张感，无休止的压力，另类的贫困，随着生产的扩大不断加剧。马克思指出资本主义的“一切真正的危机”根源于其生产体系的矛盾性，即群众的贫困现状与消费有限的现实，[②] 而资产阶级却置若罔闻，试图掩盖这种贫困或者想尽一切办法提升消费能力的极限，进而去扩大生产，榨取更多的剩余价值。

马克思认为，生产直接是消费，而消费也直接就是生产，“生产中介着消费，它创造出消费的材料，没有生产，消费就没有对象。但是消费也中介着生产，因为正是消费替产品创造了主体，产品对这个

---

① 〔美〕赫伯特·马尔库塞：《单向度的人：发达工业社会意识形态研究》，刘继译，上海译文出版社，2008，第6页。

② 《马克思恩格斯全集》第25卷，人民出版社，1974，第548页。

主体才是产品。产品在消费中才得到最后完成”[①]。一件产品，作为活动者的主体的对象，只有通过主体的消费行为，被使用、被消耗、被分解等，才会现实地成为产品，而不是纯粹的自然物。消费不断产生新的生产需求，是生产持续进行的动力，把再需求表达出来，在观念上把需求的对象目的化。消费是生产体系中的重要因素，蕴含于生产、分配、交换、消费构成的总体环节之中，生产因素是支配其他因素的决定性的因素，其他方面的变化会引起生产规模的变化，如消费的需求可能决定着生产。

如上面谈到，为了榨取未来的、尽可能多的剩余价值，信用制度被广泛运用。正如马克思在《资本论》中所描绘的，信用加速了生产的扩大，加速了商品世界市场的扩大。在消费领域的信用制度加上消费驯化，加剧着生产过剩，生产着债务危机和金融危机。然而，现代工业体系推动消费领域乐此不疲地尝试着新的杠杆化，在强化支付能力的同时也强化了再生产的资本增殖，强化了对消费者的全面榨取和消费力的无限培育。这种享乐主义式的驯化在新媒介的控制下日趋合理化、社会化。同时，现代消费阶层，并非马克思所描绘的绝对赤贫的无产者，他们或多或少占有一些生产资料，他们渴望对需求、享乐、个体文化的自由表达和解放，然而，这种强制性媒介在消费社会强化着消费个人主义。

要深入理解消费主义的动因，我们还需要深入生产体系，商家对库存的焦虑往往是不言而喻的答案。要对消费社会中的贫困问题进行深入剖析，需要进一步探讨现代社会内部分工的问题。随着现代社会的发展，职业固化和阶层固化限制了人们全面发展的需求，不合理的

① 《马克思恩格斯选集》第2卷，人民出版社，2012，第691页。

分工导致了资源和机会的不平等分配，从而在一定程度上造成了消费贫困的现象。

物质财富的增长往往是建立在不平等的发展基础上的，社会结构决定了财富与匮乏的分配格局。富裕和贫困的存在并非偶然，而是由社会和经济结构所决定的结果。在资本不断扩张的过程中，货币符号成为现代社会中重要的象征形式，并在生产与消费的逻辑延伸中发挥关键作用。货币不仅仅是交换的媒介，更是衡量价值和满足需求的标准。它驱动着生产者追求利润，推动经济的运转。同时，货币也促使消费者以货币购买商品和服务，从而满足他们的需求和欲望。因此，货币符号在现代社会中成为塑造消费行为和推动开展经济活动的关键力量。在资本主义的市场扩张进程中，货币符号是现代社会脱域形式的重要角色，在生产—消费的逻辑延伸中发挥着威力。在现代社会中，我们可以观察到消费者崇拜货币符号以及信奉专家的现象，这反映出消费在社会中的垄断地位，既是生产垄断的结果，也是意识形态话语的垄断。

消费领域在表面上可能显得混乱无序，但实际上受到道德、制度、价值观和规范的支撑和约束。消费驯化的力量不断增强，推动着消费者与市场的互动。这种驯化现象涉及道德标准、社会规范和文化价值观等方面，塑造和引导着消费行为。在这个过程中，消费被视为一种具有象征意义的活动，通过购买商品和服务来满足需求和表达身份认同。鲍德里亚提出：

> （健康权、空间权、健美权、假期权、知识权和文化权）作为口号和民主符号的新的社会权利的出现，是富有象征意义的。因为它从有关成分向着区别性的符号和阶级（等级）特权过渡。

> “新鲜空气权”意味着作为自然财富的新鲜空气的损失，意味着向商品地位的过渡，意味着不平等的社会再分配。资本主义制度中进步的东西不应视为客观的社会进步——就是把所有具体的自然价值逐渐转变为生产形式，即转变为两种源泉：经济利益、社会特权。[①]

诚然，从人类历史进程来看，相较于农业社会，工业化是人化世界的全新方式，以现代技术为标志的新的生产力正以亘古未有的激烈方式变革着自然界和人自身。人们享受工业文明的成果本无可厚非，然而，通过对全球化、劳动分工的解析可以发现，现代性的消费的诸多风险景象被新媒介下的行业专家所模糊和淡化，现代意义上的革命策略被消解。

当代资本主义社会系统并未有效调节社会控制和政治经济矛盾，并且没有在基于伟大的平等原则或民主原则的基础上建立起其广泛宣扬的文化和意识形态体系，它宣扬的文化和意识形态体系也未能充分应用于社会控制和调节的过程中。相反，现代社会系统更多地受到其他因素的影响，这导致了社会调节的不完善和贫富差距。由此产生的结果是社会系统无法有效地处理社会控制和政治经济矛盾。即使民主和平等原则已经通过学校教育和社会培训深入人心，但是这些关于权利、正义等有意识的平等原则仍然相对脆弱，且永远不足以实现社会一体化，因为它们太明显地与这个社会的客观现实不符。[②]

全面狂欢的消费暴力是当前资本主义符号生产力加速的历史必然

① 〔法〕让·鲍德里亚：《消费社会》，刘成富、全志钢译，南京大学出版社，2014，第39页。

② 〔法〕让·鲍德里亚：《消费社会》，刘成富、全志钢译，南京大学出版社，2014，第78页。

结果。商品逻辑成为支配劳动进程，支配个体关系、文化的决定性因素，一些需求被诠释为功用性、可符号化、可消费的范型，这是一个时代的日常话语，我们需要的是对这种话语进行剖析，对神话般的消费逻辑进行批判、反思。

当代资本主义经济的发展，公共化社会福利的推广，使绝大多数工人远离了“绝对贫困”。同时，工人的薪酬待遇、生活条件、劳动环境得以较大改善，从事直接生产劳动的产业工人大量减少了，农业直接从业者也锐减，而以商业和金融业为主导的第三产业中的服务人员大幅度增加。社会上出现了“无产阶级消亡”的现象，更多人从事着非物质性生产劳动（情感劳动），再加上发达资本主义国家实行“高工资、高福利、高消费”的政策，使工人购买力增强，发达资本主义人口也出现了低出生率、低死亡率的增长模式。但是，社会贫富分化的整体格局未发生实质性改变。

后现代政治哲学家在批判消费社会流弊和异化陷阱的同时，为我们打开了一条进入话语、物品和关系的分析通道，也为我们搭建了通往历史唯物主义的桥梁。合乎人性地生活，不仅要能创造对象世界，而且要合理地运用对象世界。消费正义只有与目的性追求相一致、相协调，才能使人摆脱幻想的虚妄与生活的焦灼，在满足物质需要的同时，去实现人对自身的全面占有。人有其他动物所没有的多种潜能，因而人能为自己创造独有的丰富多彩的生活世界；为了合乎人性地生活，消费不应成为人自身的目的，这就要求摒弃浪费物质资源和过度消费的陋习。不正义消费在精神文化领域里，主要表现为粗俗化、肤浅化消费。摆脱消费主义的操纵控制，才能消除人与自然之间的紧张对峙，缓解消费主义造成的人与人之间的冲突和对抗，只有在全社会树立起消费正义的全新消费理念，使得消费正义的价值哲学外化为人们的消费行为和生活方式，才能从根本上超越消费主义，建构消费正义。

改革开放40多年来，我国人民群众的消费需求日益丰富发展，消费层次不断升级，内涵式消费需求增加。文化娱乐、医疗、健康服务等消费供给结构性失衡与高品质、多样性需求的增长的矛盾，成为当代消费正义面临的问题。中国虽然已经成为世界奢侈品消费第一大国，但总体上仍处于社会主义初级阶段，部分群体受到西方主流消费价值观诱导，其消费欲望被资本操纵和控制，崇尚奢侈消费主义和享乐主义。要实现充分、均衡、高质量发展，以生产正义、分配正义来保障消费正义，消除不同群体、阶层的心理上的不平衡。

第九章　生态正义与价值诉求

“生态”早已超越了生物学的专属领域，成为社会科学高度关注的议题。以往的正义话题往往囿于经济文化层面，对生态正义的观照往往被分配正义所掩盖。但随着工业文明的崛起，人类对自然强力开发，化石能源、核能源的广泛开采运用，帝国的生态掠夺，造成自然灾害和极端恶劣天气事件在全球范围内发生的频率不断攀升。在全球气候变暖的大背景下，大气环流特征等发生改变，全球极端天气事件和自然灾害呈现出“常态化”、频繁化和难以预测化等趋势，如洪涝、干旱在全球范围内日益频繁，破坏性日益加大。发达国家为了转移生态环境问题，采用隐性的输出方式，以生态帝国主义的面目对待生态问题。生态问题愈来愈成为一个备受关注的全球性问题，越来越多的学者将正义问题的研究视域拓展到了生态领域，生态正义也愈发受到关注。

当前生态正义面临着不同方面的价值诉求，概括起来主要有两种：一是从人类与自然之间的关系出发，追求人与自然之间的整体环境正义；二是从人与人的关系出发，关注多元利益主体之间的平等的生态利益，包括不同区域的生态利益、不同代际的生态利益、不同群体的生态利益。

随着我国进入中国特色社会主义新时代，全面建成了小康社会，人们的闲暇时间增加，对生态影响更加关注，对新鲜的空气、清洁的水、美丽的居处所等不同类别的生态需求普遍增长。能否治理环境污染、解决生态危机、建设美丽家园，不仅关系到生产正义的实现程度，也关系到新时代中国特色社会主义“两步走”战略的实现程度，关系到人民群众的获得感和幸福感。

一　主体解放与生态困境

生态正义体现的是人类与自然的合理、公正、有序的关系，反映了人与自然可持续的共存状态。随着文艺复兴和启蒙运动的兴起，控制自然的思想观念日益盛行：通过科学和技术来控制自然界，进而控制生产和消费，最终控制人的思维观念。在“知识即是力量”的文化观念驱动下，人们征服自然和改造自然的能力不断提升。人类中心主义思潮助推了全球范围内的生态扩张，工具理性在压迫和奴役自然的同时也异化了理性的载体和主体。正如法兰克福学派的早期代表人物马克斯·霍克海默（Max Horkheimer）和西奥多·阿多尔诺（Theoder W. Adorno）所指出的那样，知识和权力紧密相连，形成了一种对人类和自然的支配。这导致了启蒙运动中理性神话的破灭，即试图通过征服自然来解放人类却进一步加强了对自然界的控制，使得人类更加受自然规律支配。在这个过程中，人类所拥有的知识也变成了一种机器式的工具，而非真正的智慧，它不仅无法解放人类，反而将人类奴役于其中。

工业革命是人的本质力量扩大的真实写照。人类从物的桎梏中不断解放出来，并在控制自然的征程中取得了一个又一个“胜利”。资本主义工业革命产生了巨大生产力，“资产阶级在它的不到一百年的阶级统治中所创造的生产力，比过去一切世代创造的全部生产力还要多，还要大。自然力的征服，机器的采用，化学在工业和农业中的应用，轮船的行驶，铁路的通行，电报的使用，整个整个大陆的开垦，河川的通航，仿佛用法术从地下呼唤出来的大量人口——过去哪一个世纪料想到在社会劳动里蕴藏有这样的生产力呢?”① 工业文明在科学的推动下，提升了人们利用自然界的能力，加剧了主体意识的膨胀。这种发展导致了人类逐渐偏离美好的“田园图景”，而与自然越来越疏离，甚至产生对抗。

弗兰西斯·培根曾提出“知识就是力量”这一口号，相信只要人们掌握了科学知识并运用技术工具，就能够从宗教神学和自然崇拜中解放出来，并进而控制自然，成为自然的主宰。然而，在启蒙理性的影响下，理性被技术化、工具化、实用化，人与自然对立起来。这种对立关系导致了自然的异化以及生态问题的产生。工具理性被认为能够拯救人类，但事实上它并没有真正解放人类，反而导致了理性异化和技术权力的极度膨胀，进一步加剧了人与自然的矛盾。这种将人类凌驾于自然之上的生态价值观，使得科技崇拜盛行，加剧了人类与自然之间的紧张关系，让我们陷入了生态问题的困境之中。正如恩格斯指出：“我们不要过分陶醉于我们人类对自然界的胜利。对于每一次这样的胜利，自然界都对我们进行报复。”② 总之，若科学技术脱离了

① 《马克思恩格斯选集》第1卷，人民出版社，2012，第405页。

② 《马克思恩格斯选集》第3卷，人民出版社，2012，第998页。

价值理性的引导，就无法带给人类幸福与福祉，反而会带来数不尽的危机和灾难。因此，我们需要重新审视人与自然的关系，摆脱控制与被控制、利用与被利用的观念，实现人与自然的和谐共处。

人类的文明进程就是一部人化自然的历史，从远古时代对自然的崇拜和敬畏到控制自然、人定胜天，人们借助于工具的发明和运用来改变自然界的面貌。从表面上来看，人类控制自然的能力在加强，事实上人越来越被自然和权力欲望所支配，逐步丧失了自我，坠入了虚无的深渊。科学技术的广泛应用极大地提升了生产力水平，为人类带来了巨大的物质财富和消费享受。然而，仅仅依赖科学技术并不能实现人的全面发展和解放。在资本主义社会，科学技术未必能够显著提升人们的精神文明生活水平，无法实现人的自由全面的发展，反而有可能成为资本奴役人、排挤人的工具。“商业化了的自然界、污染了的自然界、军事化了的自然界，不仅在生态学意义上，而且在实存本身的意义上，切断了人的生命氛围。”① 建立在近代主体性哲学主客二分思维方式基础上的人类中心主义价值观，把自然仅仅看作满足人类需要的被动客体，从而导致人类和自然之间形成控制和被控制、利用和被利用的工具性关系，导致了人类对自然的破坏。“在私有财产和金钱的统治下形成的自然观，是对自然界的真正的蔑视和实际的贬低。”②

环境污染和资源枯竭的问题与人口增长密切相关。随着人口的增加，对原材料的需求扩大，导致技术发展的加速和资源的大规模开发。因此，人口增长是产生生态问题的一个重要原因。马尔萨斯在其人口

① 〔德〕赫伯特·马尔库塞：《审美之维：马尔库塞美学论著集》，李小兵译，生活·读书·新知三联书店，1989，第 131 页。

② 《马克思恩格斯文集》第 1 卷，人民出版社，2009，第 52 页。

论中认为，人口的增长与有限的生活资料供应之间的矛盾导致的痛苦，必然由下层民众来承受，只有通过赋予道德限制和实施预防性措施才能解决这种矛盾。而罗马俱乐部在《增长的极限》中强调，人口的无限制增长与有限资源之间的冲突是引发环境危机的主要原因。因此，需要限制需求增长，而不是增加生活物资供给，才能解决这个问题。这个世界无法承受生态需求的这种持续不断的增长，无论是哪种形式的无限增长，有限的资源都难以承受，这是环境困境的实质。现在各个国家地区仍然不大可能去维持无限的指数级经济增长，但是，生态需求正在指数级增长。

面对生态困境，霍克海默和阿多尔诺在《启蒙辩证法》中，以及霍克海默在《理性之蚀》中，都把人与自然的关系及生态问题和人类的解放问题联系起来加以系统考察，他们揭露了人类依靠科技进步、凭借科技手段，将自然作为征服和掠夺的对象，使人与自然的关系处于异化的状态，从而导致严重的生态危机。生态学马克思主义继承了法兰克福学派的批判精神，对资本主义制度下劳动异化、消费异化、技术异化以及必然出现的生态危机进行了揭露，为我们探索人与自然合理的物质交换提供了新的方法论。但是，生态学马克思主义并没有囿于技术批判和纯粹的道德说教，其对技术理性的批判，并不是仅仅针对技术本身的批判，他们所批判的是被资本主义所控制的技术理性所导致的技术的非理性运用，以及对自然的无止境掠夺。他们对技术理性展开批判的目的是把技术从资本的控制之下解放出来，通过把人的欲望的非理性和破坏性方面置于理性控制之下。当技术非理性地运用于控制自然时，当人们频频利用技术满足虚假意识时，当人们在林林总总的商品消费之中释放压抑时，当盛行的技术合理性导致人的片面、畸形和单向度发展时，生态问题表面反映的是人与自然的矛盾，其实质体现的是人与人之间的矛盾关系。只有把“控制自然”理解为享受自然，把技术革新应用于人道化，使工具理性服务于价值理性，使生产发展体现为人的全面发展，才能处理好科技进步和自然生态环境的二重关系问题。

马尔库塞认为，资本主义社会通过技术理性和消费文化，把人们的需求异化为对浪费和破坏的需要。[①] 这意味着，人以精神的沦落为代价从自然获取了大量生产、生活资料和消费品，使自然服从于商业组织，使自然成为商品化的自然界、军事化的自然界，使人与自然产生尖锐冲突。由于人对人的统治依赖于人对自然的统治，所以人的解放同样依赖于自然的解放，而人的解放和自然的解放归根到底是一致的。很多学者意识到了人类与自然之间的紧密联系，却没有从实践、客体的角度深入探究人类生产活动实践过程。同时，也缺乏对人性与自然本质的深层次分析。

马克思深刻地解读了人类自然科学发展同工业实践、自然界的关系，“自然科学却通过工业日益在实践上进入人的生活，改造人的生活，并为人的解放作准备，尽管它不得不直接地使非人化充分发展。工业是自然界对人，因而也是自然科学对人的现实的历史关系。因此，如果把工业看成人的本质力量的公开的展示，那么自然界的人的本质，或者人的自然的本质，也就可以理解了……因此，通过工业——尽管以异化的形式——形成的自然界，是真正的、人本学的自然界”[②]。也就是说，自然的改变同人的工业实践活动紧密相关，必须从现实的实践进程中寻求人的本质同自然的本质展开的契合点。

---

① 〔美〕赫伯特·马尔库塞：《单向度的人：发达工业社会意识形态研究》，刘继译，上海译文出版社，2008，第 9 页。

② 《马克思恩格斯全集》第 3 卷，人民出版社，2002，第 307 页。

二 自然报复与生态沦陷

威廉·莱斯（William Leiss）指出“控制自然”概念如同“自然权利”概念一般，“它以普遍的名义被说成是人类的任务，它会对整个人类而不是任何特殊利益集团带来利益”[①]。他详细考察了“控制自然”观念的历史演变，揭示了这一观念如何转化为“控制人”的手段和目的。这种意识形态，使自然成为满足人类无限欲望的资源，导致了生产的过度扩张和自我毁灭，是生态危机的深层根源。在资本主义生产方式下，劳动者被异化为机械的木偶，成为生产线上的一颗螺丝。他们的消费意识也被操纵和刺激，以满足资本的利润追求。这种过程不仅破坏了人的本质和尊严，也破坏了自然生态系统的平衡和协调，引发了人类社会和自然环境的双重危机。本·阿格尔（Ben Agger）进一步论证消费异化是当代资本主义社会的一种普遍的异化现象，当代资本主义国家为了缓解经济危机，诱使人们在市场机制的作用下把消费当作最大的需要和真正的满足，从而导致“消费异化”，而消费的异化和消费主义的盛行必然导致生态危机的加剧，因为无限消费必然导致无限生产，无休止的生产、破坏和浪费导致地球各种资源锐减，大量废弃物充斥着人类的生存环境，对自然生态系统造成无以复加的生态灾难，威胁整个人类的持续发展。

在资本主义社会中，科学技术往往被资本的逻辑所宰割，成为特

---

① 〔加〕威廉·莱斯：《自然的控制》，岳长龄、李建华译，重庆出版社，1993，第150页。

殊利益集团谋取更大利润和控制压迫他人的工具。因此，需要对技术理性进行批判，以把技术从资本控制之下解放出来，并通过控制人类欲望的非理性和破坏性方面来实现这种解放。资本追求高利润率，必然导致高积累率，而高积累率反过来又导致了对原料的更大需求。不管原料、能源及其他“不变资本和可变资本因素”的成本是高或低，资本的积累和经济的增长都需要扩大投资规模，从而必然加快资源消耗及衰竭，同时也会制造越来越多的副产品和污染物。

资本主义制度自身具有资本扩张主义逻辑，其生产方式严重依赖于能源和资本，是不可持续和反生态的。它总是倾向于通过大量投入原材料和能源，以获取高额利润，加快生产流转，却导致自然资源快速消耗和更多废料被倾倒到环境中。此外，排泄物和污染物往往也被转移到不发达国家或落后地区，造成了严重的生态破坏和威胁。

工业现代化也带来了全球变暖、臭氧层空洞、酸雨、海洋污染、森林资源及能源衰竭、土壤流失和生物多样性锐减等生态危机。尤其是近代以大机器生产为特征的工业化使人类社会物质财富急剧积累，伴随工业化而出现的是化石燃料和高碳能源的过度使用，从而引发大气中二氧化碳浓度急剧增加，导致了严重的全球气候问题，威胁着人类的生存和经济社会可持续发展。人类原先把地球作为资源取之不尽、用之不竭和环境容量无限的宝库，以为大自然能够稀释人类产生的污染物，而忽视了自然与环境的承载力，导致人类对自然盲目征服，在生产力快速发展、工业化和城市快速推进的同时，人类却遭到了大自然的报复。

自然辩证法认为，一切僵硬的东西溶解了，一切固定的东西消散了，一切被当作永恒存在的特殊的东西变成了转瞬即逝的东西，整个自然界被证明是在永恒的流动和循环中运动着。[①] 自然在人类的进攻之下并不是一味地退缩，而是伺机报复；人类作为自然的一部分，只有在生态系统之中才能够存续发展。

对于人类对自然的步步紧逼和过分奴役，自然界会不时地敲响警钟并“施加报复”。正如恩格斯所指出：“我们每走一步都要记住：我们决不像征服者统治异族人那样支配自然界，决不像站在自然界之外的人似的去支配自然界——相反，我们连同我们的肉、血和头脑都是属于自然界和存在于自然界之中的；我们对自然界的整个支配作用，就在于我们比其他一切生物强，能够认识和正确运用自然规律。”[②] 人类越控制自然、越依赖科技支配自然，就愈深陷技术营造的牢笼，不断地制造并打开“潘多拉魔盒”，人类重新堕落到了一种非理性的野蛮状态。

毫无疑问，所有与技术有关的发明创造都可能会产生副产品。科学技术并未有效解决全球性问题，反而在某种程度上加剧了生态危机。因此，我们应摆脱依赖科技控制自然的傲慢和偏见，正确看待科学技术。生态问题不仅是一个单纯的自然问题，更是一个深层次的人类社会发展问题，它与“现实的人”的实践活动以及人的异化密切相关。

三　生态权利与生态运动

阿恩·纳斯（Arne Naess）提出了深生态学运动和“生态圈平等

① 《马克思恩格斯选集》第3卷，人民出版社，2012，第855~856页。

② 《马克思恩格斯选集》第3卷，人民出版社，2012，第998页。

主义”原则，倡议在一个整体性、全景式的语境下理解整个生物圈。相比其他人只关注有限的同胞和生命形式，生态领域的工作者更能从内心深处持有对生命的深层次尊重，甚至崇拜。因此，对生态领域的工作者来说，平等的生存和成长权利是一种直观上清晰且显而易见的价值公理。

社会正义和环境正义诉求在世界各个国家和地区普遍存在。在社会政治生态中处于劣势、没有政治权利的人们在经济领域愈发受到挤压和边缘化，而且其实现利润增长面临的环境成本更大。在宏观层面，当代生态危机就是资本主义生产方式主导的工业文明的总体性危机，是资本主义价值观和生存方式的全面危机。资本主义生产方式确立以来，以控制自然、支配自然为核心的生态价值观主宰着主体道德视角，导致形成了人类对自然环境掠夺式的关系模式、全球性生态问题的不断暴发。

资本主义提倡技术的运用必须服从“资本逻辑”，即追求利润和增殖自身的资本的本性。因此，新技术的开发往往会引起更大规模的掠夺性开采和消耗自然资源。这表明，技术的进步并未能有效减少自然资源的消耗和对自然资源的依赖，反而增加了对自然资源的消耗。在资本主义条件下，科学技术的使用越来越非理性化，因为新技术被开发和应用，以满足日益膨胀的资本主义生产需求。在利润的驱动下，技术不是以服务生态保护为原则，而是充当攫取剩余价值的工具和手段，导致生产上的不可持续性和生态断裂。

启蒙理性强化了西方哲学观念中的“控制自然”的伦理价值观，把人视为凌驾于自然之上的主人和主宰，这导致了人与自然关系的异化和紧张。因此，我们必须摒弃片面的人类中心主义生态价值观，实现生态理性。这意味着要限制工具理性和经济理性，使其服务于人的自由发展和精神生活，以及服从于价值理性；要“使生产的社会关系变得清晰起来，终结市场统治和商品拜物教，并结束一些人对另一些人的剥削”[①]。这样既能满足个人的需要，同时又不损害生态系统，从而使人和自然得到和谐发展。

全球一体化在一定程度上为解决全球性问题提供了契机，但同时也可能加剧生态问题的扩散和蔓延。任何国家和地区都不能简单地置身于狭隘的生态治理模式之内，采用以邻为壑的治理模式，只有改变以资本为基础的全球权力关系和制度体系，生态问题才有可能得到解决。“自然界的一切归根到底是辩证地而不是形而上学地发生的。”[②]恩格斯认为：“在自然界中任何事物都不是孤立发生的。每个事物都作用于别的事物，反之亦然，而且在大多数场合下，正是忘记这种多方面的运动和相互作用，才妨碍我们的自然科学家看清最简单的事物。”[③]

在马克思恩格斯生活的时代，全球性生态危机已有端倪，他们关注生态平衡并批判资本主义生产方式造成的人与自然、人与人相互异化。资本主义生产方式导致了对自然资源的疯狂掠夺和耗竭式利用，最终导致了自然环境对社会的负面影响。马克思强调，自然不仅是劳动的对象，也是意识的精神生活和人类全部感性活动的对象。然而，在现代资本的存在关系中，经济关系被资本中介成为存在的本质规定，自然因此变成了单纯的“有用物”，以一种异化的形式呈现在我们的面前。我们不仅需要从观念上揭示这种异化，还要通过实践实现

① 〔美〕詹姆斯·奥康纳：《自然的理由：生态学马克思主义研究》，唐正东、臧佩洪译，南京大学出版社，2003，第439页。

② 《马克思恩格斯选集》第3卷，人民出版社，2012，第793页。

③ 《马克思恩格斯选集》第3卷，人民出版社，2012，第996页。

自然的解放，即“自然界的真正复活”[①]。

生态辩证法强调以普遍联系的观点看待世界生态问题，强调生态矛盾特殊性与普遍性的辩证统一，强调矛盾主次方面与主次矛盾的辩证统一。生态辩证法要求自觉地把握自然生态系统本身的辩证发展过程，从生态系统的整体与部分、普遍与特殊、斗争与和谐等诸多层面观照人类生态文明发展进程。总之，当代生态环境危机的实质是资本利润的分割矛盾，是人们的经济利益冲突在自然领域的现实反映，它表现了人们在生态环境方面的眼前利益与长远利益、民族国家利益与全人类利益、局部利益与整体利益、经济利益与社会利益的冲突和紧张。我们应该摒弃由资本主导的狭隘价值观和消费方式，运用价值理性引导人类的发展方向，建立“人类—自然”整体主义价值取向。

而就个体层面而言，人所面临的生态环境的挑战，不仅与其态度和价值观相关，而且与经济和社会地位紧密联系。马克思恩格斯深刻地指出，环境破坏最严重的地方往往是工厂工人居住地、农场或贫民窟。工人浑身器官受到高温灼烧、粉尘伤害、噪声污染。马克思在《资本论》中描绘了工业在污浊肮脏的环境中遭遇的生态错乱，而西方工人运动正是为改善工作环境和追求生活质量而进行的斗争。为争取好的空气、水、食物、工作环境、居住地环境等进行的生活斗争构成了一些绿色政治运动的主线。

在戴维·佩珀看来，马克思主义和无政府主义都带有强烈的乌托邦倾向，因为它们相信存在一个更美好的世界。对于马克思主义来说，它的信念无疑是社会主义；对于无政府主义整体而言，它有着自由主

---

① 《马克思恩格斯文集》第 1 卷，人民出版社，2009，第 187 页。

义和社会主义，甚至或许是保守主义（在那里，它把过去理想化而不是支持一个未来乌托邦）的成分。①

全球绿色政治运动与社会变革紧密相关。环保组织、工会、女性组织以及绿色无政府组织等，围绕绿色经济与黑色经济进行着斗争、争论，他们不仅论证和装点着各种不同的（劳动、阶级、剥削相关的）政治制度和经济制度，也在推动着生态正义运动持续走向前台。

四　生态正义与生态价值观

生态正义要求社会配置生态资源时遵循公平、公正、平等、自律等准则，既包括人与人之间分配生态资源的人伦责任，也包括人对自然资源的保护、循环使用、治理等责任。生态正义反映的是人与人、人与自然背后的社会关系。如果把人与人、人与自然的关系割裂来看，往往会陷入一叶障目的窘境，生态正义就是对各种生态危机、非正义生态现象的反思。马克思认为，人本身就是自然的存在物，属于自然的一部分，"一方面具有自然力、生命力，是能动的自然存在物……另一方面，人作为自然的、肉体的、感性的、对象性的存在物，同动植物一样，是受动的、受制约的和受限制的存在物"②。生态正义中蕴含着"人与自然共生"的价值逻辑。

在《1844 年经济学哲学手稿》中，马克思曾对人和自然的关系作了深刻的揭示："自然界，就它自身不是人的身体而言，是人的无机

① 〔英〕戴维·佩珀：《生态社会主义：从深生态学到社会正义》，刘颖译，山东大学出版社，2012，第 214 页。

② 《马克思恩格斯文集》第 1 卷，人民出版社，2009，第 209 页。

的身体。人靠自然界生活。这就是说，自然界是人为了不致死亡而必须与之处于持续不断的交互作用过程的、人的身体。所谓人的肉体生活和精神生活同自然界相联系，不外是说自然界同自身相联系，因为人是自然界的一部分。"[①] 也就是说自然界是人的无机身体，而人是自然界的"有机"部分。马克思恩格斯提出要尊重客观的自然规律，正确地发挥主观能动性，"合理地调节他们和自然之间的物质变换"[②] 以及处理好人和自然的关系问题，促进人与自然的和谐共生。人们应该学会在自然中定位社会，同时关注人类活动对自然环境造成的威胁和影响。在人类与自然相互作用的过程中产生的环境问题和自然灾害，都需要从这种交互关系出发去解释。如果只注重对自然施加控制的能力，那么就会忽视人类对自然的依赖性；而如果轻视了人类活动对环境的影响，也会导致一系列的生态危机和环境破坏的恶果。因此，我们必须承认人类干预自然的能力和对自然的影响，并意识到这一切都建立在人类对自然的依赖之上。毕竟，人类自身就是自然界的一部分，我们的生产和生活都离不开自然。

资本主义的渗透和影响是难以估量的。法伯（D. Faber）清醒指出，第三世界环境的退化不仅是资本主义全球化的副产品，也是资本主义维持其统治和利润的必要条件。当代全球性的生态危机实际上是在资本主义主导下，自然资源在不同国家、地区和人群之间的不公平分配导致的人与人之间利益的冲突和危机。也就是说，生态危机是以人和自然关系为中介的人和人关系的危机。马克思从"世界历史"的广阔理论视角和全局出发，深刻阐述了社会发展模式取向与人的价值

---

① 《马克思恩格斯全集》第 3 卷，人民出版社，2002，第 272 页。

② 《马克思恩格斯文集》第 7 卷，人民出版社，2009，第 928 页。

存在，在全球化不断推进的背景下，我们要坚持用马克思主义解读“整体的世界历史”，避免整体主义、局部主义和个人主义的对立，把整个世界体系作为思考的对象。

> 资本破坏这一切并使之不断革命化，摧毁一切阻碍发展生产力、扩大需要、使生产多样化、利用和交换自然力量和精神力量的限制。但是，决不能因为资本把每一个这样的界限都当做限制，因而在观念上超越它，所以就得出结论说，资本已在实际上克服了它，并且，因为每一个这样的限制都是同资本的使命相矛盾的，所以资本的生产是在矛盾中运动的，这些矛盾不断地被克服，但又不断地产生出来。①

马克思主义高度关注全球性问题，主张从“世界历史”的视角看待全球问题。对生态正义的观照，也离不开“世界历史”的分析视角。马克思主义认为解决全球生态问题关键在于变革人类社会制度和生产方式。生态问题的本质是社会问题，只有将生态运动同社会主义结合起来，调节和支配人类的活动，才能实现人与自然物质能量合理协调的交换。在共产主义社会中，人们可以熟练地运用自然规律和社会规律，通过社会联合的生产方式，根据自己的主观目的、愿望和需要合理地调节人与自然之间的物质变换关系，实现人与自然之间的合目的性与合规律性的统一，达成人与自然之间的和谐共生。由此可见，共产主义作为完成了的自然主义和完成了的人道主义，是人与自然、人与人之间矛盾的真正和解，这就是马克思和恩格斯为人类所描绘的理想社会，也只有在共产主义社会中，才能消除资本主义生产方式所

① 《马克思恩格斯文集》第 8 卷，人民出版社，2009，第 91 页。

导致的人与自然的异化，最终解决生态问题，实现人与自然的和谐共生。

（一）防范生态帝国主义

在后工业化时代，西方发达资本主义国家更加注重国内环境保护，为了改善国内生态环境、缓和国内矛盾，它们将一些高污染、高排放的落后产能转移到其他国家，甚至把一些危险物和化学垃圾向发展中国家和落后国家转移，使其他国家沦为发达国家的“垃圾场”和“废水池”。“生态帝国主义喜欢剥削新的土地和资源，因为后者为初始的利润和迅速增长的生产率提供了很大的潜力。”[①] 这种制度会持续吞噬维持它赖以存在的资源基础。这种全球化背景下资本主义矛盾的隐形转嫁，并不能解决人与自然的矛盾，我们应该对此有清醒认识。

资本主义制度的不正义性就在于它的生产目的不是消费，而是追求利润，使得使用价值从属于交换价值，导致价值观的裂变或异化，所以说资本主义制度根本上是反生态的。因此，正如佩珀所指出的，“可持续的资本主义”“生态健康的资本主义”这些概念本身就蕴含一种矛盾，“资本主义的生态矛盾使可持续的或‘绿色的’资本主义成为一个不可能的梦想，因而是一个骗局”[②]。资本主义经济体系往往会在经济发展方面追求短期利益，而对环境和社会影响考虑不足。因此，当我们把“可持续”和“生态健康”的概念与“资本主义”结合起来时，就产生了一定的矛盾。“可持续的资本主义”和“生态健康的

---

① 〔英〕戴维·佩珀：《生态社会主义：从深生态学到社会正义》，刘颖译，山东大学出版社，2012，第108页。

② 〔英〕戴维·佩珀：《生态社会主义：从深生态学到社会正义》，刘颖译，山东大学出版社，2012，第110页。

资本主义”这些概念试图表达一个相对新的经济理念，即以对人类的未来和整个地球负责任的方式来经营企业和推动经济增长。但遗憾的是，资本主义的核心原则是追求最大化利润，这与可持续性和环保的目标并不总是一致的。被资本逻辑所控制的商品拜物教和虚假意识，驱动着人们不断进行消费，这加剧了业已存在的生态问题。也就是说，资本主义依靠貌似丰富的商品维持其虚假的合法性，异化技术及随之而来的异化消费不仅导致人的批判能力丧失，而且加剧了现实的人的劳动异化，导致技术信仰超越道德精神，引发环境破坏和生态失衡。也就是说，只有从资本主义制度上根除技术异化和消费异化，才能彻底解决生态问题。

西方生态学马克思主义、有机马克思主义等学说试图从不同角度出发建构一套解释生态危机根源和解决生态危机的理论体系。例如，“西方生态学马克思主义既没有把生态危机的根源归结为抽象的人类中心主义价值观，也反对把科学技术看作是生态危机的罪魁祸首，而是把生态危机的主要原因归结为资本主义制度及其生产方式的存在，认为只有立足于制度维度的基础上，才有可能谈论人类中心主义的价值观和科学技术对生态危机的影响”①。生态学马克思主义强调应当建立一个“以人为本”的人类中心主义的生态价值观，只不过这种人类中心论的价值观是建立在人类整体利益和“以人为本”这一基础上的，是和强调资本追逐利润的个人中心主义价值观相对立的。“生态学马克思主义也并非是反生产主义，而是要求生产力的发展和经济增长一方面应当建立在人类社会与自然界和谐发展的基础上，另一方面

① 王雨辰：《反对资本主义的生态学——评西方生态学马克思主义对资本主义社会的生态批判》，《国外社会科学》2008 年第 1 期。

应该有利于改变资本主义制度下形成的对商品消费无止境的需求结构，从而在满足人们基本生活需要的基础上，促进人的全面发展。”[①] 生态学马克思主义不同于西方传统生态中心论，它不是把生态文明诉求建立于社会道德的提升和个人生活方式的变革上，而是坚持历史唯物主义立场，把生态文明的实现真正落实在人类的实践活动中，是从制度层面出发，把变革资本主义制度和全球权力关系看作解决生态危机的关键。生态学马克思主义把环境生态保护重新回归于人的尺度，为实施生态正义提供了启示：不能把生态问题简单归因于科学技术和人类中心主义，而是要求从深生态学走向社会正义，以全人类的整体利益为价值尺度，树立正确的发展观、消费观、劳动观和幸福观，最终实现人与自然、人与社会、人与人的和谐发展。

（二）生态正义话语指向

对人类整体而言，自然生态环境是全体人类的共同生态，不是某个群体或个体的生态，但这不意味着人类中心主义。人类中心主义者单纯以人的生存、发展、进步为由，过分强调自然对人而言的使用价值，而忽视了自然的内在价值属性，搁置了自然的先天性，忽视了人来源于自然、终归于自然的不变法则。动物主义者强调保护动物的重要性，认为动物的生存权、生命权不可剥夺。生物中心主义则把人类的生态权与动物等生命体的权利整齐划一，强调尊重一切生命。不同的生态价值观代表了不同的文化主体的利益诉求，这些不同话语源自文化与政治的身份差异，形成了社会中的多元价值，这种多元价值观

① 王雨辰：《生态政治哲学何以可能？——论西方生态学马克思主义的生态政治哲学》，《哲学研究》2007年第11期。

念对生态环境有着各自的理解。

根据承认正义，生态正义就是人类对包括动物在内的生命体的承认。尽管生态正义的思潮有差异，但承认生态系统的整体性，尊重自然的完整性成为重要的共识。

生态正义交织着承认与再分配两种相关而又互异的规范化正义维度，但都不能完全覆盖。生态正义的话语建构，既涉及满足不同利益群体的自然资源、生态利益、环境资源的分配正义，同样也涉及不同身份主体谋求承认、渴望获得同样生态权利的承认正义；既包括渴望拥有自然物质资源的分配的独立性和发言权，也有对所有生态参与者的尊重。

生态正义早就超出了一个国家或地域的范畴，成为一个全球性话题。全球性的资源环境配置正义，关系到发展中国家与发达国家之间的话语权的争夺。发展中国家是执行共同的环境标准还是坚持“共同但有区别的责任”原则，人类活动废弃物、污染物的治理责任划分，都涉及生态话语权的争夺。“气候变化是全球性挑战，任何一国都无法置身事外。发达国家和发展中国家对造成气候变化的历史责任不同，发展需求和能力也存在差异。就像一场赛车一样，有的车已经跑了很远，有的车刚刚出发，这个时候用统一尺度来限制车速是不适当的，也是不公平的。发达国家在应对气候变化方面多作表率，符合《联合国气候变化框架公约》所确立的共同但有区别的责任、公平、各自能力等重要原则，也是广大发展中国家的共同心愿。”①

只有摒弃抽象的人类中心主义，重树马克思主义生态伦理价值观，合理利用生态辩证法，才能在主客体双重化过程中摒弃对立观念，

① 《习近平关于社会主义生态文明建设论述摘编》，中央文献出版社，2017，第132页。

减轻生态环境压力，实现人与自然的和谐相处。“地球生命共同体”的生态价值观主张在对人类中心主义的批判反思中摆脱主客二元分立的思维范式，将人类的发展放置于自然世界的宏大图景中去考察，它是一种新型的生态价值观。建构科学合理的社会制度，是价值观变革和生态问题解决的根本前提。制度的变革不能用对现代科技的盲目的否认来取代，生态学马克思主义、有机马克思主义等思潮，针对当代生态危机尤其是全球性生态问题进行根源分析批判及提出解决方案，对我们思考和解答当今时代的生态问题具有理论价值和现实启示。

（三）人与自然和谐共生

在经历了几百年的普罗米修斯式的冒险之后，人类处于工业文明即将结束的时代，也处于充满希望的生态文明形成的新时代。无独有偶，各种学科、各类学者都试图解释人与自然关系的冲突、描绘后工业文明时代人与自然关系的图景。自然科学发展突飞猛进，系统生物学更多地把生物当作在特定生态系统中活动的主体去理解，环境科学更多地运用有机方法研究生命系统，探寻有机体与生态环境之间的关联性，生态系统理论使人们加深了对有机体之间、有机体与周围环境之间的相互作用的理解，神经科学家把大脑描述为一个不断进化、内部相互关联并与周围环境交汇互动的系统整体。自然科学的新进展、新发现，极大地推动人们对世界整体的认识。随着量子物理学、生态科学的产生与快速发展，人类对整个世界相互联系、相互影响、相互作用的共生关系有了更深层次的理解，对整个生物圈的运动图景有了更加有机、更加生动、更加深刻的把握。各种“深”与“浅”生态观的争辩、技术中心主义与人类中心主义的争执、生态社会主义与生态资本主义的争论，此起彼伏。我们借用德里达的解构思维可以看出，后工业文明时代并没有书写一个完整的生态理论系统，逻辑、价值观上的对抗与支配、消解与冲突，在意识形态领域或环境生态领域都不断地凸显和延续。

面对着极端天气事件和自然灾害的频繁袭扰，我们必须从全球性视野解蔽自然灾害与生态危机多发的深层原因。我们不能局限于“控制自然”与自然的“报复”、“人的解放”与生态的“裂缝”等抽象价值争论的窠臼之中，而是要运用马克思主义生态哲学，分析自然规律和“自然—人”的内在关联性，推动经济社会发展方式积极变革，努力实现人与自然和谐共生。

党的十八大把生态文明建设纳入中国特色社会主义事业“五位一体”总体布局，首次把“美丽中国”作为生态文明建设的宏伟目标，生态文明被提上了一个新的高度。党的十八大审议通过的《中国共产党章程（修正案）》，将“中国共产党领导人民建设社会主义生态文明”写入党章。习近平总书记在党的十九大报告中指出，人与自然是生命共同体，要加快生态文明体制改革，建设美丽中国。“人类必须尊重自然、顺应自然、保护自然。人类只有遵循自然规律才能有效防止在开发利用自然上走弯路，人类对大自然的伤害最终会伤及人类自身，这是无法抗拒的规律。”① “我们要建设的现代化是人与自然和谐共生的现代化，既要创造更多物质财富和精神财富以满足人民日益增长的美好生活需要，也要提供更多优质生态产品以满足人民日益增长的优美生态环境需要。”② 必须坚持节约优先、保护优先、自然恢复为

---

① 习近平：《决胜全面建成小康社会　夺取新时代中国特色社会主义伟大胜利——在中国共产党第十九次全国代表大会上的报告》，人民出版社，2017，第50页。

② 习近平：《决胜全面建成小康社会　夺取新时代中国特色社会主义伟大胜利——在中国共产党第十九次全国代表大会上的报告》，人民出版社，2017，第50页。

主的方针，形成节约资源和保护环境的空间格局、产业结构、生产方式、生活方式，还自然以宁静、和谐、美丽。党的二十大报告再次提出，“像保护眼睛一样保护自然和生态环境，坚定不移走生产发展、生活富裕、生态良好的文明发展道路，实现中华民族永续发展”①。

中国式现代化的一个基本特征是“人与自然和谐共生的现代化”，强调践行绿色发展方式和生活方式的重要性，这是中国式现代化的本质要义所决定的。马克思的正义思想中蕴含着人与自然的正义关系。这意味着在现代化的进程中，我们不仅要实现经济和技术上的进步，也要考虑到环境和自然资源的保护与可持续利用，实现人与自然和谐共生。

“绿水青山就是金山银山。”我国正在加快发展方式变革，从中国特色社会主义事业“五位一体”总布局的战略高度，提高发展的平衡性、协调性、可持续性；从实现中华民族伟大复兴中国梦的历史维度，强力推进生态文明建设，建设美丽中国，引领中华民族永续发展。在我国推进社会主义现代化的进程中，需要准确把握人类社会发展与自然界最大承受限度的平衡点。这意味着要在推动经济和社会发展的同时，保护自然环境，遵循环境保护优先的原则，以避免给生态系统带来破坏性影响。在推进经济和社会发展的过程中，需要为人民群众提供与物质同步发展的优美生态环境。这表明在现代化进程中，不能仅仅关注经济增长，也需要考虑到人民群众的多样需求，包括良好的生态环境和健康的身心状态。这也展示了中国在现代化进程中不断探索寻找一条更为全面的、持续的、符合人民群众期望的现代化道路。接

① 习近平：《高举中国特色社会主义伟大旗帜　为全面建设社会主义现代化国家而团结奋斗——在中国共产党第二十次全国代表大会上的报告》，人民出版社，2022，第23页。

下来我们要加强对全球化视域下生态问题的研究，不断拓展马克思主义生态问题域，将生态问题的解决置于全球化、资本主义后工业化以及全球可持续发展的宏大背景下，正确处理现代化进程中特别是转型期经济发展、环境保护与人的自由全面发展的关系，促进“五个文明”全面协调发展，并努力为全球性生态问题的解决作出贡献。

（四）以人民为中心：生态正义与社会正义辩证统一

促进人与自然和谐共生既是中国式现代化的本质要求，也是生态正义的必然要求。实现人与自然和谐共生，消除两者之间的敌对关系，实质上就是实现“人与自然的和解”。社会主义制度的确立，为中国实现人与自然以及人与自身和解奠定了坚实的制度基石。邓小平同志指出：“过去搞民主革命，要适合中国情况，走毛泽东同志开辟的农村包围城市的道路。现在搞建设，也要适合中国情况，走出一条中国式的现代化道路。”[①] 在几代中国共产党人艰辛探索和不懈努力的基础上，特别是党的十八大以来以习近平同志为核心的党中央带领人民进行理论和实践创新突破，成功推进和拓展了中国式现代化。习近平生态文明思想作为习近平新时代中国特色社会主义思想的重要组成部分，集中体现为“十个坚持”[②]，以新理念、新视野、新论断，为全面推进中国式现代化提供了原创性理论支撑。党的二十大报告强调的“绿水青山就是金山银山”是建设人与自然和谐共生现代化的重大原则，要彰显人与自然是生命共同体的理念，以生态文明建设为引领，协调好人与自然关系，对山水林田湖草沙实施一体化保护，通过系统

---

① 《邓小平文选》第 2 卷，人民出版社，1994，第 163 页。

② 《习近平生态文明思想学习纲要》，学习出版社、人民出版社，2022，第 2 页。

治理来构建生态屏障，推动实现中华民族永续发展，赋予中国式现代化鲜明的绿色属性和生态正义特征。

规范资本有序运作是保障社会正义的前提，并且符合中国式现代化的发展需要。改革开放40多年来，我国发展社会主义市场经济、引入资本运作模式，促进了经济快速发展。然而，资本在化石能源领域快速增值、野蛮生长，导致环境污染高发、生态环境遭到毁灭性破坏，这成为民生之痛。党的十八大以来，我们加强防范，引导资本投入绿色经济，降低资本在生态环境等领域的负面影响。中国式现代化要求“坚持节约优先、保护优先、自然恢复为主的方针”①，既注重自然的自我修复功能恢复，又实施适度的人工修复举措。例如国务院办公厅印发《关于鼓励和支持社会资本参与生态保护修复的意见》，引导资本有序参与生态保护建设，加快推进自然生态系统、农田生态系统、城镇生态系统、矿山生态系统、海洋生态系统等保护修复。中国式现代化的特色包括人与自然和谐共生和全体人民共同富裕。我们要反思西方现代化过程中资本扩张所带来的反生态影响，防止资本无序扩张对社会正义的侵蚀，反对以破坏环境换取资本增长的发展模式。我们主张依法引导资本规范发展，驾驭资本从无序扩张转向规范发展，以推进经济社会高质量发展、促进社会公平正义、持续改善生态环境质量和实现自然资本的增值。

增进全体人民福祉是中国式现代化的价值追求，也是生态正义与社会正义的共同归宿。“社会是人同自然界的完成了的本质的统一”②，

---

① 习近平：《高举中国特色社会主义伟大旗帜　为全面建设社会主义现代化国家而团结奋斗——在中国共产党第二十次全国代表大会上的报告》，人民出版社，2022，第23页。

② 《马克思恩格斯文集》第1卷，人民出版社，2009，第187页。

生态正义是社会正义的延伸，社会正义是生态正义的基石。重塑人民群众获得感与社会资本获得感的利益平衡，缓和人与自然冲突，建设生态长城、绿色家园，这些都是“人与自然和解”“人与人和解”理论和实践的时代彰显。“人与自然和谐共生”的关键在于“人与人的和解”，现代化的核心在于人的现代化。中国式现代化要求以正确的发展观，同步推进物质文明和生态文明建设，避免人类中心主义和自然中心主义的倾向，并维护人民群众的权益与生态环境权益。中国式现代化始终坚持以人民为中心，坚持“良好生态环境是最公平的公共产品，是最普惠的民生福祉”①，将生态环境保护和经济社会发展看作一体，促进人民福祉、满足群众美好生活需要，保证自然资源和社会财富的一致性，在自然价值和人的价值之间达到和谐统一，使生态正义回归社会正义视野，体现生态正义和社会正义的统一与发展。

（五）代际和解共享：代内正义与代际正义有机结合

贯彻新发展理念是促进代际和解共享的关键。彻底解决生态环境问题和实现人与自然和谐共生，关键在于转变发展方式和生活方式。历史表明，只顾人类经济发展而无视生态代价、肆意破坏自然环境的现代化是不负责任的黑色现代化。我们需要摒弃旧理念，走绿色现代化道路，以确保可持续发展并处理好人与自然、人与社会的关系。习近平总书记提出“创新、协调、绿色、开放、共享”的新发展理念，这体现了胸怀“国之大者”的担当，具有重大意义。深入贯彻新发展理念，是建构人与人、人与自然、人与社会关系的有机纽带，是加快

① 《习近平新时代中国特色社会主义思想学习纲要》，学习出版社、人民出版社，2023，第225页。

生产生活方式绿色转型的题中应有之义。中国共产党在推进中国式现代化过程中，把绿色生态视为最大的财富，注重绿色、循环和低碳发展，努力形成经济发展与生态保护相辅相成、人与自然和谐发展新格局。

以生态优先、绿色发展为导向的高质量发展推动中国式现代化行稳致远。站在人与自然和谐共生的高度谋划发展，就是要努力实现高质量、可持续的发展。“高质量发展是全面建设社会主义现代化国家的首要任务”①，关系到中国式现代化的未来走向。党的二十大报告提出，“推动经济社会发展绿色化、低碳化是实现高质量发展的关键环节”②。中国式现代化强调高质量发展，要求在发展中更加注重“尊重自然、顺应自然、保护自然”，把绿色作为底色，把良好生态环境作为支撑，更加注重质的提升和量的增长的平衡性，努力实现经济发展方式的现代化。

中国式现代化要求保障代内代际共同利益和共享发展成果。中国式现代化要求“像保护眼睛一样保护自然和生态环境，坚定不移走生产发展、生活富裕、生态良好的文明发展道路，实现中华民族永续发展”③，对全体人民负责，对子孙后代负责。中国式现代化区别于西方现代化的一个重要特征，就是其要求当代人在共同享有生态权利时维

---

① 习近平：《高举中国特色社会主义伟大旗帜　为全面建设社会主义现代化国家而团结奋斗——在中国共产党第二十次全国代表大会上的报告》，人民出版社，2022，第28页。

② 习近平：《高举中国特色社会主义伟大旗帜　为全面建设社会主义现代化国家而团结奋斗——在中国共产党第二十次全国代表大会上的报告》，人民出版社，2022，第50页。

③ 习近平：《高举中国特色社会主义伟大旗帜　为全面建设社会主义现代化国家而团结奋斗——在中国共产党第二十次全国代表大会上的报告》，人民出版社，2022，第23页。

护好生态整体性、多样性和可持续性，在资源利用时既要考虑当代人的需要，为当代人创造绿色财富，又要考虑后代子孙的需要；既注重当代人在利用自然资源、享受自然恩泽方面公平享有权益，也要为子孙后代留下优美的生态环境和充足的自然资源。在发展中留住绿水青山、鸟语花香、良田美景，也就为子孙后代留下“金山银山”“绿色银行”，这充分体现了中国式现代化立足中华民族千秋伟业和代内代际共同利益需要，开拓了社会主义现代化理论的新境界。

（六）人类和合与共：民族责任与全球正义相得益彰

全球生态环境是公共产品，各个国家、人群、种族都共同面临生态环境问题，应共同治理。生态环境是各国共同关注的话题，如果仅在一国治理而不在全球共同治理，全球性问题不能得到根本解决。马克思恩格斯早就指出：“各个相互影响的活动范围在这个发展进程中越是扩大，各民族的原始封闭状态由于日益完善的生产方式、交往以及因交往而自然形成的不同民族之间的分工消灭得越是彻底，历史也就越是成为世界历史。”① 虽然全球各地的生态破坏和危机程度有所不同，但气候变暖、环境破坏、疫情威胁等已经成为全人类共同面临的问题。地球是人类生存和发展的唯一家园，人类将世世代代生活在这唯一而又共同的地球上。中国式现代化超越了各种意识形态，超越了局部性、区域性和民族性的狭隘偏见，主张和推动从全球视角出发解决人类共同面临的问题，在全球生态空间视域审视人类相处之道，并在人类社会整体发展的更高层面上实现和解。

以中国式现代化丰富人类文明新形态的内涵。尽管资本主义工业

① 《马克思恩格斯选集》第1卷，人民出版社，2012，第168页。

文明有着巨大的进步意义，也为人类带来了丰富的物质财富，但其文明的弊端和历史局限性日益凸显。与西方现代化路径不同，我们党坚持和发展中国特色社会主义，跳出了西方现代化的“固有逻辑”，走出了一条符合中国国情的现代化之路，创造了人类文明新形态。工业文明的不可持续性凸显了生态文明的重要性，生态文明代表了人类文明新方向并体现了人与自然和谐共生。中国式现代化要求经济高质量发展和生态文明高水平建设，为发展中国家提供了经济和生态“共文明”、社会和生态“双认同”的现代化发展路径和方案，在解决人类文明冲突方面提供了新指引和拓展了现代发展的路径，并丰富人类文明新形态的内涵。中国式现代化展示了中国生态治理体系的优越性，提供了中国式的治理能力现代化方案，具有全球影响力并对广大发展中国家具有重要借鉴意义。

以人类命运共同体唤醒各民族的责任意识。长期以来，世界各国、各地区、各组织对生态环境的影响程度千差万别、各不相同，但都是处于同一个星球，处于同一个大生态系统之中，都需要承担起“共同但有区别”的责任，为子孙后代负责，为全人类负责。独木难支，孤举者难起。习近平同志站在人类前途命运的高度，提出“各国人民同心协力，构建人类命运共同体，建设持久和平、普遍安全、共同繁荣、开放包容、清洁美丽的世界”①，“应该遵循天人合一、道法自然的理念，寻求永续发展之路”②。生态共同体是人类命运共同体的重要组成部分，展示了中国共产党胸怀天下的博大胸襟和道义担当，为人类解决全球性问题提供了中国答案。在更广阔空间上的人与自然的和解、

① 《习近平谈治国理政》第3卷，外文出版社，2020，第46页。

② 《习近平著作选读》第1卷，人民出版社，2023，第568页。

人与人的和解，需要各民族肩负责任、共同努力、通力合作。

以全人类共同价值引领全球生态正义构建。推进人类持续发展，任何国家都不能置身事外、独善其身，不能搞“小圈子”筑藩篱，更不能以邻为壑、恶意攻讦，而是要超越零和博弈的狭隘思维，以构建人类命运共同体作为价值追求，积极弘扬“和平、发展、公平、正义、民主、自由”的全人类共同价值，担负起应有责任。中国坚持多边主义，以共商共建共享的治理观推动世界各国通力合作，主张携手应对共同挑战，打破西方国家“规锁”，制定更加合理公正的协作治理机制，使各国无论大小都能积极有效参与全球生态治理合作，维护全球生态正义，保障人类生态安全，共同推进全球性生态问题解决，开创全球生态合作治理新局面，促进各国互利共赢，维护全人类共同利益，共享绿色发展成果。

第十章　吊诡的脸谱与正义的图绘

博登海默将正义喻为一张变幻无常的面孔，它随时可呈现不同的形状，变化出异样的面貌，其本真面貌仿佛躲在幽暗处令人难以洞观。或许，在不同的历史阶段，正义有不同的内涵特征。正因为如此，对正义的不懈探寻和图景描绘，显得弥足珍贵。马克思没有像许多西方思想家一样单纯纠结于“正义”本身的抽象概念，没有停留在资本主义社会的上层建筑表面，而是抽丝剥茧，运用抽象力深入“正义”背后的生产关系以及深层次的生产力因素，回到资本主义生产方式这一“事实本身”。在批判资产阶级正义观片面性、虚伪性的同时，马克思描绘了未来社会的正义图景。

在当代社会，资本主义私有制的存在导致了许多社会问题和不公正现象。如果人们希望实现全球范围内的真正解放、民主和团结，就需要探索更加合理公正的社会经济制度和现代化路径。中国特色社会主义制度的成功实践打破了以西方制度模式为唯一归宿的单一历史观，中国式现代化的成功推进，无不说明我们不能对人类文明形态和现代化模式作单向度的解释、套用和简单取舍，而是要打破西方现代化的单一路径，不断超越历史经验，进行多维度的分析，不断自我完善和发展。

一　构建特色正义话语

全球化趋势下跨文化传播消解着传统的正义话语、文化殖民和文化帝国主义的话语争论。但是，面对着帝国时代文化场景的嬗变，我们必须运用多维视野去系统考察全球文化生成图景。东西方价值文明的冲突，现代性话语下后现代主义的“幽灵般在场”，使全球文化运行呈现断裂性场景转变。跨国界、跨文化的生产、交换使得货币、技术、人员和商品等在全球流动，并且越来越轻易地跨越国境，而民族国家在对这些因素流动的控制上作用越来越小，能够施加的政治权力也越来越弱。这些变动的出现使许多学者认为“后威斯特伐利亚时代”排他的、统一的、对外拥有绝对主权的国家形式已经不再坚不可摧了。但是，在当今的场景转换之中，政治控制、国家的作用以及其调节机制继续统治着经济及社会的生产、交换等诸多领域。

20 世纪八九十年代，东欧剧变、苏联解体，全球社会主义运动一度陷入了低谷。“9·11”事件之后，在人道主义和反恐战争之间，人们更多地开始思考跨国界的不正义问题，但是，北欧、北美乃至整个北大西洋的富裕国家的反移民主义、种族主义与民族主义的滋生蔓延，使对跨国界正义的追求遭遇现实的强烈打击。一些群体运动开始关注女性多元主义、多元文化主义和“同性恋文化”，当以承认为目标的正义范式遭遇传统经济再分配的冲击时，许多人往往以一种“普世主义”的姿态对其进行质疑。

回望近百年的世界历史进程，由于全球范围内的反殖民、反霸权、反专制运动如火如荼，世界上出现了难以抵挡的一体化趋势和不可逆转的经济、政治和“文化”全球化现象。伴随着全球市场和全球生产、流通及消费活动涌现出一个全球秩序、一个全新的逻辑和结构——帝国——一种新的主权形式，它有效地对这些全球交流进行控制、主宰，即使那些主权大国也无法摆脱它的控制。与帝国主义相对照的是，帝国并没有建立权力的领土中心，也没有固定的边界或者屏障，它是一个“去中心的”（decentered）和“去领土化”（deterritorializing）的统制机器，在其开放性的、不断扩张的边界内整合着全球地图，并通过“对指挥网络系统的调整来对混合的身份、灵活的等级制度和多元的交流实施管理”，而原先国家色彩浓重的帝国主义的世界版图在“帝国”的注释下消碎瓦解了。

在一定意义上，“帝国”是在后现代和后殖民的语境中，特别是在冷战结束之后所谓“历史终结”的情形下兴起的，它面临的是一种全新的政治、经济和文化的交往形式：网络媒体的崛起，无障碍世界市场的形成，金融资本以及衍生产品的全球扩张，信息技术的广泛应用……所有这些新的变化都意味着现代主权形式的衰落，同时也意味着一种新的政治统治秩序浮出水面。但这种秩序与传统的帝国主义有显著的区别，它不强调权力的地域中心，不依赖固定的疆域边界，它以非中心和非区域化的方式把整个世界纳入一个开放的、动态的、不断扩张的疆域之中，它没有边界却无处不在、无时不在控制着大众。

全球化背景下欧美资本主义国家文化侵略变得更加隐蔽和多样化，往往借助交往扩大的机会，打着文化交流的幌子，对他国进行渗透，诱使其他国家地区文明加入以所谓“自由民主”为框架的话语体系，企图同化、消解当地的文化传统，从意识形态上进行“颜色革命”。它们表面上打着文化多元主义的旗号，这可以为它们提供一种精神上的合理性与秩序上的合法性，而实际上它们隐蔽的目的是寻求更多的商品包括军工产品销售市场。一言以蔽之，在全球化时代西方是通过科技手段、网络技术、大众媒介、话语霸权等隐蔽的形式推行文化霸权的。

显然，西方的这种资本主义意识形态的灌输不是赤裸裸的，而是在人类文明的相互融合与渗透中，通过科技手段、话语体系把他们的文化（消费）产品巧妙包装以推行他们的文化与生活方式，达到文化霸权的目的。然而，当全球文化的张力与内趋力发生抵触时，当多元文明发生冲突碰撞时，激进的文明一元论者往往主张用一种大写的文化掩饰和谐下的断裂。但是，即使对于北欧西欧等现代性文明高度发展的资本主义国家而言，民族文明全球扩张的同时其本土文化也遭遇移民文化的冲击，这种双向的运转往往引发社会的破裂或骚乱。

全球化叠加信息化催生了当代世界中一系列无法用传统时空观念理解的变革。正如安东尼·吉登斯所说："我们不仅应该把全球化理解为世界经济竞争的激烈化，而且更应该把它理解为生活方式的转变。"① 然而，全球化当然不是单线的历史进程，全球化进程本身的解放性力量为我们摆脱帝国的道路提供了可能性。哈特和奈格里认为对帝国的异议和颠覆帝国的斗争，并非简单地去抵挡这些历史进程，而是对大众进行重新组织，寻找革命的主体，将他们重新引向新的斗争方位。也有学者对帝国秩序的形成存在质疑，梅萨罗什在《要么是社会主义，要么是野蛮状态》中指出，帝国的这种秩序不可能产生，当前资本主义国家仍面临着一系列无法克服的矛盾，虽然资本全球化进

---

① 〔英〕安东尼·吉登斯：《失控的世界》，周红云译，江西人民出版社，2001，第82页。

行得如火如荼，但是，资本体系从普遍性来说仍无法突破它的结构局限，它所提倡的自由、平等、博爱等常会被“垂直性”的秩序所抵消。

虽然哈特和奈格里把帝国视为一种新的全球秩序[①]，主张在帝国内部建立一种“多元共同体”，通过反抗和创造来实现民主和社会正义。但是，我们不能把帝国当作人类的未来，对此我们现在就需要开始进行反击和斗争，我们首先要防范的是西方所谓的自由民主国家借意识形态推进新殖民主义或新帝国主义。齐泽克批判了当代资本主义的意识形态和商品拜物教的弊端。在“后政治”的时代，他主张重拾列宁主义的革命精神，并通过揭示资本主义内在的现实矛盾来推动社会的变革。

跨国领域的文化逻辑延伸，不仅是世界历史的时代体现，也是文化、哲学世界化的表征，我们不能以纯粹哲学的范式为文化的全球创新发展做一种逻辑预设或推演，而应从多维度、多层次、多角度审视文化机制生成、发展，把对文化的考察寓于对人类政治经济社会发展的历史进程的深刻把握之中，放置于全球化视域下世界政治空间的深刻变革之中，着眼于后现代语境下中西文明的相互融合。

人类文化的发展，归根结底是对自由理想的追求过程，这种从“必然王国”不断走向“自由王国”的过程根植于人类经济全球化的历史进程。而全球文化融合就是这个历史进程中的必然趋势。文化融合是将不同文化背景下的价值力量整合在一起，形成符合人类整体利益和价值理想的力量，促进文化实践行为具备健康自觉的人文精神关

---

① 尽管当代信息技术的迅猛发展映照了“帝国”所指的生成，但当代全球秩序并未完全如哈特和奈格里所预想的那般，贸易保护主义、极端主义卷土重来，西方种族主义、宗教激进主义思潮涌动，我们需要重新审视“帝国”所意指的新秩序。

怀。文化融合需要超越具体的价值和目的，通过交流、互鉴形成一种能够顺应人类整体文化运作的文化实践合力。

在全球化背景下，我们有必要从文化哲学层面重新审视正义观。在全球化进程中，各国之间的文化交流变得更加频繁和深入。不同文化之间的相互理解和尊重是实现全球正义的前提条件。因此，我们需要秉持开放包容的态度，借鉴和吸收世界各国的先进经验，同时保持自身文化的独立性和特色。此外，我们还要审视全球化所带来的政治、经济、文化等方面的巨大挑战。中国作为全球最大的发展中国家，在全球化进程中扮演着重要的角色，必须持续推进改革开放和现代化建设，打造具有自己特色的正义之路。另外，在重新审视正义观时，我们也需要关注中国特有的国情和文化根基。只有通过充分发掘优秀传统文化，结合现代价值观讲好中国正义故事，建立符合中国国情的正义观念体系，才能够更好地应对全球化进程中各种复杂挑战，推动中国特色社会主义事业不断迈向新的台阶。

以马克思主义为指导，根据中国发展境况，建构当代视域下的中国特色社会主义正义观。对于中国的现代化进程而言，社会主义市场经济体制的确立与完善，引起了社会全方位的深刻变动，人们的世界观、价值观、人生观包括生活方式、消费观念、交往方式等都发生了巨变；加上全球化背景下多元文化、自由思潮、人道主义影响，传统正义观念与西方“普世价值”相互纠缠，引发人们诸多思考。人们所关注的正义维度不断拓展，从原初的物质相对贫乏时期的分配正义，拓展到经济层面、政治层面、社会层面、文化层面、生态层面等不同维度。建构中国当代的正义话语不可能置身于开放的世界体系之外，而是与当代社会文化发展模式息息相关。

公平正义是人类社会的永恒目标，也是一个美好社会应有的价值。当前，“国际关系中的不公平不合理现象仍然突出，全球性挑战层出不穷，各种地区冲突和局部战争此起彼伏”①，任何国家都应该以维护公平正义为出发点来开展各种活动和行动。党的二十大报告提出了多个与公平正义相关的主题，包括以人民为中心、人类命运共同体和中国特色大国外交等，这表明中国将会把实现公平正义作为一项重要政治任务来推进。为了维护国际公平正义，中国坚持弘扬全人类共同价值，尊重他国主权和人民权益，积极参与全球治理体系建设和改革，积极推动构建新型国际关系。构建新型国际关系，其中一个重要原则就是“公平正义”，“公平正义，就是各国应摒弃单纯的物质主义取向和竞争至上法则，确保不同的国家都能获得平等的发展权利和机会”②。同时，为了构建中国特色的正义话语，中国应该注重宣传自己的价值观和文化传统，与世界各国开展互利合作，推动开放包容世界的建设。在国际上，“我们将继续高举和平、发展、合作、共赢旗帜，推动各国共同走和平发展道路，推动建设相互尊重、公平正义、合作共赢的新型国际关系。坚持永不称霸、永不扩张、永不谋求势力范围，坚决抵制霸权主义和强权政治，反对恃强凌弱，反对集团对抗”③，以人类命运共同体理念超越西方所谓“普世价值”，推动建立更加公正合理的国际秩序。

从人类整体历史的角度来看，文化是各个民族在历史进程中凝聚在精神图腾中的稳定力量，深远地影响着经济、政治和社会的各个方

---

① 习近平：《携手追寻民族复兴之梦——在印度世界事务委员会的演讲》，《人民日报》2014 年 9 月 19 日。

② 《携手构建人类命运共同体：中国的倡议与行动》，新华网，http：//www. news. cn/2023-09/26/c_ 1129885548. htm。

③ 王毅：《立志民族伟大复兴　胸怀人类前途命运》，《求是》2021 年第 14 期。

面，从而在全球范围内塑造着重要的历史变革。在全球公共舆论的影响下，法律制度、交往方式、运行规则和价值理念等不断融合，推动着全球历史进程的重大演进。不同民族的异质文化的交流、碰撞与融合是文化更新发展的重要契机，文化冲突的深层原因以及具体形式和内容上的嬗变必须同经济全球化给世界发展带来的全新变化结合起来考察，我们必须在新世界主义、全球价值、全球责任等宏大叙事的背景中重新梳理中国正义文化的内涵和时代特质，构建中国特色正义话语。

中国秉持“人类命运共同体”理念，强调各国命运相连、共同发展，其蕴含着中国共产党人的世界观、秩序观、价值观。“中国式现代化不走殖民掠夺的老路，不走国强必霸的歪路，走的是和平发展的人间正道。我们倡导以对话弥合分歧、以合作化解争端，坚决反对一切形式的霸权主义和强权政治，主张以团结精神和共赢思维应对复杂交织的安全挑战，营造公道正义、共建共享的安全格局。”① 与西方国家的殖民掠夺和国强必霸的历史和现实相比，中国走的是和平发展的道路，并且主张以合作、对话的方式解决分歧和争端。同时，强调反对一切形式的霸权主义和强权政治，主张以合作共赢的思维应对安全挑战，营造公道正义、共建共享的世界安全格局。中国秉持着独立自主的和平外交政策，倡导多边主义，强调平等互利、合作共赢的精神，始终以促进世界和平与人类进步为己任。中国坚决反对霸权主义和强权政治，坚定维护国家主权、安全、发展利益，同时也积极参与全球治理体系的改革和建设。

---

① 习近平：《携手同行现代化之路——在中国共产党与世界政党高层对话会上的主旨讲话》，人民出版社，2023，第 6~7 页。

构建中国特色的正义话语，应该坚持“两个结合”，寻找到符合中国国情和文化特点的正义思想；应该尊重多元文化和多样性，创新性地继承和发扬中国传统文化中的正义思想，在中华民族现代文明与世界文明的交流互动中不断深化正义话语体系的内涵。

二　编制多维正义之网

改革开放40多年来，中国实现了生产力的大发展，物质文明得到极大发展。“改革开放以来，我国经济社会发展取得巨大成就，为促进社会公平正义提供了坚实物质基础和有利条件。同时，在我国现有发展水平上，社会上还存在大量有违公平正义的现象。”[①] 我们依然面临着很多影响公平正义的问题，如贫富差距、城乡差距、教育医疗资源分配不均、区域发展不平衡、环境污染等，乡村振兴还有很长的路要走。

进入中国特色社会主义新时代，我国仍处于社会主义初级阶段，要想实现高水平的公平正义还需数代人的不懈努力。但是，我们不能因为处于社会主义初级阶段而怠于面对具体正义困境，应坚持全面深化改革，解决“人民日益增长的美好生活需要和不平衡不充分的发展之间的矛盾”[②]，尤其是要深入贯彻新发展理念，着力增强经济发展平衡性、协调性和可持续性。“实现社会公平正义是由多种因素决定的，最主要的还是经济社会发展水平。”[③] 要实现社会公平正义，涉及的因

① 《习近平谈治国理政》第1卷，外文出版社，2018，第95页。

② 《习近平谈治国理政》第3卷，外文出版社，2020，第359页。

③ 《习近平谈治国理政》第1卷，外文出版社，2018，第96页。

素确实非常多，包括政策制定、社会文化、教育水平、人口结构、资源分配等。这些因素相互作用，对社会公平正义产生影响，不能忽视任何一个方面。然而，经济社会发展水平在这些因素中占据着重要的地位。随着经济社会发展水平的提高，国家整体经济水平也随之提高。国民收入的增长、社会资源的高效分配以及制度的完善等因素可以帮助促进社会公平正义的实现。推进中国式现代化，高质量发展是首要任务，这意味着必须扭住高质量发展这一主题，以高质量发展解决不平衡不充分问题，为实现社会公平正义奠定坚实的基础。在坚持不断发展社会主义生产力的同时，也应该更多地关注不同阶层、不同群体、不同性别的多元文化和政治诉求，使改革开放和社会主义市场经济的发展成果更多地为全体人民所共享。这样，我们朝着共产主义理想的愿景一步步扎实迈进，在对社会正义的不断想象和描绘中不断前行，创造更加幸福美好的新生活。

我们必须积极吸收人类探索正义的有益成果，特别是积极扬弃资本主义国家最新研究理论，不断推进经济、政治、文化和社会等各方面改革发展和制度创新，更加关注弱势群体的经济、文化和政治利益诉求，实现社会公平、正义、和谐。“我国现阶段存在的有违公平正义的现象，许多是发展中的问题，是能够通过不断发展，通过制度安排、法律规范、政策支持加以解决的。”① 在当前阶段，我国社会存在的不公平现象主要集中在教育、就业、医疗、社会保障等领域，并且在某些情况下会导致其他社会问题的出现。这些不公平现象多数是发展过程中出现的问题所引起的，因此经济和社会的发展是消除不公平现象的重要前提和手段。我们可以通过社会制度改革、法治建设以及

① 《习近平谈治国理政》第1卷，外文出版社，2018，第96页。

政策引导等方式逐步解决这些问题。

党的十九大报告指出，中国特色社会主义进入新时代，我国社会主要矛盾已经转化为人民日益增长的美好生活需要和不平衡不充分的发展之间的矛盾。[①] 目前，我国已经全面建成小康社会，步入新的发展阶段，朝着第二个百年奋斗目标前进；人民的美好生活需要日益广泛，不仅对物质文化生活提出了更高要求，而且在民主、法治、公平、正义、安全、环境等方面的要求日益增长。

在历史唯物主义看来，丰富的、多层面的需要是现实的、客观的，民主、法治、公平、正义、安全、环境等方面的需要，是在物质资料增长和富足起来后的更高层次的需要，只要摆脱“操纵的需要”和虚假需要，人们全面发展的真实需要就会扩大。这些需要不再单纯是维持最必需的基本生存的需要，而是摆脱物化的全面的人的存在的前提需要。

我们要构建更加公平正义、幸福和谐的社会主义社会，应对西方思想家正义理论进行积极扬弃，并赋予其以中国实践特色，坚持以马克思主义为指导，建构中国特色社会主义正义观。要不断推进经济体制改革，解决好发展不平衡不充分问题，为社会公正奠定物质基础；另外，在社会保障和国家福利制度设计方面，要更多地考虑到弱势群体和各种边缘群体的群体性差异，积极化解群体矛盾，将正义理念的生成、建构和表达寓于全球化和后工业化的深刻背景之中，寓于经济、文化、政治和社会发展之中。

通过分析可以发现，虽然西方哲学家的正义理论有其特殊性和局

---

① 习近平：《决胜全面建成小康社会　夺取新时代中国特色社会主义伟大胜利——在中国共产党第十九次全国代表大会上的报告》，人民出版社，2017，第 187 页。

限性，但一些理论对全球化背景下正义问题的考察是很有价值的，我们仍可以吸收其中的丰富的合理因素和积极成果应用到中国现代化场域之中。中国社会的正义诉求不能通过一个单独的价值视野来呈现，必须从多个方面进行分析和重构，才能更好地服务于中国特色社会主义实践，实现社会公平正义、和谐安定。

要立足于中国现代化进程，厘清政治正义、法律正义、道德正义等的区别，从国家、阶级、族群等层面剖析正义的属性，从而使公共权力的行使正当化、合法化；要关心解决人民群众急难愁盼问题，同时正确把握舆论导向，避免公共舆论以一种极端的形式左右或者影响法律正义，拒绝采用绝对平等主义对待一切差异诉求，从而使程序正义在根本上得到认同、执行和运作；要从机会设计、程序运转、结果公开等方面保障正义范式的有效性和合法性，从文化、经济、政治诉求等多重视点展开中国正义观念的解读与重构；要从法律、制度、社会保障体系和公民政治权利等各方面努力营造出公平公正的社会氛围，从转变职能、协调利益等着手，使人们能够平等地参与市场竞争，参与社会生活，建构起参与机会平等、权利平等、程序公平、分配公平的制度体制。

完善以宪法为核心的中国特色社会主义法律体系，是推动国家和社会生活制度化、法治化的重要举措。习近平总书记在党的二十大报告中强调："我们要坚持走中国特色社会主义法治道路，建设中国特色社会主义法治体系、建设社会主义法治国家，围绕保障和促进社会公平正义……全面推进科学立法、严格执法、公正司法、全民守法。"[①]

① 习近平：《高举中国特色社会主义伟大旗帜　为全面建设社会主义现代化国家而团结奋斗——在中国共产党第二十次全国代表大会上的报告》，人民出版社，2022，第40页。

习近平法治思想强调了法治在促进公平正义方面的重要性，要求党和政府必须以公平正义为理念，带领人民不断创造更加美好的生活。中国特色社会主义法律体系建立在中国特色社会主义基础上，旨在把国家各项事业和工作纳入法治轨道，保障社会公平正义。具体来说，完善法律体系需要坚持宪法至高无上的地位，依照宪法保障各项权利和自由。同时，在此基础上，要提高全民法治意识，让每个公民都能够知法、懂法、守法，形成全社会共同遵循法律的良好氛围。在维护社会公平正义方面，我们需要建立健全法律机制，做到有法可依、有法必依、执法必严、违法必究，严格规范各类行为，确保所有人都在法律的规范和保护下受到公正合理的对待。同时，还需逐步完善司法制度，提高司法公信力和公正性，为人民群众提供更好的司法服务。总之，完善中国特色社会主义法律体系，是实现国家和社会生活制度化、法治化的关键举措，它需要政府和全社会共同努力。只有通过不断推进法治建设、营造法治环境，才能保障社会公平正义，促进社会稳定和发展。

实现公共服务型政府的转向，扩大政府的公共服务职能，使政府的决策科学化、民主化，使各级公务人员树立正确的政绩观。通过深化改革，创新体制，调动一切积极因素，激发全社会的创造活力。“政治体制改革的目的，总的来讲是要消除官僚主义，发展社会主义民主，调动人民和基层单位的积极性。要通过改革，处理好法治和人治的关系，处理好党和政府的关系。”① 消除市场经济的负面影响，必须通过政府职能的转变和国家法律法规体系的完善来铲除权力寻租的土壤。同时，在推进改革、发展和稳定的过程中，需要正确处理社会

① 《邓小平文选》第3卷，人民出版社，1993，第177页。

关系，协调改革的力度、发展的速度和社会可承受的程度，实现改革、发展和稳定的协调。要提升行政管理能力，推进简政放权和“放管服”结合，持续优化营商环境，降低企业和人民群众的制度性交易成本。此外，我们也应该加强对公正、透明、合法的市场环境的保护，加大对市场监管的力度，严厉打击各种违法、违规行为，维护社会公平正义。政府在处理社会热点问题时，要秉持透明、公正、公开原则，在法律框架下及时与社会公众互动，回应人民群众关切。同时，也需要加强对全社会的法治教育，让人们形成法治意识，自觉遵守法律法规。

完善人民代表大会制度。完善公共政策决策机制，进而提升民众对政策目标的认同程度。发展协商民主制度。协商民主指公民通过自由而平等的对话、讨论、协商等方式，参与并影响政治决策的政治活动。协商民主制度是建构身份认同和获取政治代表权的主要路径保障，要完善发展各阶层、各类群体能够有效协商、摆脱内耗的政治关系。要从制度层面关注少数群体的文化承认、观念表达、精神认同和社会尊严，关注其精神层面的感受和体验；要更多地关注不同人民群众的政治权利诉求，特别是弱势群体、边缘群体包括女性群体的生存状态和政治诉求，使人民当家作主、依法治国、社会公正和政治自由更多地贯彻到公共日常生活之中，使他们更好地平等参与到政治生活之中。

制度与正义密不可分，良好的制度可以保障公平正义，反之则容易导致不公平不正义问题。因此，需要不断完善各种体制、机制和政策规定，发现其中存在的问题，并采取改革措施。重点应放在问题较为突出的领域和环节上，那些制度问题导致的不公问题亟须解决。只有在确保良好的制度安排的前提下，才能更好地体现社会主义公平正义原则，更好地服务于最广大人民根本利益的实现和发展。我们要“通过制度安排，依法保障人民权益，让全体人民依法平等享有权利和履行义务”①。

倡导和促进公民政治参与对于当代中国的民主政治、社会进步与发展具有重要意义。劳动人民是物质财富的创造者，是推动社会历史前进的主体。坚持人民当家作主，这是当代中国政治正义的逻辑立足点。要充分发扬人民民主，保障全过程人民民主的参与真实性和过程实在性，这是实现公民政治参与的必要条件。基层群众自治是公民有序参与政治生活的重要形式，基层群众自治和最广大民众利益相关度最大，让群众自己管理自己有利于实现“互惠合作式”的社会均衡，同时给予群众和群众代表表达利益诉求的渠道。总之，新时代新征程，需要更加充分激发全体人民的历史主动精神，坚持人民主体地位，“完善维护社会公平正义的制度机制，保障人民平等参与、平等发展权利，让每一位辛勤劳动、艰苦奋斗、创新创造者都有梦想成真、人生出彩的机会”②。

增强宏观调控有效性。调整收入分配结构，促进社会公平正义，使全体人民共享现代化发展成果。采取措施合理分配公共资源，恰当地调整社会利益关系，协调各个阶层之间的关系，合理调整国民收入分配格局，妥善解决各种具体的利益矛盾，正确处理个人利益和集体利益、局部利益和整体利益、当前利益和长远利益的关系。总之，通过科学有效的宏观调控，完善经济体制，优化供需结构，为共同富裕提供重要保障。

---

① 《习近平关于社会主义社会建设论述摘编》，中央文献出版社，2017，第 26 页。

② 习近平：《在纪念毛泽东同志诞辰 130 周年座谈会上的讲话》，《人民日报》2023 年 12 月 27 日。

坚持按劳分配原则，完善按要素分配的体制机制，促进收入分配更合理、更有序。首先，在基本分配制度上应坚持以按劳分配为主体，多种分配方式并存，同时提高劳动报酬在初次分配中的比重，健全工资合理增长机制，着力增加低收入群体的收入，扩大中等收入群体比重。同时完善按要素分配政策制度，增加中低收入群体的要素收入。其次，完善再分配机制，加大和提升税收、社保、转移支付等的调节力度和精准性，以达到对不同收入群体的有效调节。再次，发挥第三次分配的作用，发展慈善事业，彰显社会爱心。最后，着力实现基本公共服务均等化、普惠化，推动发展成果全民共享，为实现共同富裕奠定坚实基础，切实提高广大人民群众的获得感和幸福感。依法规范和引导资本健康发展，最大限度地消除市场消极因素对公共权利与资源的均衡化分配的影响。鼓励适当的人员流动，在社会中形成激励机制和竞争动力，实现劳动力和人才的合理配置，使整个社会的人员有序流动，让人才充分涌流。着力形成“橄榄型”的社会结构，使中间阶层不断扩大，促进各阶层利益的均衡化，形成人才结构和社会结构相互促进的良性循环。

为了完善再分配体系，必须健全基本公共服务体系。政府通过实施公共政策来分配社会价值，而在这个过程中，必须考虑到不同利益群体的利益诉求，以增强分配的合理性。因此，需要完善机制，让不同利益群体能够公平表达自己的利益诉求，并形成对各种利益诉求进行合理整合的机制。这样可以防止各种权力的市场化运作，防止大量权力资本在土地拆迁、转让、信贷等关系国计民生的领域寻租。同时，必须让弱势群体能够充分表达自己的利益诉求，并采取措施维护他们的权益，使其共享改革发展成果。健全基本公共服务体系是其中一个重要环节，它可以保障人民的基本生活需求和权益，促进社会公平正义。

打造共建共治共享的社会治理格局，建立和完善保障人民基本生活权益和普遍享有社会成果的分配机制，一方面要实施一定的利益激励措施，鼓励劳动者主体积极地参与经济活动，使各种生产要素充分涌流；另一方面要防止成果分配的过分偏斜，避免“马太效应”下的贫富悬殊、两极分化。要实现共同富裕的目标，必须切实改善低收入群体的生活状况，逐步缩小收入差距，促进社会资源的合理配置。这就要求我们规范发挥资本的正向作用，同时防范垄断资本对各种利益冲突场的操纵，用宏观调控和社会主义核心价值体系规范和协调商品、资本和土地等资源市场以及生态环境领域的复杂的利益冲突，将各种资本力量纳入有利于社会公共利益的轨道；在社会冲突场中，使政策的天平向弱势一方倾斜，努力创造公平公正的市场环境，使资本力量的弱势方补偿性地获得新资本形态；要进一步拓宽社会保障覆盖面，着力保障中低收入人群特别是困难群众的基本生活。

强化参与平等。培育以身份平等为基础的公民文化，并通过刚性的制度规范使其不断内化，形成良性社会资本，促进社会公平正义。同时，强化对契约社会公民身份的认同，既注重对特定群体的保护，又要坚持公民理念的普遍意义和秩序的有效性。

人民对美好生活的向往是中国共产党人的奋斗目标，“让老百姓过上好日子是我们一切工作的出发点和落脚点”[①]。要始终扭住再分配这一实现公平正义的中心环节，致力于社会经济制度和经济关系的不断改造，探索经济转型优化发展的顶层设计机制，推进社会生产关系的深层次变革；要关注人民群众的文化承认、观念表达、精神认同和

① 《中共中央关于党的百年奋斗重大成就和历史经验的决议》，人民出版社，2021，第47页。

社会尊严，观照其文化精神层面的感受和生活；要更多地关注不同人民群众的政治权利诉求，使人民当家作主、依法治国、社会公正和政治自由更多地贯彻到公共日常生活之中，使人民平等地参与到社会治理之中。

总之，我们要关注现代性悖论下的分配公正、文化公平、权利平等理念，为实现社会公平正义提供良好思路。当前我国社会正义机制建设应着眼于公民权利平等、机会均等、分配合理和公平公正，妥善处理好各种利益关系，以社会主义核心价值观为指导，在保障经济增长活力的前提下，最大限度地让普通群众特别是弱势群体共享发展的成果，保证全体人民在共建共享发展中有更多获得感、幸福感、安全感，不断促进人的全面发展，保障社会公平正义。只有与时俱进建构与中国特色社会主义和社会主义核心价值体系相匹配的正义观，实现正义话语的当代转换，才能不断启蒙反思中国实践场域之中的历史进程，积极应对全球化与社会主义市场经济发展进程中可能遇见的种种风险与挑战。

三　培育正义文化土壤

资本主义的现代性文明使人类的实践活动被置入了世界历史的“资本理性”时代，现代人在价值的断层与迷失中追逐资本的“高尚”，从而陷入了“永远的伦理囹圄”。启蒙思想家所憧憬的理性王国在现实面前一次又一次地被证明为虚幻的乌托邦，原本旨在解放人的启蒙理性现在却变成了人类奴役自然和奴役自我的工具。当今的世界是一个复杂而碎片化的世界，人们用理性创造了许多物质财富，却失去了自己的主体性和整体性。人类虽然拥有了丰盛的物质世界，却陷入了一种单一而“贫乏”的存在状态。哈贝马斯认为“工具理性的扩张”导致“生活世界的内在殖民化”和现代性的危机，只有通过拒斥工具理性的扩张，用“主体—主体”关系替代“主体—客体”关系来进行理性的重建，才能消除资本主义社会的弊端。

马克思主义正是在对以前和同时代思想的批判、反思的基础之上形成的，它指出了资本主义在创造了巨大的现代性文明的同时面临着无法克服的危机，揭示了在现代工业社会的控制之下异化产生的必然性，并指明了人类解放的现实道路。马克思主义是我们认识世界、改造世界的思想武器。我们必须以马克思主义为指导，不断发展马克思正义思想，在实践中不断坚持理论创新，建构当代正义理论。我们必须以习近平文化思想为引领，处理好指导思想一元性与思想文化多样性的关系，坚持兼容并蓄，融合协调各种文化现象，既要反对低俗、庸俗和媚俗文化，又要引导各种非主流文化的健康发展；必须认真审视主体性价值的实现，消除自身同社会、自然、他人的紧张对立，寻求对自然和客体世界的正确控制和利用的方法，从狭隘的人类中心主义视野中走出来；必须努力消除资本对人性的消极影响，祛除资本拜物教和货币拜物教；必须重视人与自然、经济与环境和谐发展，不仅做到人和自然和谐共生，形成生态环境好、人居环境佳的自然环境，还要大力构建自由、公平、开放、文明的良好人文环境。

党的十九大把中国特色社会主义文化同中国特色社会主义道路、中国特色社会主义理论、中国特色社会主义制度一并写入党章，体现了我们党对弘扬中华民族文化精神、对优秀文化积淀和延续的执着。要关注中国传统文化中的价值观念，并将其与现代价值观结合起来。中国传统文化强调“仁爱”“和谐”“公正”等价值观念，在当今时代，这些价值观念仍然具有重要意义。同时，中国的“和合”“天人合一”等传统哲学思想，能提供更多的道德伦理观念，帮助人们树立正确的价值观和人生观。中华优秀传统文化包含着丰富的正义文化，在党和人民伟大斗争中孕育的革命文化、社会主义先进文化，与中华优秀传统文化是一脉相承的。当代坚持文化自信，要把构建正义价值观与建设中华民族现代文明结合起来，形成公正和谐、兼容并包、自由平等的文化氛围，构建互相尊重、互相学习的多元文化生态，遏制各种群体之间的对立。

随着社会主义市场经济的发展，市场观念深入人心，商品浪潮风起云涌，曾一度出现了崇高被庸俗消解、文化被娱乐取代、精神产品变成了快餐等乱象，一些人呈现出前所未有的焦虑、狂躁。改革开放以来我国社会正在经历亘古未有的历史性变革，传统社会的伦理规范和正义范式受到冲击。各种利益的对立或冲突会导致人与人、人与社会的关系疏远，会引发人际交往断裂。必须坚决避免生存压力、社会不公造成的个体和群体失落、不满等消极心理，避免人民内部之间激烈的冲突，积极化解和妥善处置潜在的群体性事件。

通过多种文化形式，建立规范化、合理化的社会规范体系和心理承受机制，并加强社会成员的自律意识和自我修养，促进多元文化的包容和共生发展，增进彼此之间的了解和信任，营造良好的人际关系。既要倡导人与人之间信任、温情、有序、包容的生活方式和态度，又要保持一定的社会竞争和活力。不断加强公民的民主政治观念培养，增强公民的法治观念和法律意识，通过加强公民政治道德教育，加强公民的社会主义核心价值观教育。

社会主义核心价值观是凝聚人心、汇聚民心的强大力量，要将其内化于心、外化于行还需要久久为功。“要认真汲取中华优秀传统文化的思想精华和道德精髓，大力弘扬以爱国主义为核心的民族精神和以改革创新为核心的时代精神，深入挖掘和阐发中华优秀传统文化讲仁爱、重民本、守诚信、崇正义、尚和合、求大同的时代价值，使中华优秀传统文化成为涵养社会主义核心价值观的重要源泉。”[①] 加强社会主义核心价值观宣传教育，传播自由、平等、公正、法治的文化观念，凝聚人心、汇聚民力，用社会主义核心价值观铸魂育人，为正义理念建构提供重要保证。加强对社会主义正义观念的宣传，通过各种媒介和形式向广大人民群众普及正义理念和道德观念，引导公民树立正确的价值观和人生观。例如，可以通过电视、广播、网络、报纸杂志等媒体以及有影响力的自媒体平台，发布相关文章、新闻报道和宣传片，让人们了解什么是集体主义正义观、社会主义正义观念，以及如何树立正确的价值观和人生观。例如，加强学校教育中的正义观念培养。学校是培养未来公民的重要场所，应该在课堂上让学生了解正义观念的重要性，并引导他们树立正确的价值观和人生观。

不同人群、不同阶层的人们对正义的概念、正义的尺度的理解不同。正义的理解程度，既取决于理性的主观判断，也取决于社会正义的客观现实。正义社会也并非完全平等的乌托邦。我们要建构新时代中国特色社会主义正义观，就要在全体社会成员之间培育共同遵循的正义文化和正义价值理念，以此作为黏合剂和精神纽带，为社会正义缔造精神支柱。随着改革开放和社会主义市场经济的深化发展，各种社会思潮相互交融、相互激荡，人们思想活动的独立性、选择性、多变性和差异性不断增强，人们的思想观念、道德意识、价值取向越来越呈现出多样性，加上各种腐朽、腐败文化的冲击，集体主义、传统

① 《习近平谈治国理政》第1卷，外文出版社，2018，第164页。

道德观念面临不同思潮的解构，我们更应该加快正义文化建设，弘扬向上向善文化，培养公平正义的法治情怀，创造有弹性、韧性、包容性的社会空间。加快制度正义建设，使新时代正义理念与社会主义市场经济体制相适应、与社会主义法律规范相协调、与中华民族传统美德相承接、与社会主义核心价值观相融合。尤其是要深化社会主义核心价值体系的群众认同，使崇尚正义的社会风气、道德风尚弥漫各个方面，贯穿各个领域，潜移默化地影响社会大众。

同时，我们还需要加强公共信仰的建设，倡导社会主义核心价值观，尤其是引导青少年树立正确的世界观、人生观、价值观。只有这样，才能切实增强公众意识和法律意识，才能形成崇尚法治、崇尚正义的社会风尚。“思想一旦掌握群众，就变成力量。”[①] 社会主义正义观被广泛认可和掌握后，将成为一种强大的力量，并对社会产生重要的推动作用。社会主义正义观能有力凝聚人心，引领人民集中精力追求公平正义，实现个人价值，同时也符合社会和集体利益。这种共同的信仰能够凝聚人心，形成团结的力量，有助于社会稳定与发展。为了促进社会的和谐稳定，我们可以通过多种手段来推广社会主义核心价值观，如宣传教育、价值观导向和文化塑造等方式，以培养全社会的正义观念，引导人们自觉树立正确的世界观、人生观和价值观。这些手段有助于减少不正义现象的产生，传递正确的价值观念，并推动社会各界共同追求公平正义。

在解决各种矛盾和隐患方面，我们需要坚持以预防为主的原则。这意味着要通过加强教育、转变观念、改进制度等多种手段，将各种矛盾和隐患消灭在萌芽状态，只有在早期发现和处理问题，才能够避

① 《列宁选集》第3卷，人民出版社，2012，第321页。

免事态的恶化，防止危机的发生。因此，我们应该采取积极措施来预防和化解各种潜在的矛盾，给予人民群众表达不同意见的空间，引导鼓励大众参与各种社会治理，促进社区自治和民主管理，也可以通过社区把细小矛盾化解在基层，让整个社会更加安定和谐。

总之，追求中国特色社会主义正义需要以科学的理论和务实的举措来引导社会心理，把各种不公正、非正义现象控制在社会心理能够承受的范围内，把各种矛盾和隐患化解在基层、解决在萌芽状态。只有这样才能够更好地推动中国特色社会主义事业的发展，促进国家的繁荣富强，实现人民的幸福安康。从不同尺度着眼和分析各种不公正、非正义现象的根源，要从经济层面回应各种物质诉求，积极应答各种人群的文化诉求，缓和不同利益冲突，弥合社会阶层断裂，同时，维护广大人民群众平等参与社会治理的权利，尊重每个人的尊严、人格和利益诉求，在宏大的全球化背景下思考每个人的价值和生存方式，既防止主体性凸显导致个体与社会的对立，又要充分加强对信仰危机和道德冲突的关注，增强各个阶层、各个群体民众的获得感、幸福感、安全感。

美国学者亨廷顿提出："文明的冲突是对世界和平的最大威胁，而建立在多文明基础上的国际秩序是防止世界大战的最可靠保障。"[①] 人类共有一个家园。各国人民应同心共护家园，共同守护人类未来。各国应该遵循开放包容、公平正义的原则，和谐共处、多元互鉴，尊重和欣赏其他国家和地区的文明和文化，摒弃单一文明的独断和偏见，倡导不同文明之间的对话和交流，进而推动全球文明交流互鉴、

① 〔美〕塞缪尔·亨廷顿：《文明的冲突与世界秩序的重建》，周琪等译，新华出版社，2010，第297页。

包容共存、和平发展的进程，这是缓解全球冲突、实现全球和平的可行途径。要增强中国共产党正义观的国际传播和文化认同，积极引导国际社会形成正确的中共观、中国观。彰显正义的世界视野，在国际关系和外交领域中，坚持自信自立、开放包容、公道正义、合作共赢的方针，致力于构建多极化、公正、合理的国际秩序。“和平、发展、公平、正义、民主、自由的全人类共同价值”①，符合人类发展进步的理念和价值观，应成为各国的普遍遵循。习近平总书记提出的全球发展倡议、全球安全倡议、全球文明倡议，是构建人类命运共同体的中国方案，是解决发展赤字、安全威胁、文明冲突的重要举措，有助于推动世界和平、发展、繁荣进步。全球各国应齐心协力、携手同行，“推动国际秩序朝着更加公正合理的方向发展，在不断促进权利公平、机会公平、规则公平的努力中推进人类社会现代化”②。

① 《习近平谈治国理政》第 4 卷，外文出版社，2022，第 12 页。

② 习近平：《携手同行现代化之路——在中国共产党与世界政党高层对话上的主旨讲话》，人民出版社，2023，第 4 页。

结　语

中华传统文化中不乏“正义观念”，中华民族更不缺“正义人士”。中国历来有“不患寡而患不均”“分田地、均贫富”的“平等”观念和“劫富济贫”的“正义”诉求。特别是在乱世之秋，一些英雄豪杰揭竿而起，内反贪腐、求变革、诉平等，外反夷敌、抗入侵、保家国。时至近代，许多志士仁人求索良法善治、公正之道，以图实现民族伟大复兴、国家长治久安。

1840 年英国用坚船利炮轰开中国的大门，鸦片战争将清政府的腐败、国家的羸弱、民族的耻辱展现得淋漓尽致。中国一步一步地坠入半殖民地半封建社会的深渊。西方列强纷至沓来，在第二次鸦片战争中，英法联军大肆洗劫，列强迫使清政府签订不平等条约，谋取特权、侵占土地，企图瓜分中国。1900 年八国联军在中国烧杀抢掠，所到之处生灵涂炭、尸横遍野，所犯罪行千夫所指、罄竹难书。在近代中国的大门被西方列强的坚船利炮打开以后，一些知识分子渴望引入西方的先进知识（尤其是工业文明）来治疗中国的伤病。民众被帝国主义、封建主义、官僚资本主义“三座大山”压得难以喘息，极度渴望国家富强、民族独立、生活幸福。“戊戌变法”百余日即宣告失败，表明了改良道路难以走通。1911 年，革命先行者孙中山先生所领导的辛亥革命推翻了清朝统治，结束了中国两千多年的封建帝制，随后新文化运动如火如荼地进行，中国先进知识分子积极探索救国之道，近代以来，从器物层面、制度层面和文化层面挽救民族兴衰命运的改造运动依次展开。随着《新青年》的创办、新文化运动勃发，知识分子高举民主、科学、人权、自由等大旗，生发一场宣扬民主主义、反对封建主义、寻求救国救民之道的思想启蒙运动。“十月革命一声炮响，给我们送来了马克思主义”①，也预示着社会主义革命的浪潮、新文明的曙光、赤旗的世界将会到来。

1919 年 1 月，在巴黎和会上，中国代表“提出废除外国在中国的势力范围、撤退外国在中国的军队和巡警、撤销领事裁判权、归还租界、取消中日‘二十一条’及换文等正义要求”②，均遭到参会的帝国主义国家拒绝。和会上外交的失败，引起了广大青年和知识分子的极大愤慨和强烈不满。北京大学等学校的学生自发掀起了游行、罢课、抵制日货等爱国运动，得到全国的响应。五四爱国运动是中国近代史上重要的历史事件，它开启了新民主主义的大门。五四运动之后，以陈独秀、李大钊等早期共产党人为代表的先进知识分子积极传播马克思主义，不断探索救国救民之道。

党的一大宣告中国共产党的成立，这是载入中华民族史册的大事变，从此中国革命和中华民族伟大复兴有了坚强领导核心。在创建中国共产党的过程中，共产党人形成了“坚持真理、坚守理想，践行初心、担当使命，不怕牺牲、英勇斗争，对党忠诚、不负人民的伟大建

① 《毛泽东选集》第 4 卷，人民出版社，1991，第 1471 页。

② 《中国共产党历史》第 1 卷（1921～1949）上册，中共党史出版社，2011，第 39 页。

党精神”[①]，伟大建党精神彰显了中国共产党的理想信念、价值追求、道德情操、思想品格，将中国共产党的正义追求表现得淋漓尽致，充分展现了党的正义形象和正义使命。伟大建党精神不仅体现在新民主主义革命时期，也贯穿了之后的社会主义革命和建设时期、改革开放和社会主义现代化新时期、中国特色社会主义新时代等各个阶段。

党的十八大以来，中国特色社会主义进入新时代，“社会主要矛盾已经转化为人民日益增长的美好生活需要和不平衡不充分的发展之间的矛盾”[②]。我们党推进全面深化改革，促进社会公平正义，让现代化建设成果更多更公平惠及全体人民，让人民群众有更多的获得感。

党的十八大报告指出，“公平正义是中国特色社会主义的内在要求”[③]，注重构建“权利公平、机会公平、规则公平为主要内容的社会公平保障体系”[④]。发展生产力是实现正义的基础和前提。“实现社会公平正义是由多种因素决定的，最主要的还是经济社会发展水平。”[⑤]只有通过改善经济发展水平，才能够消除贫困、改善民生，从而逐步实现共同富裕。习近平总书记创造性地提出了精准扶贫、精准脱贫的基本方略，截至2020年底，中国完成了现行标准下的脱贫攻坚任务，

---

① 习近平：《在庆祝中国共产党成立100周年大会上的讲话》，《求是》2021年第14期。

② 习近平：《决胜全面建成小康社会　夺取新时代中国特色社会主义伟大胜利——在中国共产党第十九次全国代表大会上的报告》，人民出版社，2017，第11页。

③ 胡锦涛：《坚定不移沿着中国特色社会主义道路前进　为全面建成小康社会而奋斗——在中国共产党第十八次全国代表大会上的报告》，人民出版社，2012，第14页。

④ 胡锦涛：《坚定不移沿着中国特色社会主义道路前进　为全面建成小康社会而奋斗——在中国共产党第十八次全国代表大会上的报告》，人民出版社，2012，第14~15页。

⑤ 《习近平谈治国理政》第1卷，外文出版社，2018，第96页。

解决了区域性整体贫困这一历史性难题，创造了彪炳史册的人间奇迹，“为全球减贫事业作出了重大贡献”[①]。

全面深化改革被视为推动社会公平正义的重要动力源泉。习近平总书记提出：“我们推进改革的根本目的，是要让国家变得更加富强、让社会变得更加公平正义、让人民生活得更加美好。”[②] 习近平总书记始终强调以人民为中心的发展思想，要求党和政府从人民群众所关心的现实问题出发，了解民意、倾听民声，加强社会建设和治理，保障和改善民生，更好地实现人民对美好生活的向往。党的十八届三中全会通过了《中共中央关于全面深化改革若干重大问题的决定》，提出各项改革举措都要“以促进社会公平正义、增进人民福祉为出发点和落脚点”[③]。

创新制度安排是实现公平正义的必要手段，是保证人民平等参与和平等发展权利的基础，也是推动社会全面发展的关键所在。“不论处在什么发展水平上，制度都是社会公平正义的重要保证，我们要通过创新制度安排，努力克服人为因素造成的有违公平正义的现象，保证人民平等参与、平等发展权利。”[④] 党的十八届三中全会后，我们党加快制度建设，以保障社会公平正义。这些制度有利于逐步建立以权利公平、机会公平和规则公平为主要内容的社会公平保障体系，创造一个公平的社会环境，确保人民平等参与和平等发展的权利。

“哪里有不符合促进社会公平正义的问题，哪里就需要改革；哪

---

① 《中华人民共和国简史》，人民出版社、当代中国出版社，2021，第 437 页。

② 《国家主席习近平发表二〇一四年新年贺词》，《人民日报》2014 年 1 月 1 日。

③ 《习近平谈治国理政》第 1 卷，外文出版社，2018，第 95 页。

④ 《习近平谈治国理政》第 1 卷，外文出版社，2018，第 97 页。

个领域哪个环节问题突出，哪个领域哪个环节就是改革的重点。”[①] 习近平总书记指出，“把促进社会公平正义作为核心价值追求”[②]，“必须多谋民生之利、多解民生之忧，在发展中补齐民生短板、促进社会公平正义”[③]。党的十八大以来，党中央加大反腐力度，坚持“老虎”“苍蝇”一起打，坚持有腐必反、有贪必肃，下最大气力解决腐败问题，党风政风和社会风气得到好转。新时代全面推进从严治党，强化正风肃纪，使中国共产党展现强大的人格力量。

2017 年，国务院印发《“十三五”推进基本公共服务均等化规划》，旨在促进基本公共服务的均等化。基本公共服务均等化意味着每个人都有权平等地获得基本公共服务，保障机会均等是核心。这个规划重点关注基本公共服务的提供，以确保人民群众获得基本公共服务的机会。

公正涉及国家治理、司法公正、社会信用等多方面问题。在物质生活方面，公正意味着要保障人民的合法权益，促进社会公平正义。只有保障每一个人的基本权利，才能让人们获得更好的发展机会，推动社会向更加公正的方向发展。同时，公正也需要在资源分配、环境保护等方面得到体现，确保人与自然的和谐共处。在精神文明建设方面，公正则意味着要树立正确的道德观念和行为准则。这不仅需要政府和相关部门的引领和监管，还需要每个公民都积极投身其中。通过传承优秀的传统文化，普及法律法规，提高公民素质和道德水平，形成健康、文明、有序的社会风尚。党的十八大将公正纳入社会主义核心价值观，有利于引领人们树立正确的价值观念和行为准则，在物质

---

① 《习近平谈治国理政》第 1 卷，外文出版社，2018，第 97 页。

② 习近平：《坚持严格执法公正司法深化改革　促进社会公平正义保障人民安居乐业》，《人民检察》2014 年第 1 期。

③ 《习近平谈治国理政》第 3 卷，外文出版社，2020，第 18 页。

生活和精神文明协调发展中推动社会朝着更加公正、合理、健康的方向发展。我们加快构建具有中国特色的社会主义法治保障，健全社会公平正义法治保障制度，将“公平正义”的价值理念贯彻到立法、执法、司法和守法全链条全过程，特别是坚持牢牢守住司法工作生命线，让人民切切实实感受到公平正义的温度。

新时代共产党人强调实现生态正义的价值目标时，特别注重贯彻新发展理念。这意味着要在经济发展中注重环保和资源的合理利用，使得生态系统能够得到修复和保护，包括多样性、稳定性和持续性等方面的保护和提升。此外，还要坚持“生态惠民、生态利民、生态为民”的原则，让美好的环境福利更广泛地惠及人民群众，共同推动建设美丽中国。

中国在实现自身发展的同时为广大发展中国家追求正义提供有益借鉴。在世界经济政治格局深刻变革的背景下，中国作为最大的发展中国家，以其包容性、开放性、公正性等特质，成为构建新型国际关系的重要一方，积极发挥着引领作用。中国深知和平发展环境来之不易，坚定走和平发展道路，在推动全球治理体系方面做出了不懈努力，并与许多国家建立起全面战略伙伴关系，为亚洲与世界的和平稳定发挥了重要作用。

中国为推动构建人类命运共同体注入正能量。中国以公平公正的国家姿态示人，以负责任大国形象参与国际事务；加强与各方的国际法律合作，推动全球治理体系的革新。中国坚定奉行独立自主的和平外交政策，尊重各国主权、人民意愿和选择权，维护国际公平正义，并不会强加自己的意志于他国或干涉他国内政。人类命运共同体强调了全人类共同存在的联系和互相依存的现实，反映了全球化时代人类必须面对共同的挑战和解决共同的问题的需要，突出了公平正义作为人类命运共同体的核心价值观，致力于创造一个更加公平和正义的世界。

中国积极为构建世界公正和平秩序贡献力量。“中国实现现代化是世界和平力量的增长，是国际正义力量的壮大，无论发展到什么程度，中国永远不称霸、永远不搞扩张。”① 作为一个拥有 14 亿多人口的大国，中国在维护地区稳定和促进和平方面扮演着关键角色。中国长期稳定发展，为周边地区以及世界的和平与稳定做出了突出的贡献。中国积极参与了联合国维和行动，派遣了大量的维和人员，为维护地区安全和稳定作出了自己的努力。同时，中国还通过多边机制积极推进国际和平与安全事务，维护了全球的和平秩序。“呼吁各国弘扬和平、发展、公平、正义、民主、自由的全人类共同价值，对话而不对抗，包容而不排他，和睦相处，合作共赢，促进世界的和平与发展。”② 中国倡导践行“命运共同体”的理念，致力于推动国际关系民主化、法治化，坚决反对一切形式的霸权主义和强权政治。这种理念提倡各国之间平等互信、互利共赢、合作共赢的精神，为构建公正世界秩序提供了新思路和有效途径。中国式现代化不仅造福于中国人民，同时也为其他发展中国家提供了成功范例和相关经验。中国在构建世界公正和平秩序方面所作出的重大贡献不仅符合自身发展需要，也符合全球共同利益。

中国共产党的正义追求具有人民性。中国共产党的正义追求是从人民利益和人民愿望出发的，它是党领导人民自己掌握命运的自觉行

---

① 习近平：《携手同行现代化之路——在中国共产党与世界政党高层对话会上的主旨讲话》，《人民日报》2023 年 3 月 16 日。

② 《中华人民共和国和俄罗斯联邦关于深化新时代全面战略协作伙伴关系的联合声明》，《人民日报》2023 年 3 月 22 日。

动，是民心所向的内生动力。从新民主主义革命到中国特色社会主义新时代，中国共产党始终把人民放在心中最高的位置，不断为人民谋幸福。“人民性”是马克思主义最鲜明的品格，也是中国共产党独特的价值观念，是中国共产党所坚持的全心全意为人民服务、依靠人民群众的核心价值。“以中国最广大人民的最大利益为出发点的中国共产党人，相信自己的事业是完全合乎正义的。”① 中国共产党之所以得到人民广泛拥护和支持，其根本在于具有深厚的人民性。“公平正义是我们党追求的一个非常崇高的价值，全心全意为人民服务的宗旨决定了我们必须追求公平正义，保护人民权益、伸张正义。”② 习近平总书记多次强调：“江山就是人民、人民就是江山，中国共产党领导人民打江山、守江山，守的是人民的心。”③ 中国共产党的根基、血脉和力量都在人民之中。中国共产党从成立之初，就以工农阶级为基础，以各族人民为主体，与广大人民群众紧密联系在一起，与他们同呼吸、共命运。中国共产党通过广泛开展群众工作，深入了解群众的需要和意愿，积极回应人民的诉求，从而不断取得了人民的支持和信任。

“中国共产党始终代表最广大人民根本利益，与人民休戚与共、生死相依，没有任何自己特殊的利益，从来不代表任何利益集团、任何权势团体、任何特权阶层的利益。”④ 始终坚持代表最广大人民的根

---

① 《毛泽东选集》第 3 卷，人民出版社，1991，第 1096 页。

② 《习近平新时代中国特色社会主义思想学习纲要》，学习出版社、人民出版社，2023，第 109 页。

③ 习近平：《高举中国特色社会主义伟大旗帜　为全面建设社会主义现代化国家而团结奋斗——在中国共产党第二十次全国代表大会上的报告》，人民出版社，2022，第 46 页。

④ 《中共中央关于党的百年奋斗重大成就和历史经验的决议》，人民出版社，2021，第 66 页。

本利益，这是中国共产党作为革命党和执政党的基本立场。中国共产党坚信，只有真正为人民群众谋求利益，才能赢得人民的支持和信任。中国共产党人的一切牺牲、努力和斗争，“都是为了人民群众的福利和解放，而不是为了别的”①。建党以来，中国共产党一切工作坚持以人民利益为出发点和落脚点，积极为人民谋取福利，并不断推进社会公平正义的实现。

中国共产党的正义追求具有内生性。内生性最主要、最为明显的体现是共产党人正义追求的自律性和自觉性。无论是作为革命党还是执政党，中国共产党要求党员始终恪守自律，时刻自我反省，杜绝不正之风，保持党的团结和纯洁性。共产党人之所以能够保持这种自律性和自觉性，源于他们深厚的正义情感和对人民渴望美好生活的深度共情。中国共产党人始终以人民的根本利益为出发点，聚焦“人民对美好生活的向往”，并为之不懈奋斗。党的正义追求源于中国共产党人的初心使命、理想信念、阶级基础，并随着我国历史方位变化、文化变迁、经济社会变革而不断内生演化的。正义追求是中国共产党人的价值观体现，同时也是党的性质与宗旨的具体表现。

中国共产党的正义追求具有理想性。中国共产党人始终坚持共产主义理想和社会主义信念，因为这是全人类的美好前景所在，也是中国共产党人的政治灵魂和精神支柱。历史经验告诉我们，中国共产党人不仅要有坚定的理想信念，也需要根据不同时期的历史任务和发展要求，围绕理想信念进行不屈不挠的奋斗。在新民主主义革命时期，中国共产党人带领人民为争取民族独立、人民解放而艰苦卓绝地奋斗；在社会主义革命和建设时期、改革开放和社会主义现代化建设新

① 《中国共产党历次党章汇编（1921~2017）》，中国方正出版社，2019，第166页。

时期，中国共产党人带领人民为实现国家繁荣富强和人民幸福而努力奋斗；在中国特色社会主义新时代，中国共产党人带领人民为实现民族复兴、强国建设而不懈奋斗。为了实现革命胜利的夙愿，共产党员和革命先辈不惜付出毕生精力，甚至流血牺牲。自马克思主义传入中国，共产主义成为中国共产党人的崇高理想。因此，追求真正的正义事业，体现出来的是马克思主义理论的先进性、共产主义和社会主义的先进性，以及中国共产党人理想信念的崇高性。尽管理想信念和宗旨使命在践行中会遇到各种困难和挑战，但中国共产党人始终高度自律，不断为实现共产主义和社会主义理想而奋斗，坚定地为实现全体人民共同富裕的目标而前行。

中国共产党的正义追求是理想与现实的统一。“正义问题既是一个思辨的理论问题，更是一个关系利益调节的实践问题，而且从根本上说是历史问题、现实问题和理想问题的有机统一。”[①] 在这个过程中，严密的纪律体现了正义追求理想性与现实性的统一。具体来说，在纪律方面，中国共产党要求党员时刻严守党的纪律和规矩，不断摆脱自身的欲望和杂念，全心全意为人民服务，确保自身言行的纯洁无私。

在百年发展历程中，中国共产党逐步建立了完善的党内法规体系，从党的第一个纲领开始，逐步由点及面、体系化、系统化和专门化。这些法规涵盖了党的各个方面，包括党员入党、组织生活、会议决策、领导班子选举和党的干部选拔任用、纪检监察等多个方面，确保党内工作规范有序、纪律稳健、权力运行透明公开。完备的纪律体系也是中国共产党能够始终如一保持其正义追求的关键所在。党的现

① 冯颜利：《基于生产方式批判的马克思正义思想》，《中国社会科学》2017 年第 9 期。

实性和规范化管理不仅使其具有强大的凝聚力和战斗力，也是其不断发展壮大和适应时代要求的重要原因之一。截至 2021 年 7 月 1 日，“中国共产党现行有效法规已达到 3615 部”[①]。特别是党的十八大以来，我们党把纪律建设视为全面从严治党的治本之策，加快制定修订了一系列党内法规。我们党要求每位党员增强“四个意识”、坚定“四个自信”、做到“两个维护”，始终强调纪律和作风是相辅相成的，纪律是作风的保证。因此，党要求每位党员要把纪律上的要求转化到内在的信仰中去，时刻遵循党的纪律。特别是对高级干部，中国共产党要求他们在思想上时刻坚持“全心全意为人民服务”的宗旨，摒除私心杂念，保持党员的清正廉洁，维护党的纯洁性。

中国共产党的正义追求具有科学性。中国共产党正义追求的科学性源于其指导思想的科学性。马克思主义理论科学地揭示了人类社会发展规律，并正确反映了由一定社会存在所决定的（作为上层建筑的）正义观念发展的客观规律。“拥有马克思主义科学理论指导是我们党坚定信仰信念、把握历史主动的根本所在。”[②] 马克思的历史唯物主义理论把通往正义之路的观念与社会现实联系了起来，首次真正解释了正义原则与物质生产实践之间的内在关联。在中国共产党百年奋斗历程中，党始终以人民为中心，围绕实现全体人民的自由而全面发展这个根本目标，积极推动改革开放，深入开展各项建设事业，不断满足人民群众日益增长的美好生活需要。这些实践举措都是在马克思主义特别是中国化时代化的马克思主义指导下进行的，始终贴合中国

---

① 中共中央办公厅法规局：《中国共产党党内法规体系》，人民出版社，2021，第 2 页。

② 习近平：《高举中国特色社会主义伟大旗帜　为全面建设社会主义现代化国家而团结奋斗——在中国共产党第二十次全国代表大会上的报告》，人民出版社，2022，第 16 页。

国情和时代特征，具有科学性和前瞻性。中国共产党在追求正义的历程中充分发挥了马克思主义的指导作用，体现其解决现实问题的有效性。中国共产党在不断探索理论创新和实践创新的过程中，始终坚持对正义理论和实践的历史规律性的科学把握。在科学理论指导下，我们找到了中华民族伟大复兴的正确道路，“中华民族迎来了从站起来、富起来到强起来的伟大飞跃”[①]。

中国共产党的正义追求具有实践性。中国共产党一直将民族复兴、人民解放作为正义追求的导向，将其融入崇高理想、初心使命和为民造福的百年奋斗历程中。以伟大建党精神为源头的中国共产党人的精神谱系，生动展现中国共产党的伟大实践。中国共产党正义追求的实践内容具有全面性。例如，党的二十大报告指出，“中国式现代化是物质文明和精神文明相协调的现代化。物质富足、精神富有是社会主义现代化的根本要求”，以“人的全面发展、全体人民共同富裕取得更为明显的实质性进展”为目标。[②] 在这种现代化模式下，社会和经济的发展将达到一个新的文明高度。中国式现代化不仅注重经济的发展，更强调满足人的本质需要，在文化、教育、科技和生态等方面全面发展，注重人民创造力的调动和发展，并在政治上增强了公众参与的社会力量，以保障人民的民主权利。在这一进程中，坚持科学的实践观、全面完整准确贯彻新发展理念，是中国式现代化的独特之处，它强调不再单纯地追求物质财富的单面发展，而是注重高质量发展和可持续发展，注重物的全面丰富与人的全面发展。

中国共产党的正义追求具有革命性。在中国共产党成立之前的旧

---

① 习近平：《在庆祝中国共产党成立 100 周年大会上的讲话》，人民出版社，2021，第 7 页。

② 《习近平著作选读》第 1 卷，人民出版社，2023，第 19、20 页。

中国，劳动人民饱受战乱之苦，遭受剥削和压迫。中国共产党自成立之日起，就以消灭剥削和压迫，推翻帝国主义和封建主义的统治，实现民族独立、人民解放为使命，致力于建构真正的正义制度，实现真正的社会正义。党的一大就明确提出“革命军队必须与无产阶级一起推翻资本家阶级的政权”“消灭资本家私有制”① 等正义诉求。中国共产党的正义追求基于马克思主义理论，认为只有首先消灭剥削和压迫，推翻帝国主义和封建主义的统治，实现民族独立、人民解放，才能实现真正的社会正义，才能让广大劳动人民真正得到他们应该得到的劳动成果。在新中国成立后，中国共产党通过土地改革、反腐斗争、社会改革等一系列措施，消除了旧社会中存在的许多不合理不公正现象。

中国共产党具有勇于自我革命的独特政治优势和鲜明品格。中国共产党的无私特性，使其不受任何利益集团、权势团体或特权阶层的牵制、围猎和腐蚀，从根本上赋予了党自我革命的勇气、骨气和底气。中国共产党自成立以来，始终坚持革故鼎新、高扬自我革命精神。党的十八大以来，中国共产党推进全面从严治党，把它作为“四个全面”战略布局的重要组成部分。以习近平同志为核心的党中央，勇于向顽瘴痼疾开刀，敢于向腐败宣战，在反腐斗争中取得了压倒性胜利并全面巩固，使党更加坚强有力。

中国共产党的正义追求具有民族性。中国共产党的正义追求并不是简单地借鉴西方国家的正义理念，更不是机械地照搬西方学者的正义理论框架。相反，中国共产党的正义价值观具有鲜明的中国特色，中国人民描绘的正义图景也具有民族特性。“民之所欲，天必从之”

① 《建党以来重要文献选编（一九二一——一九四九）》第 1 册，中央文献出版社，2011，第 1 页。

“为天地立心，为生民立命”“正利而为谓之事，正义而为谓之行”“大道之行，天下为公”“唯公然后可正天下”，中华优秀传统文化中丰富的正义观念是宝贵的财富。在中国共产党的正义追求中，也并非完全摒弃西方正义理念，而是在吸收借鉴的同时，结合中国的实际情况进行创新和拓展。尤其是结合中国传统文化、民族风俗、社会文明等多方面探索，从而推动中国特色社会主义事业的发展和进步。

中国共产党以中国式现代化创造了人类文明新形态，既把“公正”作为社会主义核心价值观的主要内容，又强调“正义”作为全人类共同价值的普遍性。中国共产党一直积极主张构建人类命运共同体，积极参与全球治理和国际合作，推动建设更加公正合理、更加繁荣稳定的国际秩序。“中国人历来主张‘世界大同，天下一家’。中国人民不仅希望自己过得好，也希望各国人民过得好。”[①] 中国共产党从成立之日起，就坚持胸怀天下，致力于为全人类共同发展和繁荣贡献力量。我国在国际社会中倡导和践行和平共处五项原则，倡导对话、协商、合作、共享、共赢等理念，主张和衷共济、和合共生，倡议共建“一带一路”，为建设人类命运共同体贡献了“中国智慧”。我国在全球反贫困、环境保护等领域贡献了“中国样板”，以实际行动推动了全球公共治理的完善与发展，倡导建设人类卫生健康共同体，坚守和弘扬了全人类共同价值。事实充分证明，中国共产党为人类文明进步与和平发展作出了卓越贡献，得到了国际社会的普遍认同和尊重，党的形象、中国的形象日益鲜亮。这充分说明，中国共产党的正义追求具有磅礴伟力。

---

① 《国家主席习近平发表二〇一七年新年贺词》，新华网，http：//www.xinhuanet.com/politics/2016-12/31/c_1120227034.htm。

参考文献

《马克思恩格斯选集》第 1 卷，人民出版社，2012。

《马克思恩格斯选集》第 2 卷，人民出版社，2012。

《马克思恩格斯选集》第 3 卷，人民出版社，2012。

《马克思恩格斯选集》第 4 卷，人民出版社，2012。

《马克思恩格斯文集》第 1 卷，人民出版社，2009。

《马克思恩格斯文集》第 2 卷，人民出版社，2009。

《马克思恩格斯文集》第 3 卷，人民出版社，2009。

《马克思恩格斯文集》第 5 卷，人民出版社，2009。

《马克思恩格斯文集》第 7 卷，人民出版社，2009。

《马克思恩格斯文集》第 8 卷，人民出版社，2009。

《马克思恩格斯全集》第 1 卷，人民出版社，1995。

《马克思恩格斯全集》第 3 卷，人民出版社，2002。

《马克思恩格斯全集》第 6 卷，人民出版社，1961。

《马克思恩格斯全集》第 25 卷，人民出版社，2001。

《马克思恩格斯全集》第 26 卷，人民出版社，2014。

《马克思恩格斯全集》第 31 卷，人民出版社，1998。

《马克思恩格斯全集》第35卷，人民出版社，2013。

《马克思恩格斯全集》第42卷，人民出版社，1979。

《马克思恩格斯全集》第44卷，人民出版社，2001。

《马克思恩格斯全集》第46卷，人民出版社，2003。

《马克思恩格斯全集》第48卷，人民出版社，1985。

马克思:《资本论》第1卷，人民出版社，2004。

马克思:《资本论》第3卷，人民出版社，2004。

马克思:《资本论（节选本）》，人民出版社，2018。

马克思:《雇佣劳动与资本》，人民出版社，2018。

马克思:《1844年经济学哲学手稿》，人民出版社，2000。

《列宁全集》第3卷，人民出版社，1984。

《毛泽东选集》第3卷，人民出版社，1991。

《毛泽东选集》第4卷，人民出版社，1991。

《毛泽东文集》第6卷，人民出版社，1999。

《邓小平文选》第2卷，人民出版社，1994。

《邓小平文选》第3卷，人民出版社，1993。

江泽民:《在庆祝中国共产党成立八十周年大会上的讲话》，《人民日报》2001年7月2日。

胡锦涛:《坚定不移沿着中国特色社会主义道路前进　为全面建成小康社会而奋斗——在中国共产党第十八次全国代表大会上的讲话》，人民出版社，2012。

《习近平谈治国理政》第1卷，外文出版社，2018。

《习近平谈治国理政》第3卷，外文出版社，2020。

《习近平谈治国理政》第4卷，外文出版社，2022。

《习近平著作选读》第1卷，人民出版社，2023。

《习近平著作选读》第2卷，人民出版社，2023。

《习近平新时代中国特色社会主义思想学习纲要》，学习出版社、人民出版社，2023。

习近平：《论中国共产党历史》，中央文献出版社，2021。

《习近平生态文明思想学习纲要》，学习出版社、人民出版社，2022。

习近平：《切实把思想统一到党的十八届三中全会精神上来》，《人民日报》2014年1月1日。

习近平：《加强对改革重大问题调查研究　提高全面深化改革决策科学性》，《人民日报》2013年7月25日。

《习近平出席中国共产党与世界政党高层对话会并发表主旨讲话》，《人民日报》2023年3月16日。

习近平：《高举中国特色社会主义伟大旗帜　为全面建设社会主义现代化国家而团结奋斗——在中国共产党第二十次全国代表大会上的报告》，人民出版社，2022。

习近平：《决胜全面建成小康社会　夺取新时代中国特色社会主义伟大胜利——在中国共产党第十九次全国代表大会上的报告》，人民出版社，2017。

习近平：《共同构建人类命运共同体》，《求是》2021年第1期。

习近平：《让多边主义的火炬照亮人类前行之路——在世界经济论坛“达沃斯议程”对话会上的特别致辞》，《人民日报》2021年1月26日。

习近平：《在联合国成立70周年系列峰会上的讲话》，人民出版社，2015。

习近平：《坚持严格执法公正司法深化改革　促进社会公平正义

保障人民安居乐业》，《人民检察》2014 年第 1 期。

习近平：《在庆祝中国共产党成立 100 周年大会上的讲话》，《求是》2021 年第 14 期。

习近平：《携手追寻民族复兴之梦——在印度世界事务委员会的演讲》，《人民日报》2014 年 9 月 19 日。

习近平：《携手同行现代化之路——在中国共产党与世界政党高层对话会上的主旨讲话》，《人民日报》2023 年 3 月 16 日。

《中国共产党历史》第 1 卷（1921～1949）上册，中共党史出版社，2011。

《中华人民共和国简史》，人民出版社、当代中国出版社，2021。

《中华人民共和国和俄罗斯联邦关于深化新时代全面战略协作伙伴关系的联合声明》，《人民日报》2023 年 3 月 22 日。

《中共中央关于党的百年奋斗重大成就和历史经验的决议》，人民出版社，2021。

《中国共产党历次党章汇编（1921～2017）》，中国方正出版社，2019。

中共中央办公厅法规局：《中国共产党党内法规体系》，人民出版社，2021。

〔美〕南茜·弗雷泽，阿克赛尔·霍耐特：《再分配，还是承认？——一个政治哲学对话》，周穗明译，上海人民出版社，2009。

〔美〕南茜·弗雷泽：《正义的尺度——全球化世界中政治空间的再认识》，欧阳英译，上海人民出版社，2009。

〔美〕南茜·弗雷泽：《正义的中断——对“后社会主义”状况的批判性反思》，于海青译，上海人民出版社，2009。

〔美〕凯文·奥尔森：《伤害+侮辱——争论中的再分配、承认和代表权》，高静宇译，上海人民出版社，2009。

〔古希腊〕柏拉图：《理想国》，张竹明译，译林出版社，2009。

赵海洋：《马克思正义思想研究》，人民出版社，2016。

〔美〕菲利普·克莱顿，贾斯廷·海因泽克：《有机马克思主义：生态灾难与资本主义的替代选择》，孟献丽、于桂凤、张丽霞译，人民出版社，2015。

〔英〕霍布斯：《利维坦》，黎思复、黎廷弼译，商务印书馆，1985。

〔法〕卢梭：《社会契约论》，何兆武译，商务印书馆，2003。

〔英〕休谟：《人性论》，关文运译，商务印书馆，1980。

〔美〕罗伯特·诺齐克：《无政府、国家与乌托邦》，何怀宏等译，中国社会科学出版社，1991。

〔美〕罗纳德·德沃金：《至上的美德：平等的理论与实践》，冯克利译，江苏人民出版社，2003。

〔美〕罗尔斯：《作为公平的正义》，姚大志译，中国社会科学出版社，2011。

贺翠香：《承认与蔑视——霍耐特的社会批判理论评析》，《现代哲学》2007年第3期。

王才勇：《承认还是再分配？——从霍耐特到弗雷泽》，《马克思主义与现实》2009年第4期。

周穗明：《重塑正义理论》，《社会科学报》2009年4月16日。

吴惕安、俞可平主编《当代西方国家理论评析》，陕西人民出版社，1994。

〔美〕阿克塞尔·霍耐特：《承认与正义——多元正义理论纲要》，胡大平、陈良斌译，《学海》2009年第3期。

〔英〕安东尼·吉登斯：《现代性的后果》，田禾译，译林出版社，2000。

〔英〕柯亨：《自由、正义与资本主义》，载吕增奎编《马克思与诺齐克之间》，江苏人民出版社，2007。

〔德〕施塔姆勒：《正义法的理论》，夏彦才译，商务印书馆，2016。

公丕祥：《马克思法哲学思想述论》，河南人民出版社，1992。

白刚：《作为“正义论”的〈资本论〉》，《文史哲》2016 年第 6 期。

王沪宁主编《政治的逻辑：马克思主义政治学原理》，上海人民出版社，2004，第 159 页。

〔古希腊〕亚里士多德：《尼克马可伦理学》，廖申白译注，商务印书馆，2008。

〔美〕罗尔斯：《正义论》，何怀宏等译，中国社会科学出版社，1988。

张雄、鲁品越主编《中国经济哲学评论》，社会科学文献出版社，2005。

刘建新：《马克思现代性批判视阈中的人的全面发展》，人民出版社，2009。

〔美〕弗朗西斯·福山：《历史的终结及最后之人》，黄胜强、许铭原译，中国社会科学出版社，2003。

〔美〕诺姆·乔姆斯基：《新自由主义与全球秩序》，徐海铭、季海宏译，江苏人民出版社，2000。

〔美〕迈克尔·沃尔泽：《正义诸领域：为多元主义与平等一辩》，褚松燕译，译林出版社，2022。

李其庆：《全球化背景下的新自由主义》，《马克思主义与现实》2003 年第 5 期。

褚鸣：《批判的新自由主义与新自由主义批判》，《国外社会科学》

2005年第4期。

〔美〕约翰·米尔斯海默:《大幻想:自由主义之梦与国际现实》，李泽译，上海人民出版社，2019。

周穗明:《西方新自由主义理论及其批判》，《岭南学刊》2002年第2期。

〔英〕弗里德利希·冯·哈耶克:《自由秩序原理》（上），邓正来译，生活·读书·新知三联书店，1997。

〔美〕赫伯特·马尔库塞:《单向度的人:发达工业社会意识形态研究》，刘继译，上海译文出版社，2008。

〔法〕埃米尔·涂尔干:《社会分工论》，渠东译，生活·读书·新知三联书店，2000。

〔法〕让·鲍德里亚:《消费社会》，刘成富、全志钢译，南京大学出版社，2014。

〔美〕埃里希·弗罗姆:《占有还是生存——一个新社会的精神基础》，关山译，生活·读书·新知三联书店，1989。

〔德〕赫伯特·马尔库塞:《审美之维:马尔库塞美学论著集》，李小兵译，生活·读书·新知三联书店，1989。

〔加〕威廉·莱斯:《自然的控制》，岳长龄、李建华译，重庆出版社，1993。

〔美〕詹姆斯·奥康纳:《自然的理由:生态学马克思主义研究》，唐正东、臧佩洪译，南京大学出版社，2003。

〔英〕戴维·佩珀:《生态社会主义:从深生态学到社会正义》，刘颖译，山东大学出版社，2012。

王雨辰:《反对资本主义的生态学——评西方生态学马克思主义对资本主义社会的生态批判》，《国外社会科学》2008年第1期。

王雨辰：《生态政治哲学何以可能？——论西方生态学马克思主义的生态政治哲学》，《哲学研究》2007年第11期。

〔美〕塞缪尔·亨廷顿：《文明的冲突与世界秩序的重建》，周琪等译，新华出版社，2010。

冯颜利：《基于生产方式批判的马克思正义思想》，《中国社会科学》2017年第9期。

王毅：《立志民族伟大复兴　胸怀人类前途命运》，《求是》2021年第14期。

后 记

正义从一出场就带有浓厚的乌托邦色彩。或许，正义之所以诡秘，正是由于它不轻易展示自己的本真面貌。它像光一样，明亮而温暖，给人希望和慰藉，吸引那些勇敢走出“洞穴”的人去追求、描绘和颂扬它。然而，追求正义、图绘正义的道路注定是非凡而艰辛的。如果选择退缩，回到原始的“洞穴”，我们可能会永远面对无尽的黑暗，也可能会永远错失正义的真实面貌。只有勇敢地前行，在前进的过程中总结历史、把握未来，我们才能得到正义之光的照耀。

或许，现实中不正义的现象越多，我们对正义的期望就越强烈，就越发在荧幕、书籍中歌颂它、塑造它。正义如从森林中吹来的阵阵清风，富含氧离子，在都市中显得弥足珍贵，我们得像植树造林一样，去培育、保护每一块清新的土地，以一种浪漫主义的视角去追求、去迎接正义的黎明，那才是对乌托邦的乐观。乌托邦是人类对美好社会的憧憬，在现实世界中越压抑，人们就越憧憬去往这样一个世外桃源：土地平旷，屋舍俨然，有良田、美池、桑竹之属；阡陌交通，鸡犬相闻；其中往来种作，男女衣着，悉如外人；黄发垂髫，并怡然自乐。

回望人类的正义观史，从冲破自然界束缚的兽性到皈依神性的怀抱，再到近代的启蒙与觉醒，无数志士仁人前仆后继、舍生取义。180多年前，在虎门（今广东省东莞市虎门镇）发生的集中销毁鸦片事件，让世人记住了林则徐的正义之举，这一举动唤醒国人的爱国意识，也让东莞成为近代史的开篇地。鸦片战争的失败，宣告了中国从曾经的天朝上国陷入贫弱之境。五四运动的爆发，新文化运动的兴起……中国人民对正义的追求与探索未曾停歇。直到中国共产党的成立，我们才真正找到了一条引领中华民族从沉沦走向复兴的正义之路。

正义既包括宏大视野、宏观层面的国家正义、民族正义，中观层面的社会正义，也包括微观层面的个人正义。在封建社会，我们把仁、义、礼、智、信这“五常”作为指导人们举止行为的常理，作为正义的标准。新时代新征程，我们正推进强国建设、民族复兴，高扬社会主义核心价值观和全人类共同价值，把正义作为价值观颂扬，用正义的光照亮每一个角落，使公平的气息弥漫每一寸土地。愿我们的正义火炬永不熄灭。

事非经过不知难，成如容易却艰辛。正义是一个古老而又常新的话题，在理论上驾驭它绝非易事。在书稿的写作过程中，我始终感到诚惶诚恐。在哲学层面把握正义，必须深入事件和现象背后探寻实质，才能全面刻画描绘正义逻辑及其运行图景。因自感力有不逮，必须不断地学习、阅读、提高。这期间我在学习马克思主义经典著作的基础上，不断阅读西方政治哲学思想家、学者的书籍，并结合中国共产党的理论创新成果，持续对书稿进行修正和完善。本书之所以能出版，与单位领导同仁的帮助密不可分，感谢张卫红主席的关心支持，肖乃勇副主席的悉心谋划，韩耀东主任、潘澜主任的细心跟进，感谢其他领导同事的暖心帮助！写作是一个磨炼心性、考验意志的过程，“坚持”显得弥足珍贵。感谢这期间黄琦副院长不厌其烦地用心“催促”，这加快了书稿成型速度。

这一选题来源于研究生期间周峰老师给我选定的毕业论文主题，当我拿着书稿去找他请教时，他毫不犹豫地提出修改意见，并且倾心作序。在我心中，他是良师加益友，靠谱又贴心。读博期间，曾建平老师以他严谨的治学精神给予我耐心指导，让我重拾写作的信心，也给了我充分信任和足够空间，每次向他请教，他总是第一时间回复，让人倍感安心！

求学即修身，著述乃立心。本书的出版，是一个终点，更是新的起点。愿中国的正义之路更宽更阔更平坦，愿明天更美好！

张笑扬

2023 年 10 月

图书在版编目（CIP）数据

正义图绘 / 张笑扬著 . -- 北京：社会科学文献出版社，2024. 3

（东莞“双万”新起点社会科学丛书）

ISBN 978-7-5228-3165-7

Ⅰ. ①正… Ⅱ. ①张… Ⅲ. ①正义-研究-中国 Ⅳ. ①D6

中国国家版本馆 CIP 数据核字（2024）第 024390 号

· 东莞“双万”新起点社会科学丛书 ·

正义图绘

著　　者 / 张笑扬

出 版 人 / 冀祥德
责任编辑 / 黄金平
文稿编辑 / 周浩杰
责任印制 / 王京美

出　　版 / 社会科学文献出版社 · 文化传媒分社（010）59367004
地址：北京市北三环中路甲 29 号院华龙大厦　邮编：100029
网址：www. ssap. com. cn
发　　行 / 社会科学文献出版社（010）59367028
印　　装 / 三河市尚艺印装有限公司

规　　格 / 开 本：787mm× 1092mm 1/16
印 张：17. 5 字 数：216 千字
版　　次 / 2024 年 3 月第 1 版 2024 年 3 月第 1 次印刷
书　　号 / ISBN 978-7-5228-3165-7
定　　价 / 108. 00 元

读者服务电话：4008918866